电子商务法

贺琼琼 主编

全国高校电子商务及法律系列规划教材

Electronic Commerce Law

WUHAN UNIVERSITY PRESS

武汉大学出版社

图书在版编目(CIP)数据

电子商务法/贺琼琼主编.—武汉:武汉大学出版社,2016.11(2019.7 重印)

全国高校电子商务及法律系列规划教材

 ISBN 978-7-307-18770-2

 Ⅰ.电⋯ Ⅱ.贺⋯ Ⅲ.电子商务—法规—中国—高等学校—教材
Ⅳ.D923.99

 中国版本图书馆 CIP 数据核字(2016)第 243889 号

责任编辑:詹 蜜   责任校对:汪欣怡   版式设计:马 佳

出版发行:**武汉大学出版社** (430072 武昌 珞珈山)
     (电子邮箱: cbs22@ whu.edu.cn 网址: www.wdp.com.cn)
印刷:武汉市宏达盛印务有限公司
开本:720×1000 1/16 印张:16 字数:330 千字 插页:2
版次:2016 年 11 月第 1 版   2019 年 7 月第 3 次印刷
ISBN 978-7-307-18770-2   定价:32.00 元

作
者
简
介

贺琼琼

　　湖北荆州人，法学博士，毕业于武汉大学法学院。现为湖北大学政法与公共管理学院副教授，硕士生导师，中国国际私法学会理事、湖北省国际法学会理事。主要研究方向为网络与电子商务法、国际法等。目前已在《武汉大学学报》《武大国际法评论》《中国国际私法与比较法研究》《中国教育报》《时代法学》等期刊发表学术论文20多篇，出版专著1部、参著著作2部，主持和参与各类科研与教学项目7项。

前　言

电子商务是战略性新兴产业，是现代服务业和信息经济时代国家基础设施的重要组成部分。与传统实体交易相比，电子商务大大节省了交易成本，提高了交易效率。据中国互联网络信息中心（CNNIC）发布的第37次《中国互联网络发展状况统计报告》和《2015年中国网络购物市场研究报告》显示，截至2015年12月，中国网民规模达6.88亿，中国电子商务交易额达18.3万亿元，其中，B2B电商交易额为13.9万亿元，B2C电商交易额为2.02万亿元。网络购物用户规模达4.13亿，手机网络购物用户规模达3.40亿，当年度网络零售市场交易规模达3.8万亿元。中国网络购物市场交易总次数达256亿次，年度人均交易次数62次。网络购物正在成为人们日常生活最重要的消费方式之一。

但是，在电子商务繁荣发展的同时，还存在很多法律方面的障碍。比如，电子商务的主体资格问题、电子商务经营的市场准入问题、电子商务中的消费者权益保护问题、电商平台责任和义务以及电商平台之间的恶意竞争问题、电子商务中的数据信息保护问题、电子商务的监管问题，尤其是近年来的电商售假、虚假打折和退货难等问题让消费者不堪其扰。电商交易的安全得不到保障，电子商务的纠纷解决成为一大难题，而且随着我国跨境电子商务的飞速发展，电子商务纠纷的管辖和法律适用问题都面临着诸多的挑战和不确定性。

2013年底，我国正式启动了电子商务法的立法工作。根据十二届全国人大常委会的立法规划，《电子商务法》的立法被列入第二类立法项目，由全国人大财经委负责起草，在条件成熟的时候提请全国人大常委会审议。随着电子商务和电子商务法的不断发展和完善，社会对电子商务及法律人才的需求不断增加，对电子商务及法律专业课程体系也提出了新的要求。考虑到国内开设电子商务法课程的法学院校越来越多，但专门针对电子商务法的教材并不多见。为了适应当前电子商务及法律专业教学改革和教材建设的需要，我们对历年来的教学和研究内容进行梳理，在借鉴前人研究成果的基础上，系统总结电子商务法的相关理论和实践，编写了《电子商务法》，希望能在电子商务法律的研究以及我国网络经济的发展方面尽一点微薄之力。

本书共分为十章，内容涉及电子商务法概述、电子商务国内外立法、电子商务主体法律制度、电子合同法律制度、电子签名与电子认证法律制度、电子商务中的消费者权益保护制度、电子商务中的个人信息保护制度、电子商务监管制度、电子商务平台的义务和责任制度、电子商务纠纷解决制度。本书强调研究的前沿性和现实性，不仅介绍了先进国家近年来的电子商务法律理论和实践，而且系统分析和整理了当前我国电子商务发展中较为突出的法律问题。为了对每章的知识进行巩固，本书在各章之后设置了案例讨论和思考题，力求理论与实践相结合，为电子商务法的理论研究和实务应用提供一定的参考。

　　本书由贺琼琼负责体系的编写和定稿，参与撰写的人员分工如下：贺琼琼：第一、二、三、四、五、七章；李增辉、贺琼琼：第六章、第九章；康长乐、贺琼琼：第八章；张耀方、贺琼琼：第十章。本书的撰写和出版得到了湖北大学政法与公共管理学院与武汉大学出版社的大力支持。武汉大学出版社的詹蜜和陈豪编辑为本书的顺利出版付出了辛勤的劳动。李曼和宁永红老师为本书搜集和整理了大量的资料。此外，在编写的过程中，本书参考了许多国内外学者的文献、著作和资料，在此一并致谢！

　　本书是湖北大学《电子商务及法律专业人才培养模式创新的理论与实践研究》课题的研究成果(项目编号：201437)，是电子商务及法律专业人才培养系列教材之一，也是我校实施荆楚卓越法律人才协同育人培养计划的一部分。电子商务法是一个新的领域，无论是理论建构还是实践应用都发展较快，很多内容还处于不断的发展和探索之中，要对电子商务法进行充分的分析和理论探讨，难度较大。鉴于编写时间紧和编者水平有限，本书以介绍和分析电子商务运行过程中的主要法律问题为主线，内容没能涵盖电子商务法的所有方面，体系或逻辑结构还存在不够严密之处。因此，观点和体系不同以及书中错误在所难免，本书如有不当之处，恳请读者批评指正。

编　者

2016 年 6 月 1 日

目　　录

第一章　电子商务法概述

第一节　电子商务与电子商务法

一、电子商务概述

(一)电子商务的含义

电子商务，也称电子交易、网上交易、网上贸易、电子贸易或电子商业等，对应的名称有 E-Commerce 或 E-Business。

作为一种新兴的商业模式，电子商务已经成为现代商业重要的表现形式。但是，关于什么是电子商务，迄今没有形成一个权威的，能为多数人接受和认可的定义。从字面理解，电子商务是"电子手段+商务活动"，但关于这部分的内容，也存在不同的理解。比如，联合国国际贸易法委员会的《电子商务示范法》虽未直接对电子商务进行定义，但以列举的方式解释了电子手段包含信息通信技术、光学技术以及其他能够生成、储存和传递信息的技术手段。"商务"则是契约型或非契约型的一切商务性质的关系所引起的各种事项，包括但不限于供应或交换货物与服务的任何贸易交易；分销协议；商务代表或代理；租赁；工厂建造；咨询工程设计；许可贸易；投资；融资；银行业务；保险；开发协议或特许；合营或其他形式的工业或商务合作；空中、海上、铁路或公路的客、货运输。该《示范法》认为，以上述所说的电子手段进行的所有商务活动都属于电子商务。世界贸易组织将电子商务定义为通过电子通信网络进行产品的生产、广告、销售和分配。欧共体理事会认为，电子商务是通过电子手段进行的商务活动，包括了对货物和服务的电子贸易、数字内容的网上交货、电子资金转移、电子股票交易、电子提单、商业拍卖、设计开发以及广告和售后服务等各种商业行为。

除此之外，专家学者也从不同角度阐述了对电子商务的理解。比如，高富平教授提出"网络商务"的概念，他认为，电子商务强调的是商务手段电子化或无纸化，核心是解决电子形式具有书面形式效力、电子数据如何作为有效证据的问题。"网络商务"则可以全面描述现代商务生存和运营的状态，具有电子商务不能涵盖的内容，"网络商务"是电子商务的高级形态，电子商务已经演绎为"网络商务"。此外，

1

齐爱民教授在《中华人民共和国电子商务法建议稿》第 7 条第 1 款将电子商务定义为：电子商务是指以数据电文形式缔结、履行或者进行相关辅助活动的商务，包括以计算机、电视机、固定电话及移动电话机等电子设备为终端的计算机互联网、广播电视网、固定通信网、移动通信网等信息网络以及向公众开放的局域网络上进行的商务活动。杨坚争教授认为，电子商务是指交易当事人或参与人利用现代信息技术和计算机网络所进行的各类商业活动，包括货物贸易、服务贸易和知识产权贸易。上述机构或学者从不同的角度对电子商务的定义进行了解释，有的侧重于电子商务的功能，有的侧重于电子商务的内容，尽管都对电子商务做了较为形象的描述，但都无法全面涵盖电子商务的所有特征。本书认为，电子商务是指商务活动的参与人之间利用网络信息技术所进行的商品或服务交易以及与之直接相关的商务活动，其实质就是传统的商品或服务交易活动的电子化或网络化。

(二)电子商务的特征

1. 主体的虚拟性

网络空间又被称为虚拟空间。在网络上，主体、主体的权限和意思表示、电子商务场所、机构和人员都具有虚拟化的特点。个体之间的交往是虚拟的，个体的性别、年龄、相貌和身份等体质特征都能够借助于网络的虚拟性加以隐匿和篡改，我们面对的不是一个个活生生的人，而是一连串的数字或符号，人们借助于数字化的信息符号来进行各种商务活动。在电子商务交易的过程中，交易双方从磋商、订立合同到支付货款，整个过程无需见面，都可以在网上通过技术完成，整个交易过程完全虚拟化。卖方只需要通过网络将产品信息发布出去，扩大商品或服务的销售渠道。买方可以根据自己的需求在多个网络空间或平台上挑选产品或服务。通过线上交流，买卖双方达成协议签订合同最终通过电子支付完成付款，整个交易的过程都在虚拟环境下完成。

2. 范围的跨国界性

电子商务存在于一个虚拟的社会中，电子商务的开放性突破了传统的交易方式、时间和地域的限制，电子商务没有国界地域限制，只要具备一定的条件，只要有网络，任何人可以与任何国家或地区的主体进行交易。

3. 交易活动的技术性

计算机网络技术是电子商务发展的基础性因素，电子商务的建立、运行都离不开信息与通信技术的支持。以互联网为平台的电子商务是随着 EDI 技术和互联网技术的发展而逐渐发展来的。在电子商务中，信息系统中的欺诈、病毒和黑客非法入侵等阻碍电子商务发展的问题必须通过技术手段加以解决，但技术本身也有缺陷，仅靠技术来解决问题只能解一时之需，除了技术手段之外，还需要通过法律制度来保障。

4. 高安全需求性

电子商务主体的虚拟、交易活动的技术性以及交易标的的数字化等特征决定了电子商务运行比传统商务过程更容易受到攻击，电子商务中的风险远高于线下交易，安全性成为电子商务的核心要求。实践中，交易是否安全是影响交易主体选择电子商务交易形式的重要因素。安全是电子商务的生命，没有安全，就没有电子商务的存在及发展。

(三) 电子商务的分类

1. 按电子商务交易主体不同划分

按电子商务交易主体不同，可分为企业与企业之间的电子商务；企业与消费者之间的电子商务；消费者与消费者之间的电子商务；企业与政府之间的电子商务；政府与公众之间的电子商务。

企业与企业之间的电子商务(Business to Business，B2B)，是指企业与企业之间利用互联网或其他信息技术手段进行的各种商务活动。企业与消费者之间的电子商务(Business to Consumer，B2C)，是指企业针对消费者开展的电子商务活动的总称。消费者与消费者之间的电子商务(Customer to Customer，C2C)是通过专门为消费者之间建立的电子商务平台进行的。比如，网络个人拍卖或提供在线服务等，这种电子商务扩大了消费者之间交易的范围，增加了交易主体的数量，但也存在支付安全及信用保证等问题。随着社会信息化程度的加强，电子商务风险和安全管理水平提高，这类电子商务的发展前景会越来越广阔。企业与政府之间的电子商务，是指企业与政府之间进行的电子商务活动，比如，政府通过网络进行的采购，该活动属于电子政务的一部分，未来这种电子商务将得到更好发展。政府与公众之间的电子商务是指政府向公众开展的电子商务活动，政府通过网络对社会公众报税、收税和发送社会福利等，随着电子政务的发展，这类服务也将成为电子商务未来发展的重点内容。

2. 按电子商务活动的内容不同划分

按照电子商务活动的内容不同可分为贸易型电子商务和服务型电子商务。贸易型电子商务是指转移财产所有权的电子商务活动，包括有形商品贸易和无形商品的贸易。通常情况下，有形商品需要传统物流配送渠道，如邮政、物流和快递系统才能完成；无形商品的交易则可以通过网络实现标的物的交付。无形信息商品是指以数字形式表现的信息、知识、娱乐产品等。服务型电子商务是指提供服务的电子商务活动，其重要特点是不转移任何财产，只提供某种设施、互联网接入、传输、信息服务等。有些情况下，许多电子商务企业既提供信息服务，又兼顾信息转让，很难分清其属于服务型还是贸易型电子商务。

3. 按信息网络范围不同划分

根据电子商务交易的范围可分为本地电子商务、远程国内电子商务、全球电子

3

商务。本地电子商务是指利用本城市、本地区或本社区内信息网络进行的电子商务活动。远程国内电子商务是指在本国范围内进行的电子商务活动。全球电子商务是指在全世界范围内，不同国家之间的电子商务交易方通过网络进行贸易活动。

二、电子商务法概述

(一)电子商务法的概念

电子商务法是指调整电子商务活动中所产生的各种社会关系的法律规范的总称。电子商务法通过调整人们在电子商务活动中，包括销售、广告、物流、生产等环节产生的各种社会关系，从而使电子商务参与者在进行电子商务活动时遵循一定的规范，引导其行为，以达到电子商务行为的有序化。电子商务法的规范既可能涉及经济法、民法、合同法，也可能涉及反不正当竞争法、消费者权益保护法和知识产权法等领域，电子商务法是一个新兴的综合的法律领域。

狭义的电子商务法，是指调整以数据电文为交易手段的、因交易形式所引起的商事关系的法律规范体系，这类法律一般仅适用于采取电子手段的交易关系。在我国，主要包括《电子签名法》、《合同法》第11条、《电子认证服务管理办法》《非金融机构支付管理办法》以及《网络交易管理办法》等。

广义的电子商务法，是指电子商务交易行为本身及其引出的其他问题的规范，一般不仅可适用于线上电子商务活动，也可适用于线下交易活动。比如，关于电子商务经营主体市场准入的法律规范；关于消费者权益保护的法律规范；关于个人信息保护的法律规范；关于电子商务市场竞争的法律规范；关于电子商务交易平台责任的法律规范；关于电子商务物流服务的法律规范；关于网络与信息安全的法律规范；关于互联网广告以及电子商务其他衍生服务的规范等。这些法律及其规定在一定程度上解决了电子商务活动中产生的法律问题，此外，通过修订和调整，对电商行业出现的新问题作出了回应。无论是单行的电子商务法律，还是单行法中有关电子商务的规定，都属于广义的电子商务法的范畴。

(二)电子商务法的特征

电子商务法本质上属于商法，具有传统商法共有的某些特征。但电子商务法还具有自己独有的特征。

1. 电子商务法是网络商事行为法

电子商务的发展本身具有复杂性、动态性和发展性，从国际电子商务和各国电子商务立法的实践来看，无论是综合立法模式，还是电子商务基本法与单行法并行，抑或是纯粹的单行法立法模式，都没有用"定义"或"法定范围"的形式圈定电子商务的发展，而是不同程度地展现了电子商务"行为法"的特征。作为一种现代商业行为，电子商务与传统商业行为没有本质的不同。电子商务是以"电子"为手段，以"营利"为目的的商事行为，电子商务法律关系本质上是一种商事法律关系，电子商务法是网络商事行为法。

2. 电子商务法是公私法融合的产物

电子商务法既包括任意性的私法规范，又包括强制性的公法规范，前者可称为电子商务交易法，后者可称为电子商务安全法。电子商务交易法主要是规范平等主体的公民、法人之间通过互联网络进行交易的商业行为的法律规范的总称，这种任意性规范是电子商务法给交易主体的意思自治以充分的选择权。电子商务安全法主要是关于电子商务信息系统安全的法律规范的总称，这种强制性规范体现为电子商务法要求当事人必须在法律规定的范围内为或不为，违反这种规定就要受到国家强制的制裁。在电子商务法律关系中，既有国家工商行政部门对有关主体审查、备案、注册、监管，行使电子商务监管行为时与被监管人之间形成的行政法律关系，有税收部门对电子商务经营行为税收征收行为的经济管理关系，这些都属于公法范畴，也有电子商务活动中的民事行为，比如合同行为或侵权行为，电子商务法律关系具有公法和私法相结合的特点。

3. 电子商务法是综合性的法

综合性是电子商务法的内在要求。电子商务活动不仅是交易双方的活动，它还涉及很多主体，比如，网络接入服务提供商、网络内容服务提供商等，电子商务法律规范不仅要规范交易双方的活动，还要规范其他主体的行为或职责。此外，电子商务涉及合同、税收、知识产权、交易安全、消费者权益、管辖制度等多方面的问题，因此，电子商务法是涉及民法、经济法、行政法、国际法等多个领域具有很强的综合性的法律。

4. 电子商务法是具有国际性的内国法

电子商务法所规范的社会关系存在于一个虚拟的社会中，各国在制定各自的电子商务法时不仅要考虑本国国情，还要考虑国际通行做法。国际性是电子商务法发展的要求。"网络无国界"，电子商务是一种世界性的经济活动，其法律框架不应局限于一国范围内，电子商务法具有国际性。要实现电子商务法的统一法律规则，需要世界各国共同努力。联合国国际贸易法委员会一直致力于国际贸易法的统一，在电子商务领域形成了一系列统一的法律范本，供各国参照执行。参与电子商务法律关系的既有本国人，也有外国的企业或个人，电子商务借助于网络空间，传统的国家边界在网络空间不能适用。

三、电子商务与电子商务法的互动关系

(一)电子商务的发展推动电子商务法律体系的形成

现有的电子商务法律体系是在电子商务不断飞速发展的推动下形成的。比如，随着电子商务的发展，传统合同的书面形式、签名与原件规则面临挑战；网络的即时性使电子要约的撤销不可能，两大法系关于承诺生效的理论趋于融合，电子交叉

要约的出现使要约和承诺不再是合同缔结的必经程序。现有的电子合同法律体系正是法律界为了适应电子商务不断发展的需求，在对传统合同法律制度进行修正或重新立法的情况下产生的。此外，电子商务的发展还对电子支付、网络消费者权益保护、电子知识产权、电子数据的保护以及纠纷的解决和管辖等多方面带来挑战，进而推动电子支付法律制度、网络消费者权益保护、电子知识产权、网络纠纷的解决与管辖以及法律适用等一系列制度的产生和发展。

（二）电子商务法为电子商务健康发展创造良好的法律环境

随着电子商务向纵深发展，电子商务已经成为现代商务的重要表现形式，通过立法规范电子商务秩序，具有重要意义。

首先，电子商务法可以从制度层面弥补电子商务交易中的漏洞，使电子商务在制度和法律上有法可依，为电子商务发展扫清障碍，促进电子商务有序健康发展。比如，垃圾邮件泛滥的问题、电子信息丢失被篡改等问题。中国电子商务发展研究中心统计数据显示，自《消费者权益保护法》修订之后，全国各地消费投诉猛增，充分体现了消费者对电子商务法律规范的信心。

其次，电子商务法能够有效地控制和降低交易的风险。比如，《电子签名法》和《消费者权益保护法》、网络购物中的七天无理由退货、电子认证机构标准规范等，通过这些电子商务法律规范对风险进行合理分配，消费者和电商在交易过程中可以良性互动，减少交易的风险，为规范电子商务活动和网络交易安全提供保障，为鼓励利用现代信息技术提供支持，从而推动电子商务的发展。当然，面对不断更新的技术和层出不穷的电商纠纷，电子商务立法还应紧跟技术更新，适应不断变化的新情况，否则，电子商务法的滞后也可能给电子商务的发展造成法律障碍，从而阻碍电子商务的进一步发展。

第二节　电子商务法的性质和地位

一、电子商务法的性质

随着电子商务向纵深发展，电子商务已经成为现代商务的重要表现形式，一方面，通过立法规范电子商务秩序，促进电子商务健康发展，具有重要意义，另一方面，电子商务法律问题逐渐渗透到各个领域，越来越多样化，又不可能通过一部法律解决电子商务发展面临的所有法律问题。因此，电子商务法立法应当有清楚的定位。关于电子商务法的性质，目前学界主要有以下几种观点：

（一）电子商务法是民事特别法

有学者认为，凡是调整不平等主体之间，以公共利益为本位，采取命令与服从、管理与被管理等强制性调整方法的法律部门属于公法；凡是调整平等主体之间、以私人利益为本位、以意思自治为核心的法律部门，则属于私法。电子商务法是调整平等主体的当事人之间以计算机网络为媒介所进行的活动的法律规范的总称。虽然包含一些必要的公法规范，渗入了一些公力干预的因子，但这些公法规范都是以保护电子商务法中主体的个体利益为出发点的，私法的核心原则——平等和意思自治，公法规范的渗入并没有改变电子商务法的本质属性，仍属于私法。电子商务是平等主体的当事人之间以计算机网络为媒介进行的活动，是传统民商事活动在网络空间的延伸，电子商务法未脱离民商法范畴，属于民事特别法。电子商务法是仅适用于网络空间，当事人以计算机网络为媒介所实施的民商事行为，因其有独特的调整对象，因而属于独立的部门法。①

(二)电子商务法是公私融合的法

有学者认为，电子商务法调整的对象是一种私法关系，总体属于私法范畴，但其规范体系中又包含一些具有行政管理性质的规范，因此，电子商务法具有公法和私法融合的性质。电子商务法中的电子交易法体现了交易主体的意思自治，电子商务法中的电子商务安全法是以国家的必要干预来实现交易安全的。电子商务的法律规范既有强制性的，又有任意性的。违反电子商务法的法律责任既有民事责任，又有行政责任和刑事责任。因此，电子商务法具有公法和私法融合的性质。②

(三)电子商务法是网络商法

有学者认为，早在 1996 年，联合国大会就颁布了《电子商务示范法》，世界各国也在 2000 年前后掀起了电子商务法的高潮，我国颁布了《电子签名法》，但在 10 年后，电子商务应用本身已经发生了巨大的变化。目前，《示范法》的指导作用已经没多大参考价值，现今的电子商务立法应具有新的含义和新的定位，应制定"网络商务法"③，按照商法的目的和价值建构规范网络经营行为的法律体系。电子商务法属于商法的范畴，但又区别于传统的民法和商法，商法的立法目的应当是维护网络交易的公平和安全，促进网络商务的发展。

二、电子商务法的地位

电子商务法的地位，是指电子商务法在我国法律体系中处于什么样的位置，即电子商务法是从属于某一个法律部门，还是一个独立的法律部门。

本书认为，电子商务法应该作为一个独立的法律部门。首先，电子商务法的内容涉及社会生活的各个领域，绝非任何一个现有的法律部门可以概括，比如，电子

---

① 齐爱民，崔聪聪. 论电子商务法的地位与学科体系[J]. 学术论坛，2006(2).

② 田文英，宋亚明，王晓燕. 电子商务法概论[M]. 西安：西安交通大学出版社，2000.

③ 高富平. 从电子商务到网络商务法——关于我国电子商务立法定位的思考[J]. 法学，2014(10).

商务法中的电子商务安全与税收征管等问题已经远远超出了传统民商法的调整范围，再比如，电子商务法注重电子商务主体权益的保护，这种电子商务交易主体间的权利义务关系与经济法所强调的国家对市场的宏观调控不相一致，归入经济法也不合适。① 其次，电子商务法有其特定的调整对象，电子商务法的调整对象是电子商务活动中产生的各种社会关系，电子商务的运行必须要经历信息流、物质流和货币流三个环节，电子商务法调整的是这三个环节中产生的各种法律关系，这区别于任何现有的其他法律部门。此外，电子商务法作为独立的法律部门也符合社会的发展趋势。目前，作为一种新兴的交易模式，电子商务已经发展成最主要的交易形式，无论是从全球还是各国国内层面来看，加强电子商务法律体系建设已经成为主要趋势，因此，电子商务法应该作为一个新的独立的法律部门。

第三节　电子商务法的调整对象和调整范围

一、电子商务法的调整对象

任何法律部门或法律领域，都以一定的社会关系为其调整对象。作为一个新兴的独立的法律部门，电子商务法概莫能外。电子商务法的调整对象取决于电子商务法的定位。高富平教授在《中华人民共和国电子商务法》(学者建议稿)中认为，电子商务法应当定位于商法，电子商务法主要由两类规范构成，一类是嫁接网络经营行为，使其纳入现行法律调整，一类是确立网络环境下经营主体和经营行为的特殊规则，电子商务法的调整对象是电子商务经营行为。电子商务法是用来解决经营者利用电子通信或网络通信手段从事经营行为引发的特殊问题的法律。诚然，电子商务法是商法在网络通信技术发展下的产物，电子商务法理应对网络环境下的经营行为和交易关系进行调整，以确立网络环境下的商事行为基本规则和基本秩序。电子商务法并不取代传统商法或要建立完整的商法体系，不创制商法规则，而是将网络商事行为嫁接到现行商法，使现行商法适用于网络环境下的商事行为，使网络商事行为得到法律的调整。由于互联网应用于商务给传统的法律适用带来了挑战，网络经营活动面临着不确定性，因此，需要立法确立网络环境下经营行为的基本规范，消除网络经营面临的法律不确定性。电子商务法的目的在于建立应用于商务或经济活动的网络基本秩序，营造公平、诚信和安全的交易环境。

二、电子商务法的调整范围

一方面，电子商务是通过互联网等信息网络进行商品销售和服务提供的新型业

① 郑远民，李俊平. 电子商务法发展趋势研究[M]. 北京：知识产权出版社，2012.

态和经营模式。作为交易形式，电子商务与传统商务没有本质不同，但是电子商务所依赖的技术不断更新，对现有法律带来挑战，使得原本在传统交易空间下法律的调整范围不断被重塑。电子商务渗透到各个领域，电子商务法也应涉及法律的各个方面，根据电子商务活动的整个流程来确定其调整范围，电子商务法的任务在于其不仅需要规定商事交易的规则，确保交易行为的法律效力和法律后果的可预见性，维护交易安全，而且还需通过强制性规范，设置合理的权利、义务和责任分配，以适当的监管措施来平等保护各方当事人的权益。

另一方面，也正是由于电子商务的渗透性，电子商务法的内容可能会与其他法律存在交叉，因此，现有法律已经确立的制度，就不用重复规定，凡是可以在其他法律领域解决的电子商务法律问题均应交由这些法律通过法律修订方式解决，只有这些法律部门不能解决的才由电子商务法解决。当然，即便是需要电子商务法来解决整个流程中的法律问题，也不必对所有事项作出事无巨细的规范，电子商务发展过程中面临的所有法律问题并不必然成为电子商务法的调整范围和主要内容，而是应将重点放在其与传统商务的区别，结合现有立法不足以及未来可能的发展，提前设立规范。正如有些学者所说，如果一部法律解决的问题太多，势必会停留在宣示性或原则性的规定上。比如，对于电子支付、信息安全、互联网金融和税收问题等专业性太强的领域，则适合在单行法中专门规定。

电子商务法的调整范围主要应涵盖以下几个方面：

（一）电子商务主体法律制度

随着网络技术的不断发展，整个互联网都成为商务的平台，网络不仅可以积聚大量的客户资源，还可以进行个性化的广告推广，为用户提供各种类型的服务。如何在法律上界定网络经营主体，比如网站、网络交易平台、网点等的身份和法律地位如何？是否需要建立特殊的主体管理制度？是必须领取电子商务营业执照，还是只建立电子商务主体信息备案登记制度？这些制度对于电子商务的发展具有重要作用，因此，电子商务法需要规范电子交易主体的法律地位，明确交易主体之间的法律关系和各方权利与义务，建立网络经营行为各项制度和行为规范，来消除网络交易中的法律风险和不确定性，规制危害网络交易安全和公平的行为。

（二）电子交易及其服务制度

这一部分主要涉及电子交易活动，涉及电子交易合同的缔结、履行，履行包括支付环节与物流环节。目前，在这一领域，已经有《合同法》《电子签名法》《电子认证服务管理办法》等，但是，《合同法》对电子合同的规定存在不足，电子签名的应用不够广泛，电子商务法还需要在不重复现有规定的基础上弥补法律的不足，强调各个法律之间的协调性和系统性，以满足电子商务发展的需要。

（三）电子商务消费者权益保护制度

由于电子商务的虚拟性、主体的电子化、交易的跨地区性、技术手段的复杂性等特点，电子商务消费者权益保护方面普遍存在着主体确认难、投诉量大、异地协作难、违法查处难、法律执行难等问题，因此，电子商务法需要根据电子商务消费者权益的特殊性，做出有针对性的规定。消费者的权益涉及各个流程，无论是在交易环节、支付环节，还是在物流配送环节，所有这些领域的服务都应该体现对消费者权益的保护。

（四）电子商务中的个人信息保护制度

数据流通是电子商务的本质属性。个人购物的记录、地址、数量等信息包含着个人的喜好和隐私，在电子商务发展的过程中，大量的个人信息被电商企业不正当地记录和收集极易造成个人信息侵权，损害用户的利益。此外，随着大数据技术的发展，大量的数据被挖掘并被二次分析，尤其是涉及我国宏观经济交易的数据等向境外流通，极易引发国家网络安全问题，损害国家利益。随着跨境电商业务的发展，越来越多的国家重视数据立法，争取对数据的管辖权和执法权。我国电子商务法理应尽快做出回应，在保障数据正常流通的前提下，明确电商企业对个人信息保护的义务和责任，明确我国的数据主权和管辖权，积极参与国际法律框架谈判，最大限度地防止数据外流，保护公民和国家利益。

（五）电子商务平台的义务与责任

电子商务平台是通过互联网交易系统为电子商务活动提供虚拟场所、设施、交易规则以及相关服务，在规范、界定、影响电子商务活动及各利益主体的权益方面具有重要的地位和作用。电商交易平台通过制定和实施相关的交易规则，成为事实上的平台电子商务的管理者。近年来，商家诚信缺失的现象比较严重。作为承接各家电商和网店的载体，电子商务平台是否有义务监督平台用户的合法经营，是否应该负有维护公平交易以及保护消费者利益的责任？是否需要对网络用户的商品信息虚假或侵权承担责任？这样的问题在传统部门法中都无法解决也不合适解决。目前，关于电子商务平台企业的责任主要是在《侵权责任法》和新修订的《消费者权益保护法》中有规定，由《消费者权益保护法》对电子商务平台的责任进行规定不太合适。电子商务的发展虽然需要嫁接传统法律与新技术，但现在已经产生了很多传统法律无法顾及的新问题，这些都需要我国的《电子商务法》对此予以专门规定。

（六）跨境电子商务制度

谈及电子商务，就不能不提到跨境电子商务，网络的无国界性决定了电子商务必然突破国境。跨境电子商务除了存在货物通关和缴纳关税外，还受到汇率结算、跨境支付、跨境物流等因素制约，使传统能够建立在国家主权基础上的国际贸易体制再次受到冲击。主权国家需要探索建立跨境电子商务的综合服务体系，需要保证必要的海关监管，需要与海关部门实现业务协同和数据共享。跨境电商所涉部门太多，需要海关、税务、检验检疫等多部门协调，目前只需通过法律确定一些协调机制或制定一系列原则行动规定，形成一个框架，以鼓励跨境电子商务自主创新发展。电子商务立法层级较高，不可能规定太细。由于跨境电子商务经常会涉及双边及多边贸易规则，电子商务法要考虑到与国际相关法律的对接和适配，既不能与现实法律产生实质冲突，又要严格执行国际贸易通用的法律和规则。

(七)电子监管制度

电子商务经过初期的市场蓬勃发展和积淀，的确到了规范化经营的阶段。电子商务立法是企业自律、消费者权益保护的保障。电子商务监管法律，对行业本身的规范和可持续发展都有积极作用，解决好市场自治与政府监管的关系，一方面要让创新有法可依，尽可能鼓励交易和发展，为当事人自治和行业自治留有余地，另一方面还要确立事后监管、适度监管并充分鼓励应用创新的原则，认识到当前电子商务交易海量、跨区域、个性化的特征，树立大数据治理原则。

(八)电子商务纠纷解决制度

电子商务的跨地域性使以行政区划分为界限的行政执法模式受到挑战，使以国家主权为基础的法律适用范围和以地域为基础的司法管辖问题受到挑战。网络交易主体身份确定存在难度，网络交易电子数据调取和质证存在困难，传统的司法管辖规则使很多网络交易纠纷得不到救济，尤其是跨境贸易之下，解决纠纷的成本大大增加。而且，即使本国司法机关根据司法管辖的连接因素可以行使管辖权，但本国法院的判决很难被执行或执行费用太高。此外，由于电子商务的特殊性，电子商务纠纷的解决除了传统方式之外，第三方交易平台和在线纠纷解决机制发挥了重要作用，这些都有必要通过电子商务法对此专门规定。

第四节　电子商务法的基本原则

一、电子商务法基本原则的概念

据汉语的语义，原则是指说话或者行事所依据的法则或标准。法律原则是一个法律部门存在的根本。

电子商务法的基本原则指电子商务法中体现的法的根本精神，反映电子商务关系的本质和电子商务活动规律的原则，是电子商务法区别于其他部门法所特有的理念、价值和精神，是构成整个电子商务法的基础和灵魂的原则性规范。

电子商务法的基本原则应该贯穿电子商务立法、执法、司法和守法的全过程，对整个电子商务法律规范起引领和统帅作用，是对电子商务行为具有一般指导意义和普遍约束力的基础性法律规范。电子商务法的基本原则不仅能反映电子商务活动的特点，体现电子商务法的内容，也能统领电子商务法的各项具体制度。① 电子商

---

① 李祖明. 电子商务法教程[M]. 北京：对外经济贸易大学出版社，2009：13.

务法个别制度的指导原则不能成为电子商务法的基本原则，电子商务法的基本原则直接影响我国电子商务立法的进程。具体而言，电子商务法的基本原则应该具有内容的根本性、规范的原则性和效力的最高性。

二、电子商务法基本原则的内容

(一)安全原则

关于安全原则是否是电子商务法的基本原则，学者们认识不一。多数学者认为，安全原则应该成为电子商务法的基本原则。例如，齐爱民教授起草的《中华人民共和国电子商务法草案建议稿》将安全原则作为电子商务法的基本原则，该建议稿第 4 条规定："在电子商务活动中，互联网经营者应当保障电子商务安全，保护电子商务消费者个人信息安全以及其他合法权益。"此外，国际立法实践也多持这种观点，无论是联合国贸易法委员会的《电子商务示范法》，还是各国的《电子商务法》无不以安全原则为基本原则。

与传统民商事活动相比，电子商务活动具有主体虚拟、交易技术性以及交易数字化等特征，这些特征决定了电子商务运行的过程更容易受到攻击，电子商务中的风险远高于线下交易。电子商务活动风险的特殊性，使安全原则成为重要的原则。实践中，交易安全成为交易主体决定是否选择电子商务交易形式的重要考量因素。安全是电子商务的生命，没有安全，就没有电子商务的存在及发展。因此，保障电子商务的安全进行，应该是电子商务法的出发点。安全原则集中地反映了当事人要求电子商务法全方位地保障整个电子商务过程安全的要求，是电子商务法规范的基本精神和共同本质的科学抽象，体现了电子商务法以安全为手段促进效率的根本价值取向，反映了电子商务法的宗旨、价值和精神，是电子商务法规范所应贯彻的指导性准则，是建构电子商务法体系的依据，我国电子商务立法应首先遵循安全原则。[1]

电子商务的各个环节都离不开安全，比如，电子商务中的财产安全、数据安全等，鉴于电子商务的国际性，电子商务法还应考虑到企业和国家安全。安全既包括技术安全，也包括法律安全。在电子商务法中，有关电子商务市场准入、电子形式的法律效力、电子签名与认证、电子自助与电子错误、7 天无理由退货制度、信用体系建设和第三方电子商务平台责任等规则和制度均是电子商务法安全原则的具体体现。

(二)中立原则

中立原则是指电子商务立法不应局限于某一种特定的形态，而应对所有涉及电子商务签名、认证、原件等保持开放中立的态度以适应电子商务不断发展的需要。

---

[1] 巩姗姗. 论电子商务法基本原则[J]. 重庆邮电大学学报，2015(5).

因为技术本身没有善恶和利弊之分，人类认识的局限性决定了无法预见技术创新的过程和结果。因此，法律只应对主体利用信息技术的具体行为本身进行评价，只应针对技术应用的后果进行规范，而不应对任何技术本身进行评价。电子商务不是以现存某一特定的技术作为基础，而应超脱于任何特定技术。所以，坚持中立原则，确保技术的开放性和包容性，可以防止因电子商务立法对特定技术的限制而损害法的连续性、稳定性，阻碍电子商务的健康发展。网络和信息技术发展日新月异，电子商务立法应能适应这一不断发展的形势。电子商务离不开有关技术的支持，比如电子签名、电子认证或电子支付等技术会不断发展，如果限定某种技术，则可能使电子商务法律不能适应新技术条件下电子商务对安全的需要。如果因为技术更新和发展就修改法律又势必会影响法律的稳定性和连续性。此外，电子商务是一种新的交易手段，也是一个新兴产业。在这个产业中，各种利益集团、各种技术之间要达到利益平衡，实现公平目标，需要保持中立。

有学者认为，除了技术中立，中立原则还应包括媒介中立和实施中立。所谓媒介中立，是指电子商务法应允许各种媒介根据技术和市场的发展规律而相互融合相互促进，使各种资源充分利用，避免人为的行业和媒介垄断。而实施中立，则是指电子商务法在对待本国电子商务活动与跨国电子商务活动，在对待商家与消费者，国内当事人与国外当事人时应一视同仁，保持中立立场，体现商事交易的公平理念，充分展现电子商务开放性、兼容性和国际性的特点。实践中，联合国国际贸易法委员会的《电子商务示范法》《电子签名示范法》以及其他各国的电子商务立法都在一定程度上接受中立原则。

(三) 功能等同原则

所谓功能等同是指通过分析书面形式、签名等的目的和作用，赋予电子形式和电子签名一定的法律效力，以达到网络技术支撑的在线交易目的和作用，它是在传统民商法的书面形式、签名和原件等概念运用于电子商务时所产生的法律障碍的应对规则。

关于功能等同是否为电子商务法的基本原则，学界存在一定的争议。肯定的意见认为，功能等同是规范和调整电子商务问题的出发点，是贯穿电子商务立法始终的，因而，可以成为电子商务法的基本原则。反对的意见，比如，何松明、刘满达教授认为，功能等同只是一种立法方法，而非立法原则，功能等同是解决书面形式、签名和原件等法律问题的方法，并不属于立法技术范畴的立法方法，且缺乏普遍性，可看做中立原则指导下用于解决电子形式、电子签名和书面要求等法律问题的具体法律原则，但不是电子商务法的基本原则。此外，还有学者认为，电子商务法不是简单地把传统法律规范移植到电子商务领域，而是针对网络空间中的民商事活动进行与传统法律价值相近的规范调整。功能等同是解决电子商务运行的合法性、确定性和可执行性的重要方法，其不仅是应对技术创新、排斥电子商务法开放性的手段和措施，也是解决网络环境下电子形式和电子签名法律效力问题的重要方法。功能等同原则是判定利用新型信息技术所实施的法律行为有效与否的标准，是电子商务法安全原则的内涵和具体化。

(四) 鼓励与促进创新原则

电子商务迅猛发展，我国电子商务产业将成为最具发展潜力、最具有国际竞争力的产业，我国的电子商务立法应该促进电子商务健康发展，为电子商务持续健康发展提供法制保障。一方面，立法要充分发挥市场配置资源的决定性作用，体现政府最小干预原则。另一方面，政府应科学有效地运用资源和手段，为电子商务充分地发展和创新，创造更好的环境，留有足够的空间。由于当前电子商务发展还不太成熟，社会公众对电子商务认同程度较低，但对经济发展又具有举足轻重的作用。将鼓励与促进创新作为电子商务法的基本原则，可以从网络基础设施建议、技术发展和技术标准、税收、市场准入等方面鼓励与促进电子商务法发展，从政策法律上为电子商务发展创造良好、宽松的经营环境，通过电子商务法既鼓励新兴行业发展创新，也对市场秩序进行规范，保障各方权益。

(五) 协调性原则

协调性原则是指电子商务立法要与现行立法协调，也要与国际立法协调，同时还要协调好电子商务过程中涉及的各种新的利益关系。比如，版权保护与合理使用，知情权、公民言论自由权与数据隐私权，商标权与域名权之间，各国在电子商务管辖权间的利益冲突等方面，尤其是电子商家与消费者之间的利益平衡关系。同时，电子商务的全球性特征也要求电子商务立法应考虑电子商务立法的国际性，尽量与国际立法协调，避免过分强调立法的国家权力性和所谓的国情影响电子商务的发展。在商家与消费者关系处理上，至少应使消费者获得不低于其他交易形式的保护水平。① 国际协调性原则是指电子商务立法应考虑电子商务的国际性特征，立法时应促进电子商务法的国际化。

(六) 自治原则

允许当事人自由表达和实现自己的意愿，是交易法的本质属性，在电子商务立法与司法的过程中，应为当事人行为的自由表达与意愿的实现预留空间和提供切实的保障。电子商务作为一种交易形式，属于民商事活动，法律对电子商务的干预应是最低限度的，应避免公法过度干预而阻碍电子商务的发展，因此，电子商务法应适用自治原则。比如，联合国《电子商务示范法》采纳自治原则鼓励当事人自己设定权利，只是在需要消除传统法律对电子商务发展造成的障碍时，才通过强制性条款为当事人充分的意思自治提供保障，该法第 4 条规定，除了强制性规范外，其他条款均可由当事人自行协商制定。

---

① 刘德良. 论电子商务立法的基本原则[J]. 中国科技论坛，2001(5).

　　有学者认为，除了以上几种原则之外，电子商务法的基本原则还应包括诚实信用原则和风险合理分担原则等。例如，孙占利教授认为，电子商务法在解决信息技术应用于商事活动合法性的同时，还应解决商事主体利用信息技术进行商事活动时权责利的分配问题。因网络技术缺陷、信息系统存在漏洞以及意外事件导致的电子错误、合同不当履行等风险的分配，体现公平理念、无过错即无责任和技术局限免责理念的风险合理分配原则，也应是电子商务法基本原则。此外，电子商务活动的本质是商事活动，商事活动的基本原则是诚实信用，电子商务交易具有交易载体的无纸化性、交易行为的即时性和交易身份的隐匿性，比传统商事活动更需要自愿平等和诚实信用的保障。此外，2013年12月，全国人大财政经济委员会电子商务法起草组在上述原则的基础上进一步提出了保障各方权益、规范市场秩序、对数据开发利用保护均衡，电子商务企业行业自律与社会共治、线上线下一致性和鼓励创新发展等原则。

☞ **思考题**

　　1. 论述电子商务法的性质和地位。
　　2. 论述电子商务法的调整对象和范围。
　　3. 论述电子商务法中的安全原则。
　　4. 论述电子商务的发展与电子商务法的互动关系。

第二章　电子商务立法

第一节　国际电子商务立法

近年来，电子商务的跨越式发展，不仅对世界经济产生了巨大的推动力，同时，也给传统的法律体系带来了挑战。为了消除传统法律体系的障碍，从联合国国际贸易法委员会、国际商会、世界经合组织、世界贸易组织、欧盟等，到美国、德国等发达国家都纷纷制定电子商务立法。截至目前，全球有100多个国家制定了电子商务相关的立法，其中有71个国家制定了以"电子商务法"或"电子交易法"命名的电子商务法，从全球范围来看，电子商务立法速度之快，范围之广，是其他领域的立法活动所无法企及的。

一、国际组织的电子商务立法

鉴于电子商务的全球性和跨国性，任何国家都难以单独制定国内法进行有效的规范，因此，联合国国际贸易法委员会、欧盟等国际组织率先开始国际电子商务立法，希望在国际层面制定出电子商务立法的模板，供各国借鉴和参考，来消除电子商务运用中遇到的法律障碍，为电子商务的广泛应用提供法律的确定性。

(一)联合国国际贸易法委员会

联合国国际贸易法委员会是联合国的下属专门机构，主要负责国际贸易法的协调和统一。近20多年来，国际贸易法委员会一直致力于电子商务法的形成和发展，并制定了一系列的法律指南和统一规则。其中，最重要也是最有影响的两个示范法就是1996年《联合国国际贸易法委员会电子商务示范法》(以下简称《电子商务示范法》)和2001年《联合国国际贸易法委员会电子签名示范法》(以下简称《电子签名示范法》)。这两部《示范法》是姊妹篇，后者遵循了前者的原则和精神，包括采用的术语都力求与前者保持一致，后者对前者关于电子签名的原则规定作了进一步的延伸和细化，并有所发展。两部《示范法》不仅向各国立法机关就如何消除传统法律制度造成的障碍提供了普遍接受的规则范本，促进了电子商务全球协调发展的法律环境的创建，也为电子商务的当事人订立合同提供了范本，便利其确定权利义务，解决电子交易中所遇到的法律问题，为网络空间国际合同的统一立法奠定了基础，具有非常重要的意义。

1.《电子商务示范法》

1996 年，联合国贸易法委员会通过了《电子商务示范法》，该示范法将电子商务领域中人们不断重复遵循而形成的行业惯例或习惯规则加以整理编撰形成一套国际接受的准则，推荐给各国立法机关，为各国电子商务立法奠定了基本的法律框架和参考的范本，具有重要的示范意义。在电子商务领域，由于缺乏统一的标准，各国原有的制度和规则相互冲突。示范法虽然不是具有拘束力的法律文件，但因其获得普遍认可，使得各国很难对其规则加以修改，从而在一定程度上协调和统一了各国的电子商务立法。

该法的重要贡献之一就是创设了"功能等同法"，它将数据电文的效用与纸面形式的功能进行类比，通过对传统书面规范体系进行剖析，从中抽象出功能标准，再从电子商务交易形式中找出具有相应效果的手段，以确定其效力。这种方法不仅适应了电子商务灵活多变的特性，又满足了民商法价值的平衡，从根本上实现了传统民商法价值在网络环境下的嫁接。《电子商务示范法》是一个开放性的系统，它允许根据需要而不断增加相关的章节，其法律规范具有充分的灵活性以适应现实生活中纷繁复杂的情况。比如，《电子商务示范法》采纳技术中立作为其基本原则之一，以及在各个章节的设置上采取了先规定一般规则，然后对某些成熟领域重点规定具体规则，这种模式便于今后就具体领域的规则进行补充，不仅具有创造性，也顺应了电子商务发展快的规律。需要注意的是，《电子商务示范法》的目的在于对各种类型的信息通信与记录的现代技术的使用提供基本的程序与原则，因此，它只是一个"框架"法，其本身没有规定各国所需要的所有的规范和规则，也不能覆盖电子商务应用的各个方面。

2.《电子签名示范法》

继 1996 年《电子商务示范法》以后，为弥补《电子商务示范法》有关电子签名规定过于简单的不足，2001 年，联合国国际贸易法委员会又颁布了《电子签名示范法》，作为国际上关于电子签名专门的立法文件，该法对电子签名的法律制度作了系统的规定，作为《电子商务示范法》有益的补充，该法对电子签名的定义、适用范围、符合电子签名的要求、签名人和证明服务提供者的行为、信赖方的行为、对外国证书和电子签名的认证等重要问题都作了详细的规定。

《电子签名示范法》坚持《电子商务示范法》的宗旨和原则，力求在用语上与其保持一致。该示范法共有 12 条，在《电子商务示范法》第 7 条关于签名规定的基础上，进一步就电子签名涉及的定义、不同安全水平与程度的签名要求和签名人、认证服务提供商以及签名信赖方的行为和义务等电子签名所涉及的法律问题作了规定。作为《电子商务示范法》的姊妹篇，它是联合国贸易法委员会在推动电子商务立法方面的又一重大的成果，具有与《电子商务示范法》相同的示范性和协调性，它在消除传统法律制度的障碍以及促进全球电子商务立法的统一和协调方面发挥了重要的作用。事实证明，该示范法极大地促进了各国电子签名立法的发展，对各国的电子签名规则产生了重大的影响，各国以此为模板相继颁布了各自的电子签名立法。例如，我国的《电子签名法》就在很大程度上借鉴和移植了《电子签名示范法》的相关规定。

3.《国际合同使用电子通信公约》

随着计算机信息技术的飞速发展，信息化和网络化大量地运用到人们的日常交易中，对法律提出了巨大的挑战，尤其是合同领域。商务活动总是围绕合同展开，采用科技手段的电子合同因具有传统合同所不具备的新形式和新特点，从而成为电子商务立法的重点。联合国国际贸易法委员会的两个示范法虽然为各国电子商务立法趋同和统一起了很好的推动作用，但示范法只具有示范效力，不具有直接的国际约束力。此外，现行的《联合国国际货物销售合同公约》在一般情况下虽然适合于电子订约达成的合同，但毕竟电子订约与传统订约方式存在着很大的差异，《联合国国际货物销售合同公约》的规则在适用于电子订约时存在很多的不足。因此，为了解决在国际合同范围内使用电子通信的法律效力的不确定性，消除现有国际贸易法律文书在执行上可能产生的障碍，并加强国际合同的法律确定性和商业上的可预见性，实现各国关于电子合同缔结规则的统一，从 2002 年开始，联合国国际贸易法委员会电子商务工作组召开了 7 次会议，历经三年半的时间审议公约草案，在 2005 年 11 月 23 日通过了《国际合同使用电子通信公约》。

《公约》共 25 条，分为四章。其中，第一章是适用范围，第二章是总则，第三章是国际合同使用电子通信，第四章为最后条款。《公约》不仅坚持了《示范法》所确立的功能等同原则、技术中立原则和当事人意思自治原则，而且继承并改进了《示范法》的某些具体的法律规则。与《示范法》相比，《公约》在总则部分增加了关于"通信""电子通信""自动信息系统"以及"营业地"的定义，尤其是"营业地"概念的确定，这对国际贸易中当事人所在地的确定产生深远了影响。

《公约》是在《联合国国际货物销售合同公约》不能满足电子商务发展需要的情况下产生的，因此，《公约》除了在基本内容上与《联合国国际货物销售合同公约》保持一致以外，又在一些方面作了大胆的创新，以弥补《联合国销售公约》在电子订约问题上的不足。例如，《公约》允许区域经济一体化组织成为其缔约国，该组织享有与其他缔约国相同的权利和负有相同的义务；《公约》还规定，本公约的规定适用于订立或履行本公约缔约国已加入或可能加入的下列涉及合同的任何国际公约，如《国际货物销售时效期限公约》《联合国国际货物销售合同公约》《联合国国际贸易应收款转让公约》等。这些规定不仅有助于清除现有国际条约下使用电子通信缔结合同的法律障碍，避免了今后对涉及合同的国际公约逐一进行合法化修正或规定的需要，而且也节省了谈判时间与成本；此外，《公约》有关电子通信的要约邀请规则、自动电文系统规则、发出或收到电子通信时间规则、电子错误规则等都是国际电子合同规则的创新。

作为联合国国际贸易法委员会制定的权威文件，《公约》得到了国际商会的官方认可。《公约》被认为是在联合国框架内制定的最重要的，也是第一个电子商务领域全球性的国际公约。它统一了国际合同使用电子通信的规则，加强了国际电子合同的法律确定性和商业可预见性，它的制定与生效有利于推动电子交易的发展，对于国际贸易，尤其是国际电子商务的发展具有极其重要的意义。《公约》在法律效力方面具有《示范法》所不可比拟的优势，作为电子商务领域的第一个国际条约，它对各个缔约国可以产生普遍的国际法律约束力，各缔约国必须严格履行公约规定的义务。现有国际贸易法委员会公约的生效一般至少需要三件，至多需要十件批准书交存之后才能获得通过。基于电子商务发展迅速的特点，公约遵循了现代商法公约的发展趋势，希望尽快促成公约的适用和生效，在《国际合同使用电子通信公约》的生效上最终采纳了美国的建议，即只需交存最少数量的批准书，公约就可以生效。根据公约第23条关于生效的规定，公约于第三件批准书、接受书、认可书或加入书交存之日起满六个月后的下一个月第一日生效。2013年，该公约在第三份批准书交存之日时生效。

我国不仅积极参加了公约的谈判，也是最早的签署国之一。2006年7月6日，在美国纽约召开的联合国贸易法委员会第三十九届年会上，中华人民共和国商务部条法司副司长吴振国受权代表中国政府签署了《联合国国际合同使用电子通信公约》。截至目前，已有包括中国在内的20个国家签署了公约，其中，洪都拉斯于2010年6月17日批准了公约，成为公约的第一个缔约国。截至目前，总共有7个国家批准该公约，成为公约的缔约国，俄罗斯、新加坡等经济体已经加入，美国、澳大利亚等国正在酝酿加入。

(二)欧盟

欧盟一直致力于在欧洲范围内制定统一的电子商务法律框架。1997年，欧洲议会及欧盟理事会通过了《关于远程合同中消费者保护的指令》，该指令的目的在于"使通过远程通信手段购买货物和服务的消费者的地位等同于在实体商店购买商品和服务的消费者"，从而为缔结远程销售合同的消费者提供制度保护。1999年，为了统一成员国的电子商务法律，欧洲议会和欧盟理事会通过了《电子签名统一框架指令》，该指令由15条和4个附件组成，建立了适合电子签名和认证服务的法律框架，推动了电子签名的应用并使其法律效力得到承认，以保证欧盟内部市场的正常进行。不过，该指令的实施效果并不尽如人意，据有关报告指出，欧盟内部市场私人几乎很少使用电子签名，欧盟委员会分析其原因，认为除了技术本身复杂性的原因之外，指令没有规定认证服务提供者为终端用户提供电子签名认证服务标准和认证服务者之间相互认可，以及国际国内缺少技术互通性也是其关键因素。

2000年，欧洲议会及欧盟理事会通过了《关于内部市场中与电子商务有关的若干法律问题的指令》，该指令的目的在于为国内市场跨境网上服务清除障碍，为企业和消费者提供法律确定性。指令不直接影响各成员国国内现有法律的适用，只要成员国将指令内容纳入国内法，无需当事人同意，对当事人就具有约束力。此外，还发布了2002年《电子商务增值税指令》，2007年《支付服务指令》，2009年《关于电子货币机构业务开办、经营和审慎监管的指令》等。

在个人数据保护方面，欧洲议会和欧盟理事会在1995年通过了《关于在个人数据处理过程中保护当事人及此类数据自由流通的指令》（简称《个人数据保护指令》），该指令是欧盟数据保护战略的核心，旨在使成员国接受与个人数据有关的保护隐私和个人自由的共同标准的同时，避免个人数据在成员国之间流动时遭到不当干扰；在2002年通过了《关于在电子通信领域个人数据处理及保护隐私权的指令》（简称《电子隐私权指令》），该指令于2004年4月起在欧盟成员国生效施行，是欧盟基于电子商务和互联网发展现状而制定的旨在规范电子商务消费者隐私权保护的立法。2012年，欧盟委员会发布对1995年《个人数据保护指令》的改革。2016年4月14日，欧洲议会投票通过了商讨四年的《一般数据保护条例》（General Data Protection Regulation），该条例将在欧盟官方杂志公布正式文本的两年后（2018年）生效，意味着欧盟对个人信息保护及其监管达到了前所未有的高度，堪称史上最严格的数据保护条例。新条例将取代1995年欧盟《个人数据保护指令》，并直接适用于欧盟各成员国。它旨在加强对自然人的数据保护，并一统此前欧盟内零散的个人数据保护规则，同时降低企业的合规成本。

(三) 其他国际组织

1. 国际商会

国际商会一直以来对电子商务发展保持高度关注，对联合国国际贸易法委员会的电子商务立法给予大力支持，其自身也在电子商务立法方面形成了丰富的成果。1997年11月，国际商会发布《国际数字签署商务通则》，制定了第一部真正意义上的国际电子商务自律规范，试图对不同法律体系的规则进行协调，为电子商务提供指导。2004年，国际商会制定了《电子商务术语》和《电子缔约指南》。2007年，根据修订后的《跟单信用证统一惯例》制定了《跟单信用证统一惯例电子提示补充规则》。此后，为了适应贸易术语交易中使用电子信息的不断增多的情况，国际商会在2010年公布《国际贸易术语解释通则》，为国际贸易使用电子程序带来便利。

2. 经济合作与发展组织（OECD）

1997年，经济合作与发展组织发起召开了"以全球电子商务扫清障碍"为主题的国际会议，并发表了《克服全球电子商务障碍》的文件，通过了《加密政策指南》，提出了指导各成员国制定国内立法和政策的原则。1998年，OECD陆续公布和发表了《OECD电子商务行动计划》《有关国际组织和地区组织的报告：电子商务的活动和计划》《工商界全球商务行动计划》《全球网络保护个人隐私宣言》《关于电子商务身份认证的宣言》《关于在电子商务条件下保护消费者的宣言》以及《电子商务：税务政策框架条件》等文件。1999 年，OECD 发布了《电子商务消费者保护准则》，提出了保护消费者的三大原则，即确保消费者网上购物所受保护不低于传统购物方式；消除消费者网上交易的不确定性；在不妨碍电子商务发展的前提下建立和发展网上消费者的保护机制。2003 年，OECD 颁布了《在跨国界特别是因特网商务欺骗和欺诈行为中保护消费者指南》。

3. 亚太经合组织

为了消除成员国之间的"数字鸿沟"，加强成员国之间在电子商务领域的协调与合作，实现亚太地区的共同繁荣，亚太经合组织很早就组织了一系列的活动。1998 年，在马来西亚召开的亚太经合组织非正式会议上审议通过了《APEC 电子商务行动计划》，1999 年，在新西兰召开的 APEC 部长级会议上拟定了电子商务合作工作重点计划：建立和完善电子商务法律框架；开展电子商务环境成熟度评估；促进无纸化贸易；评估本地区电子商务的发展现状；帮助中小企业使用电子商务以及加强消费者保护。2000 年，APEC 会议批准了 APEC 建立与消费者保护、电子交易单据和电子签名相关的法律法规框架计划。2001 年，在上海召开的会议上，就规范电子商务发展的法律框架和标准、降低和减少针对电子商务活动的关税和非关税措施、保护与电子商务有关的知识产权、增强消费者对电子商务的信赖程度、加强与电子商务活动有关的专业培训，以及鼓励成员国的企业积极参与电子商务活动等问题进行讨论。2004 年，APEC 制定了《APEC 隐私保护纲领》，为亚太地区的个人信息隐私保护提供了指导性的原则和标准。之后于 2007 年通过了《APEC 数据隐私探路者倡议》，并于 2012 年正式实施《APEC 跨境隐私规则体系》，APEC 一系列活动对电子商务发展具有重要推动作用，但也存在一些困难。比如，成员国之间的贸易竞争加强、电子商务发展的不平衡加剧等。

二、其他国家的电子商务立法

在联合国国际贸易法委员会的主持和推动下，目前，世界上已经有几十个国家与地区制定了电子商务法，形成了电子商务全球化的立法现象。

(一)美国

早在 20 世纪 90 年代初，美国就开始进行电子商务立法。美国是联邦制国家，联邦和州都有立法权，很多电子商务立法都在州层面进行。但各州电子商务法调整范围参差不齐，给电子商务发展形成障碍，美国统一州法委员会及美国法律学会在1999 年通过了《统一计算机信息交易法》，该法属于示范法，尽管曾一度引起世界各国广泛关注，但由于在消费者权益保护方面遭到大多数州的反对，于 2002 年被废除。后来，在吸收联合国《电子商务示范法》和《统一计算机信息交易法》以及美国其他各州电子商务立法的基础上，美国统一州法委员会及美国法律学会又通过了《统一电子交易法》。1999 年，美国国会通过了《全球及全国商务电子签名法》为跨州商务环境中电子签名使用奠定了法律基础，协调了美国各州电子商务立法的冲突。此外，美国还出台了一些与电子商务相关的法律和政策。比如，1996 年《电子信息自由法》；1997 年《全球电子商务框架》；1998 年《儿童在线隐私保护法》；1998 年《数字千年版权法》；2001 年《网络安全研究和发展法》；2002 年《网络空间安全强化法》；2002 年《联邦信息安全管理法》；2002 年《电子政务法》；2003 年《禁止垃圾邮件法》；2005 年《个人数据隐私与安全法》；2010 年《急速改变时代中的消费者隐私保护报告》；2012 年 2 月 23 日，奥巴马政府公布了《全球数字经济下隐私保护的创新推动的框架》，重点阐明了政府将敦促国会通过消费者在线隐私保护法案大力推进电子商务环境下消费者个人信息保护制度实施。

(二) 新加坡

新加坡是世界上最早根据联合国国际贸易法委员会《电子商务示范法》制定国内电子商务立法的国家之一。作为电子商务立法的先驱，新加坡早在 1998 年就制定了《电子交易法》和《电子交易(认证机构)规则》，2010 年《电子交易法》在吸取 2005 年《国际合同使用电子通信公约》成果的基础上，对 1998 年《电子交易法》和《电子交易(认证机构)规则》进行了修正。该法由 7 部分 39 节组成，内容包括：序言；电子记录；签名和合同；安全电子记录和签名；制定安全程序规则和制定安全程序提供者规则；公共机构使用电子记录和签名；服务提供者的责任；一般规定。此外，还有 4 个附件作为对正文的补充。作为统领电子商务的基本法，新加坡《电子交易法》从宏观上构建电子商务法制框架，有利于全盘把握电子商务发展的趋势，引导和鼓励电子商务所依赖的信息技术的发展。该法侧重于宏观指导，对有些可由传统法律调整的问题，比如电子交易中的消费者权益保护，个人数据保护，电子支付，电子知识产权等问题则留待传统法律解决，这种方式，使电子商务基本法与传统法律相结合，形成了新加坡系统的电子商务法律体系。①

三、国际电子商务立法的特点

(一) 国际立法先于国内立法

以往的国际经济贸易立法通常是先由各国制订国内法律，然后由一些国家或国际组织针对各国国内法的差异和冲突进行协调形成统一的国际立法。20 世纪 90 年代以来，由于信息技术发展的跨越性和电子商务发展的迅猛性，短短几年的时间，电子商务就在全球普及，各国未能来得及制定系统的电子商务的国内法规。同时，由于网络的全球性和无边界性，任何国家单独制定的国内法规都难以适用于跨国界

---

① 李静. 新加坡电子交易法的前瞻表征及启示[J]. 东南亚研究，2010(3)：28-34.

的电子交易，因而电子商务的立法一开始便是通过制定国际法规再逐步推广到各国的。例如，联合国贸法会率先于 1996 年制定了《电子商务示范法》，随后，在该示范法的影响之下，各国纷纷制定各自的电子商务法律。网络空间正是通过这种国际立法先于国内立法，由国际社会统一立法尽早避免法律差异或冲突，而不是在出现冲突以后协调解决其差异或冲突的做法，推动了各国网络空间商事交易立法的趋同和统一，并最终推动国际电子商务的蓬勃发展。

(二) 以传统法律为基础，根据网络空间的特性立法

著名的计算机专家、《计算机法》一书的作者在该书的第四版中称："合同法的基本原则非常易于了解，能轻易地适用于大多数传统的合同场合，解决存在的问题。但不幸的是，适用这些原则在通过电子网络进行的电子商务时却经常会解决不了问题，相反会提出更多的问题，甚至产生一系列相互矛盾的结果。"①随着现代通信技术的高度发展，网络交易的方式发生了巨大的变化，网络和计算机技术的发展带来了许多新的法律问题，商业交易在网络空间面临了一系列的冲击。一方面，网络空间不同于物理空间。网络空间的许多特性对传统法律制度带来了巨大的挑战和冲击。另一方面，网络交易仍然只是国际经贸往来新的延伸，网络交易的方式并非同过去的交易方式相对立，网络交易本身与传统交易并没有本质的区别。虽然网络空间区别于物理空间的特性的确给传统法律制度带来了挑战，但传统的法律制度仍然是网络交易的核心，传统商事交易法律制度的许多理念和制度仍然适用于网络空间。

因此，电子商务国际立法的重点主要是对过去制定的国际经贸法规加以补充、修改，使之适用于新的贸易方式。既立足于传统又服从于网络，不仅分析和把握网络空间与物理空间的特性差异，又不脱离传统合同法律制度的本质和精髓。以传统法律为基础，根据网络空间特性立法来具体解决网络空间面临的法律问题，从而使法律由传统走向发展，形成新的法律原则以适应社会的发展。例如，国际商会曾经对制定一部单独的、仅适用于电子通信的公约产生过动摇，他们认为，在电子交易中遇到的许多实际问题，并不是电子环境所特有的，在所有的国际交易中，都有可能产生，无论是否通过电子手段。虽然的确需要对传统订约规则作一些变通以适应电子商务中经常出现的问题，但并不意味着其中一些问题在传统订约环境中不是一样麻烦。因此，即使单独制定公约也应该不偏重任何技术手段。又如，1980 年通过的《联合国国际货物销售合同公约》在制定时并未预见到电子商务的发展，因而其合同订立等条款并不完全适用于电子商务合同，联合国贸法会 1996 年《电子商务示范法》在合同订立方面的规定实质上是对《联合国国际货物销售合同公约》的补充和完善，而并非推倒重来。国际商会《2000 年国际贸易术语解释通则》在使用电子

---

① Chris Reed, John Angel. Computer Law[M]. Fourth Edition. Black stone Press Limited, p. 301.

通信方面，基本沿用了 1990 年修订本的表述方式，而未作推倒重来式的修订；2005 年联合国国际贸易法委员会制定的《国际合同使用电子通信公约》更是在《联合国国际货物销售合同公约》《电子商务示范法》以及《电子签名示范法》的基础上起草，并在采纳其功能等同、技术中立、意思自治等被普遍认可的电子商务立法原则的基础上完成的。

(三) 以问题为导向开放式立法

随着国际经济交往的日益频繁以及由此形成的国际经济法律关系的错综复杂化，人们面临的现实是：在剖析某一种国际经济法律关系和解决某一类国际经济法律问题时，往往发现这种关系或这类问题实际上牵涉多种类别的法律部门，受到多种类别、多种层次法律规范的调整和制约。因此，人们在理论探讨和实务处理中，日益不再拘泥于传统的分类或法学的传统分科，而是突破了国际法与国内法、"公法"与"私法"等的分类界限或分割范围，转而采取以某种国际法律关系或某类法律问题为中心的研讨途径或剖析方法，逐步实现了从"以传统类别为中心"到"以现实法律问题为中心"的重要转变。

由于网络技术发展迅速，基于现代通信技术的网络交易的形式也将处于不断的发展变化之中，与之相应，网络交易遇到的法律问题也将随着这一变化不断出现。所以，电子商务国际立法采取的办法是，首先针对目前已经成熟或已达成共识的法律问题制定相应的法律规范，在立法技术上则尽量保留一定的余地和空间以应对网络技术飞速发展带来新的法律问题。例如，联合国《电子商务示范法》就是如此。联合国《电子商务示范法》在结构上的一个主要特点就是其开放式系统，这种开放式的体系结构是联合国贸易法委员会对电子商务立法所作的巨大贡献，抑或是一项创举。该法的第一部分为"电子商务总则"，第二部分为"电子商务的特定领域"，目前，就特定领域的内容只制定了第一章"货物运输"，其余章节则有待内容成熟之后再逐章增加。而之所以这样设计，就是要为今后的增加和修改留有余地。《示范法》的这种做法对于各国的电子商务立法都有着很好的借鉴意义。显然，这种立法结构与网络的开放性精神是相符的。在立法中保持开放式的体系结构，为将来不断出现的新的法律问题保留必要的接口，使法律处于易于修改、更新的状态，顺应了客观形势的发展和现实的需求。这种开放性是由网络技术发展的动态性、复杂性及网络空间法律问题的多样性决定的。一方面由于网络与计算机技术发展很快，必须在较短的周期内对法律做出必要的调整和修改；另一方面，网络空间的法律问题涉及面非常广，很难在一部法律中将其穷尽地包容，并且短期内也不可能都找到成熟的解决方案，但同时立法的迫切性又很强，所以采取这样的开放式结构，成熟一部分规范一部分，既使虚拟世界及时有了有利的法律武器，又保证了法律具备"与时俱进"的能力。

(四)加强国际合作协调立法

电子商务立法一开始便是从国际立法开始的，这也是网络空间的立法区别于其他领域的地方。网络的全球性决定了任何一个国家意图脱离国际社会，单靠自身力量来解决网络中发生的问题都是不明智的，这一点可以从各国单独立法规制网络空间的失败以及联合国国际贸易法委员会的工作看出来。网络空间的法制建设不仅仅是一个国家的内部问题，更是一个全球性的、普遍性的问题。国际社会对于网络空间因多重管辖和多国法律并存以及自身独特性所带来的问题，倾向于通过国际合作的方式加以解决。不同国家针对相同的问题往往有不同的主张。各国自行立法不仅不利于网络空间争议的解决，反而会增加新的法律障碍。只有加强国际合作建立全球协调统一的规范，才能真正满足网络空间的法律需求。因为电子商务在本质上是全球性的，各国影响电子交易的政策应该也是相容的，在全球化的基础上建立的统一国际法律规范更有利于解决电子商务的法律问题。

第二节 我国的电子商务立法

一、我国电子商务实践与立法发展现状

近年来，我国电子商务迅猛发展。据中国互联网络信息中心(CNNIC)发布的第 37 次《中国互联网络发展状况统计报告》和《2015 年中国网络购物市场研究报告》显示，截至 2015 年 12 月，中国网民规模达 6.88 亿，互联网普及率达到 50.3%，半数中国人已接入互联网。[1] 中国电子商务交易额达 18.3 万亿元，其中，B2B 电商交易额 13.9 万亿元，B2C 交易额 2.02 万亿元。我国网络购物用户规模达 4.13 亿，手机网络购物用户规模达 3.40 亿，当年度网络零售市场交易规模 3.8 万亿元。中国网络购物市场交易总次数达 256 亿次，年度人均交易次数 62 次。[2]

电子商务的迅速发展需要完善的法律，只有完善的法律予以保障，电子商务才能更快更好发展。我国目前与电子商务有关的立法，在法律层面只有一部《电子签名法》，此外，《合同法》和《消费者权益保护法》中少数条款涉及电子商务的内容。我国电子商务主要由相关领域各部委进行规范，例如，电子商务交易规则由商务部负责、网络商品交易及有关服务行为规制由工商总局负责、电子商务金融由发改委和央行负责等。

---

[1] 中国互联网络信息中心. 第 37 次中国互联网络发展状况统计报告 [EB/OL]. [2016-07-19]. http://www.cnnic.net.cn/hlwfzyj/hlwxzbg/.

[2] 中国互联网络信息中心. 2015 年中国网络购物市场研究报告 [EB/OL]. [2016-07-19]. http://www.cnnic.net.cn/hlwfzyj/hlwxzbg/dzswbg/201606/t20160622_54248.htm.

　　近年来，电子商务经营者根据实践经验也制定出了一些用以规范电子商务市场的措施，比如，淘宝的"信用评价"和"店铺打分"方法、腾讯的版权自助保护制度、京东商城的消保基金制度、凡客诚品的 30 日内消费者无理由退换货制度等，这些网规为电子商务立法也提供了有益的探索。此外，中国电子商务协会政策法律委员会组织企业起草了《网上交易平台服务自律规范》。部分地方还制定了电子商务规范，比如，广东省 2003 年制定了《广东省电子交易条例》(后于 2010 年被废除)；2007 年北京市工商行政管理局出台了《北京市信息化促进条例》，并于 2008 年颁布实施《关于贯彻落实〈北京市信息化促进条例〉加强电子商务监督管理的意见》；2008 年，上海通过了《上海市促进电子商务发展规定》，这是我国第一部专门关于电子商务发展规定的地方性法规。

　　近年来我国电子商务相关的法律法规如表 1-1 所示。

表 1-1　　　　　　　　　　近年来我国电子商务相关的法律法规

法律/法规	发布部门	发布日期
《中华人民共和国合同法》	全国人民代表大会	1999 年 3 月
《中华人民共和国电信条例》	国务院	2000 年 9 月
《互联网电子公告服务管理规定》	信息产业部	2000 年 10 月
《关于维护互联网安全的决定》	全国人大常委会	2000 年 12 月
《关于审理涉及计算机网络著作权纠纷案件适用法律若干问题的解释》	最高人民法院	2000 年 12 月
《关于审理涉及计算机网络域名民事纠纷案件适用法律若干问题的解释》	最高人民法院	2001 年 7 月
《互联网药品信息服务管理办法》	国家食品药品监督管理局	2004 年 5 月
《电子签名法》	全国人大常委会	2004 年 8 月
《互联网信息服务管理办法》	信息产业部	2005 年 1 月
《关于加快电子商务发展的若干意见》	国务院办公厅	2005 年 1 月
《电子认证服务管理办法》	信息产业部	2005 年 2 月
《互联网新闻信息服务管理规定》	国务院新闻办公室、信息产业部	2005 年 9 月
《互联网药品交易服务审批暂行规定》	国家食品药品监督管理局	2005 年 9 月
《电子支付指引(第一号)》	中国人民银行	2005 年 10 月

续表

法律/法规	发布部门	发布日期
《电子银行业务管理办法》	中国银行业监督管理委员会	2005 年 11 月
《互联网电子邮件服务管理办法》	信息产业部	2006 年 2 月
《信息网络传播权保护条例》	国务院	2006 年 5 月
《2006—2020 年国家信息化发展战略》	中共中央办公厅、国务院办公厅	2006 年 5 月
《关于网上交易的指导意见(暂行)》	商务部	2007 年 3 月
《信息产业部关于做好互联网网站实名管理工作的通告》	信息产业部	2007 年 7 月
《关于严厉打击涉及公共安全的违禁品网上非法交易的通知》	中国银行业监督管理委员会	2007 年 8 月
《电子认证服务管理办法》修订	工业和信息化部	2009 年 2 月
《关于加快流通领域电子商务发展的意见》	商务部	2009 年 11 月
《网络商品交易及有关服务行为管理暂行办法》	国家工商总局	2010 年 5 月 (2014 年 3 月 15 日废止)
《网络游戏管理暂行办法》	文化部	2010 年 6 月
《非金融机构支付服务管理办法》	中国人民银行	2010 年 5 月
《关于促进网络购物健康发展的指导意见》	商务部	2010 年 6 月
《非金融机构支付服务管理办法实施细则》	中国人民银行	2010 年 12 月
《关于规范网络购物促销行为的通知》	商务部	2011 年 1 月
《第三方电子商务交易平台服务规范》	商务部	2011 年 4 月
《"十二五"电子商务发展指导意见》	商务部	2011 年 10 月
《关于促进快递服务与网络零售协同发展的指导意见》	国家邮政局、商务部	2012 年 2 月
《关于利用电子商务平台开展对外贸易的若干意见》	商务部	2012 年 3 月
《关于加强网络团购经营活动管理的意见》	国家工商总局	2012 年 3 月

续表

法律/法规	发布部门	发布日期
《电子商务"十二五"发展规划》	工业和信息化部	2012 年 3 月
《快递市场管理办法》	交通运输部	2012 年 12 月
《关于加强网络信息保护的决定》	全国人大常委会	2012 年 12 月
《信息网络传播权保护条例》	国务院	2013 年 1 月
《网络发票管理办法》	国家税务总局	2013 年 3 月
《无法投递又无法退回邮件管理办法》	国家邮政局	2014 年 1 月
《网络交易管理办法》	国家工商总局	2014 年 2 月
《寄递服务用户个人信息安全管理规定》	国家邮政局	2014 年 3 月
《支付机构网络支付业务管理办法(征求意见稿)》	中国人民银行	2014 年 3 月
《互联网食品药品经营监督管理办法(征求意见稿)》	国家食品药品监管总局	2014 年 5 月
《关于促进手机软件召车等出租汽车电召服务有序发展的通知》	交通运输部	2014 年 7 月
《关于跨境贸易电子商务进出境货物、物品有关监管事宜的公告》	海关总署	2014 年 7 月
《互联网保险业务监管暂行办法(征求意见稿)》	保监会	2014 年 12 月
《网络零售第三方平台交易规则制定程序规定(试行)》	商务部	2014 年 12 月
《侵害消费者权益行为处罚办法》	国家工商总局	2015 年 1 月
《互联网危险物品信息发布管理规定》	公安部、国家互联网信息办公室、工业和信息化部环境保护部、国家工商行政管理总局、国家安全生产监督管理总局	2015 年 2 月
《杭州市网络交易管理暂行办法》	杭州市人民政府	2015 年 2 月

续表

法律/法规	发布部门	发布日期
《关于促进互联网金融健康发展的指导意见》	中国人民银行	2015 年 7 月
《网络预约出租汽车经营服务管理暂行办法（征求意见稿）》	交通运输部	2015 年 10 月
《快递条例(征求意见稿)》	国务院法制办公室	2015 年 11 月
《非银行支付机构网络支付业务管理办法》	中国人民银行	2015 年 12 月
《关于跨境电子商务零售进口税收政策的通知》	财政部、海关总署、国家税务总局	2016 年 3 月

上述各种形式的立法在一定程度上对促进电子商务发展起了很重要的作用。但电子商务因其交易的流动性，被切分成多个模块，虽然多头规制可以更加直接和专业，但由于没有上位法进行有效的协调，文件之间有时存在矛盾和冲突，导致电子商务企业无所适从。而且，由于电子商务涉及面广，发展较快，有些条款制定时间较早，带有计划经济的色彩，已经明显不符合电子商务行业的特点。基于电子商务的特殊性，一些传统法律无法解决的问题，比如，交易主体真实性、消费者权益保护、个人信息安全、交易平台的监管义务和责任等问题给正常的市场秩序带来负面影响，也损害了消费者和电商企业的合法权益，所有这些都亟须有完善的立法。目前的电子商务规制呈现出一种零散的弥补方式，有必要厘清立法思路，以现有法律法规政策和网规为标本进行梳理和评估，将对电子商务发展起积极促进作用的通过立法程序，上升为法律规范。

（二）我国电子商务立法的最新进展

早在 2004 年，我国的民间学术机构就推出了《中华人民共和国电子商务示范法》建议稿。随着我国电子商务的迅猛发展，电子商务企业越来越多提出需求，直接体现在全国两会上，有多位人大代表提交有关电子商务立法的提案。无论是电子商务企业、消费者还是政府管理部门，都有各自的期待。企业关注交易平台服务提供者在经营管理中的法律责任和义务；消费者希望能在交易的安全性和用户个人权益方面得到更好保护；政府部门希望进一步明确职责和边界；国家层面希望通过完善立法促进电子商务的发展，带动和加快我国的信息化过程。正是在各界力量的推动之下，我国于 2013 年年底正式启动电子商务法的立法工作，由全国人才财经委负责组织起草。根据十二届全国人大常委会立法规划，电子商务法被列入第二类立法项目，属于需要抓紧工作，条件成熟时提请常委会审议的法律草案。

29

为了秉承科学立法、民主立法的理念，提升立法质量，电子商务法起草组前期进行了深入的调研。在全国人民代表大会财政经济委员会的牵头和组织之下，2014年起草组开展了16项电子商务立法的专题研究，2015年将原来的4个版本(这4个版本主要是部委版、中国电子商务协会版、北京大学的学术机构版、地方财经委版)发展到两个草案(这两个草案其中的一个是把部委、协会和学术机构三家合一，另一个是由上海、江苏、浙江三地的人大财经委联合起草)，再整合成最后提交送审的草案。在此期间，电子商务法起草组多次召开国际国内会议，邀请电子商务领域的国内外专家学者和研究机构对草案进行研究，以借鉴别国电子商务的法律经验和意见。目前，电子商务法已经列入2016年的立法规划，预计是2016年在全国公开征求意见后报送全国人大常委会审议，于2017年正式出台。

二、我国电子商务的立法模式

电子商务是使用电子通信进行的各种商务活动，是宏观经济信息化、知识化的组成部分。电子商务立法涉及电子合同法、电子支付法、消费者权益保护、第三方平台责任、电子数据法、电子知识产权法、电子税收、跨境电子商务、争议解决等多个法律部门或领域，电子商务涉及的法律规范体系庞大、内容繁多，且与多部专门的法律制度存在交叉和重叠。如何建立和谐有序的规范体系，又不禁锢电子商务的创新与发展，是电子商务立法的难题。关于我国电子商务法是否有必要单独立法，即我国电子商务立法的模式如何，我国学界有几种不同的观点。

(一)不需要制定单独的电子商务法

有些学者认为，我国不需要制定单独的电子商务法，但理由有所不同。

第一种观点认为，电子商务中遇到的问题，传统法律已经有不同的部门法进行调整，电子商务就是合同的电子化，产品质量和消费者权益保护等传统商业都有，而且，即便是有需要，也可以通过其他法律立法或修法或增加一些新的规范来解决。电子商务法没有必要单独立法。电子商务相关的法律应当以现有法律体系为基础，不破坏现有的法律框架和逻辑体系。

第二种观点认为，电子商务法应当以保护和鼓励电子商务发展为目的，最好少规范或不规范。我国电子商务之所以发展好，就是法律规制少，电商有较大发展和创新空间。如果要规范应当尊重现有的交易规则和习惯，并为新类型交易的产生和发展保留充足的空间。

第三种观点认为，网络是一个生态、一个体系，有自己的逻辑、规则、理念，信息技术及与之相关的协议、网规才是制定网络法律的基础，电子商务法应当摒弃原来法律的框架结构、逻辑体系和原则规则，另起炉灶制定一部有利于网络交易生态发展的法律，在制定法律时充分考虑信息技术的发展，网络中各主体的自主意志及相互之间的协议。

(二)制定统一的电子商务法

目前,学界多数学者认为,我国的电子商务法应该单独立法。比如,北京大学的薛军教授认为,电子商务法应是一部具有可操作性的产业促进法,应前瞻性地采取政策性、原则性的规定,减少对现有产业及其发展模式的束缚。因此,应采取综合立法模式。普遍认为,电子商务法不应局限于某一行业或某一领域。电子商务立法既非行业立法,也非局部立法。结合我国的国情和实践需要,我国的电子商务立法总体上应进行综合性立法与专门性立法相结合的方式,兼顾体系性、统一性与法律规范的发展性和专门性,以现有法律、法规、政策、网规为研究标本,对其进行梳理和评估,挑选出发挥积极作用的部分上升为法律,对电子商务阻碍和抑制发展的部分进行删除,对没有涉及的相关事项进行弥补和创制,综合性立法有利于促进电子商务统一大市场的形成和发展。

早期电子商务立法倾向于专项立法,专项立法模式注重实用性,能够及时解决实践中的具体问题,其缺陷是不同的问题,考虑角度不同,不可避免地缺乏宏观思考,全局性不足,单行法律之间很难实现统一和协调。综合立法则可以保持法律体制的连贯性和统一性。早期进行专项立法是比较合适的,当时许多方面的法律障碍都没有表现出来,过早制定综合立法可能会考虑不周全,让法律的实际效力大打折扣。随着电子商务不断发展成熟,各种法律问题已经非常清晰地表现出来,此时应该制定综合的电子商务法。实践证明,绝大多数国家的电子商务立法采用了综合立法的模式。

具体而言,我国的电子商务法可以采取以下立法模式:

首先,制定一部起统领作用的总则,在总则之下,优先制定那些在我国法律体系中尚属空白或者存在不足、但亟须满足经济社会发展需要的领域。比如,数据保护的法律规范、第三方平台责任制度、跨境电子商务法律规范以及争议解决制度等,以此消除阻碍电子商务发展的法律障碍,降低交易成本,保持合理的市场预期与信赖。电子商务涉及的范围很广,尤其是在当前的新技术条件下,各行各业互相渗透,很难划定清晰的界限。因此,电子商务法应该针对电子商务的特殊性,解决电子商务领域中的突出矛盾和关键问题。对于电子商务面临的新情况、新问题、新技术,电子商务法需要优先规范和解决,立法不需要面面俱到,要有一定的针对性,以"问题导向"。

其次,对于一些专业性很强的领域,则在总则的指导下制定单性的法律。比如,互联网金融问题。由于涉及国家的兼容监管体制,与《电子商务法》所要调整的交易活动有显著差别,不宜在《电子商务法》中进行规定。再如,电子商务中的税收问题。考虑到税收法定主义原则,税收具有很强的政策性,针对特定行业、特定活动是否征税,以何种税率征税,对何种环节征税,这些具体规定并不适宜在《电子商务法》中去专门涉及。

再次，对于现有比较成熟的法律规范与电子商务法存在交叉的领域，比如，电子合同和电子签名问题。现有《合同法》和《电子签名法》已经基本解决了我国电子通信手段应用于商务领域引发的法律不确定性，解决了商务电子化引发的法律问题，这些规则在我国立法中已经确立，就可以不再重复立法，充分尊重现状。关于第三方平台责任，《侵权责任法》第 36 条的规定可以直接适用。这些领域不适宜重复立法，可以在总则原则指导下，强化规范的体系化和协调性，有针对性地对一些新问题制定规范即可。

最后，对于那些将来可能建立完善的法律，但所需时间较长，现实又迫切需要的领域，可以利用《电子商务法》立法的契机，予以推进和完善。比如，电子商务环境下个人信息保护问题。我国的《个人信息保护法》虽早有规划，但一直未进入实质性立法阶段，随着云计算和大数据的发展，电子商务中的个人信息保护问题越来越敏感和突出，因此，可以利用这一立法契机进行明确和具体的规定，一方面可为未来的个人信息保护立法奠定基础，另一方面可以推动立法的进程。

三、我国电子商务立法的指导思想

立法的指导思想是立法的基本依据。关于我国电子商务立法的指导思想，有学者认为，联合国《示范法》对电子商务立法的目的是解决电子通信手段或数据电文的法律效力问题，其关注的是电子通信的形式问题。随着电子商务的纵深发展，交易形式障碍问题已经解决，网络交易过程中引发的问题成为电子商务法的核心。因此，网络交易秩序的构建应该成为电子商务立法的核心目标。如果说电子商务发展初期的目标是解决电子通信的形式问题的话，20 年后的今天，电子商务法应该着重于调整和规范各种网络经营行为，建立网络经营的各项法律制度和行为规范，以维护网络交易公平和安全。

在广泛听取国务院有关部门、地方、电商企业和研究机构等各方面建议的基础上，2013 年 12 月，全国人大财经委电子商务法起草组在《电子商务法起草工作计划》中将电子商务法立法的指导思想概括为三句话：促进发展、规范秩序、保护权益。① 首先是促进发展。近年来，我国的电子商务飞速发展，但一些企业仍处于初期发展阶段，因此，电子商务立法的主题就是要促进产业健康有序发展。立法要为电子商务持续健康发展提供法制保障，营造宽松环境，鼓励发展创新，这就需要充分发挥市场资源配置的决定性作用，实行政府最小干预原则。与此同时，政府还要运用各种手段为电子商务充分地发展和创新，创造更好的环境留有足够的空间。其次是规范秩序。立法要采取合理有效适度的监管以规范电子商务市场的秩序。具体

---

① 全国人大财政经济委员会电子商务法起草组编. 中国电子商务立法研究报告 [M]. 北京：中国财政经济出版社，2016：327.

而言，就是要对电子商务运营过程中的各种行为进行规范，这里面既包括电子商务企业的行为、消费者的行为，也包括政府行为。最后是保护权益。立法要保护各方面的权益，既保护消费者，也要保护电子商务及相关企业的权益，明确企业与消费者的权利义务关系和内容。

四、我国电子商务立法的框架

如何立足于我国电子商务发展的基本情况，构建我国电子商务法的框架体系，如何将其与现有的基本制度衔接和协调，成为摆在我国学界和立法界的难题。关于我国电子商务法的法律框架应该如何设置，主要形成了以下几种代表性的方案：

早在 2004 年，我国民间学术机构黄进教授就发起起草了《中华人民共和国电子商务示范法》建议版，该示范法共八章 154 条，结构框架为：总则；电子信息与电子合同；电子签章与认证法；电子信息交易；电子资金划拨；电子证据；电子商务中的个人资料保护。《示范法》采取以法律问题为中心的开放式立法方法，以火车头带动火车厢。总则是火车头，后面带有 n 节车厢，包括形式问题和实质问题。总则包括一般规定、基本定义，形式问题包括电子记录、电子签名、机构认证等；实质问题部分则是开放性的，包括电子交易、电子支付、法律适用、管辖权等，当时起草的主要是电子交易和电子支付问题，其他问题留待以后予以补充。

齐爱民教授负责起草的《中华人民共和国电子商务法建议稿》，共七章 128 条，该建议稿将电子商务法的框架设置为：总则；互联网经营者的保护与责任限制；数据电文；计算机信息交易；网络支付；电子商务消费者权益保护；电子商务个人信息保护。

高富平教授主笔完成的《中华人民共和国电子商务法建议稿》，共六章 55 条，该结构框架为：总则；电子合同；电子商务基础服务；网络经营行为；电子商务制度保障；附则。

商务部和北京师范大学互联网政策与法律研究中心课题组起草的《电子商务立法国际比较研究报告》建议我国电子商务立法的法律框架为：总则；电子商务交易法；第三方平台服务法；交易数据法；公平交易法；跨境贸易法；争议解决制度及附则，共八部分。其中，在总则部分明确立法的目的；建立法律的基本原则；界定相关的基本概念；协调与法律体系的关系等。

2013 年 12 月，全国人大财经委电子商务法起草组在《电子商务法起草工作计划》中指出，此次《电子商务法》的法律框架初步考虑如下：支持鼓励电子商务发展的促进政策；电子商务监管体制；电子商务市场准入和退出机制；数据电文和电子合同；电子支付；电子商务税收；知识产权和消费者保护；争端解决机制；网络信息安全保障；跨境电子商务等。

☞ **思考题**

1. 简述联合国国际贸易法委员会的电子商务立法。
2. 简述欧盟电子商务立法及其最新发展。
3. 简述国际电子商务立法的特点。
4. 简述我国电子商务立法的模式。
5. 论述我国电子商务立法的最新发展。

第三章　电子商务主体法律制度

第一节　电子商务主体概述

一、电子商务主体的概念

电子商务主体是指电子商务活动的参与者，在电子商务法律关系中享有权利和承担义务的人。广义的电子商务主体既包括直接参与电子交易的相关方，比如，买方、卖方和电子交易平台经营者，也包括支撑和对电子交易起辅助作用的相关方，比如，支付服务提供商、物流服务提供商、网络提供商、IT基础设施服务提供商（如云平台提供商）、身份认证服务提供商、征信服务提供商、信息安全服务运营商以及对电子交易信息安全进行监管的机构等。根据《互联网信息服务管理办法》等法律规定，电子商务主体包括企业、个人和其他组织，特殊情况下，政府也可能成为电子商务的主体。

基于网络的虚拟性、技术性和跨国界性，与传统商务主体相比，电子商务主体具有一定的特殊性。网络环境下，主体是匿名的，其身份主要通过数字或网页等电子化形式表现，主体是否真实，主体是谁以及主体在哪都不清楚。电子商务主体进入市场交易的难度要小一些，有更多的市场机会，电子商务主体也更容易利用网络技术逃避法律的监管，因此，准确界定电子商务主体的身份，建立特殊的电子商务主体市场准入与责任制度，对于维护良好的电子商务市场秩序具有重要的意义。

二、电子商务主体的分类

(一) 在线自然人用户和电子商务企业

根据主体的法律属性，电子商务主体可分为在线自然人用户和电子商务企业。

根据我国法律规定，在线自然人用户目前主要是指在线网络服务的使用者。在线自然人用户在网上交流信息、买卖商品、购买服务和数字产品等，他们通常以消费者身份参与网络交易，因而不需要取得工商行政管理部门核发的营业执照。在线自然人用户在申请在线服务时往往会被要求注册登记，输入姓名、年龄、身份证号等个人信息，网站则通常用格式合同的方式提醒用户阅读服务协议，用户点击确认就发生效力。这种实名信息注册登记方式,有助于网络侵权责任的追究,但也造成了个人信息泄露等一系列隐患。随着我国网络交易的蓬勃发展,我国的在线自然人用户已经位居世界第一,在线自然人用户的广泛参与大大推动了我国电子商务的发展。

电子商务企业是指通过电子手段进行商务活动的企业。目前,我国电子商务企业主要有两种类型,一种是传统企业在原有经营范围的基础上,通过引入电子商务模式,开展电子商务活动,此类可称为不完全的电子商务企业,比如,一些传统企业设立网站通过电子商务应用系统,在线宣传和销售产品;另一种是完全借助网络和信息技术进行交易的企业,被称为完全的电子商务企业。

根据电子商务企业的经营方式、经营内容以及在交易中的角色为标准,又可将电子商务企业分为第三方交易平台经营者、平台内经营者、混合经营者等。在电子商务环境下,不同的经营内容、经营方式以及有不同作用的电子商务主体的市场准入条件和程序是不一样的,比如,第三方交易平台服务商所需经营条件和发挥作用与平台内经营者完全不同。

第三方交易平台经营者是指在工商行政管理部门登记注册并领取营业执照,从事第三方交易平台运营并为交易双方提供服务的自然人、法人或其他组织。第三方交易平台,也称在线交易平台,是指在电子商务活动中为交易双方或多方提供交易撮合及相关服务的信息网络系统总和,比如,天猫、京东和淘宝等。在线交易平台既是平台经营者的服务者,也是网络消费者的服务者,它不仅为平台经营者提供网络服务,也为消费者提供各种服务,比如会员服务等。此外,有些第三方交易平台本身还是平台经营者,比如,京东交易平台既提供平台服务也开展自营。第三方电子商务交易平台在电子商务服务业发展中具有举足轻重的作用。第三方电子商务交易平台不仅沟通了买卖双方的网上交易渠道,大幅度降低了交易成本,也开辟了电子商务服务业的一个新的领域。加强第三方电子商务交易平台的服务规范,对于维护电子商务交易秩序,促进电子商务健康快速发展,具有非常重要的作用

平台内经营者,是指在电子商务交易平台上从事交易及有关服务活动的自然人、法人和其他组织。平台内经营者往往通过在某个在线交易平台或在线商城开设商品专卖店或特色商店,作为独立的销售单位或服务提供者,以自己的名义与消费者进行网上交易,但必须以在线交易平台的服务为前提。在线商店既可以销售有形物,也可以销售信息产品,比如数字化产品或软件等。

(二)电子商务的交易主体和电子商务的辅助主体

根据是否直接参加电子商务交易为标准,电子商务主体可分为电子商务交易主体和电子商务辅助主体。

电子商务的交易主体是指直接进行电子商务交易的当事人。直接参与交易的主体会涉及其参与交易活动资质和条件,涉及市场准入条件和程序问题,因此,电子

商务主体的认定、电子商务市场准入与退出等问题都需要法律明确进行规定。

电子商务的辅助主体是指不直接参与电子交易活动，但是交易的进行有赖于其提供服务的主体，比如，为广大用户提供互联网接入业务的网络接入服务商，中国电信、中国移动及中国联通三大电信运营商就属于此类。没有网络接入服务，用户无法进入享受网络服务。它们为电子商务交易主体提供基础服务，为网络用户提供网络运行的基本设施，并负责管理维护网络的正常运行。此外，电子认证服务提供商、在线金融服务商等也属于电子商务的辅助主体，它们通过提供网络服务将广大网络用户联系起来，形成网络虚拟世界，为广大用户提供沟通交流的条件，这类主体同样是电子商务系统不可或缺的重要部分。

第二节　电子商务主体的身份认证

一、电子商务主体身份认证的意义

身份认证，是指将用户在电子商务中使用的身份与其现实生活中的真实身份建立确定的关联。电子商务中的身份认证具有非常重要的意义。一方面，电子商务主体与传统的商事主体不同，电子商务主体具有虚拟性，交易双方完全不知道对方的真实情况，网上交易双方互不相识，电子商务交易主要取决于考察对方的交易记录从而确定其商业信用。另一方面，在电子商务中，任何交易主体在电子商务交易平台上的交易虽在形式上是虚拟的，但仍然是实体身份之间的交易，通过电子交易获得的利益是每一个实体交易者获得的实在的利益，交易风险也是每个实体交易者所要面临的。许多网络诈骗、钓鱼网站等案件难以侦破，都与无法找到实际身份、实际身份与虚拟身份无法对应有关。只有确立安全、可靠、值得信赖的交易机制，才能消除当事人对电子商务安全性的疑虑，从而为电子商务法律责任的实现提供坚实的保障。由于电子商务系统的开放性，用户的不稳定性，建立一种强制性的认证与管理制度对于预防电子商务中的安全风险具有非常重要的意义。

二、电子商务主体身份认证的原则

一般认为，电子商务主体身份的认证需要遵循三个原则：主体真实原则、主体资格法定原则和主体公示原则。

主体真实原则，是指参与电子商务交易的双方主体必须是真实存在的，法律不承认也不保护虚拟主体。无论是在线自然人用户，还是电子商务企业，都要求其具有与现实生活完全对应的真实身份。

主体资格法定原则，是指参与电子商务交易的双方主体必须是依法取得主体资格，法律规定可以从事电子商务交易，才可以主体身份参加。

主体公示原则，是指电子商务企业必须在网上明确公示其真实身份，从而保障电子商务交易的安全。

三、我国电子商务主体身份的认证

(一)在线自然人用户的市场主体资格

在线自然人用户的市场主体资格，是指在线自然人用户成为电子商务平台的经营主体所应具备的资格。根据我国立法规定，从事经营活动的主体应当是公司、企业以及其他非法人组织。自然人是适合的民事主体，但是在电子商务活动中，自然人是否可以成为适格的经营主体则没有规定。

2014年，国家工商行政管理总局对其2010年发布的《网络商品交易及有关服务行为管理暂行办法》进行修订，并发布了《网络交易管理办法》(以下简称《办法》)。《办法》对网络市场主体准入的规定与《暂行办法》中基本保持一致，略作修改，使其更为清晰明确。该《办法》第7条规定："从事网络商品交易及有关服务的经营者，应当依法办理工商登记。从事网络商品交易的自然人，应当通过第三方交易平台开展经营活动，并向第三方交易平台提交其姓名、地址、有效身份证明、有效联系方式等真实身份信息。具备登记注册条件的，依法办理工商登记。"此外，该《办法》第23条规定："第三方交易平台经营者应当对尚不具备工商登记注册条件、申请进入平台销售商品或者提供服务的自然人的真实身份信息进行审查和登记，建立登记档案并定期核实更新，核发证明个人身份信息真实合法的标记，加载在其从事经营活动的主页面醒目位置。"

根据该条，从事网络商品交易及有关服务的自然人，如果具备登记注册条件，应当依法办理工商登记，如果尚不具备注册登记条件，则应由第三方交易平台对其真实身份信息进行审查和登记，建立登记档案，以准确认定自然人的身份。无论是否具备登记注册的条件，自然人都必须通过第三方交易平台开展经营活动。由此可见，对从事网络商品交易的自然人，并不强制要求注册办照，而是采取鼓励登记注册的方法，将在线自然人用户的身份审核任务交由第三方交易平台来完成。

有学者认为，这种规定能够充分调动各界参与电子商务活动治理，减少政府行政监管的成本，但由于交易平台经营者是赢利性的，与其平台上的商家有一定的利益关联，因此很难保证公平竞争的环境。严格来说，自然人的信用并不低于某些企业组织，实践中有一人公司，自然人在经营实力和责任能力等各方面都不低于企业组织，自然人对其经营活动承担无限责任，从某种意义上，自然人用户的信用水平甚至会高于承担有限责任的公司类企业组织，因此，应当允许在线自然人用户以经营主体的身份参与电子商务活动，电子商务完全可以向自然人全面开放，这种宽松立法将有助于鼓励自然人积极参与电子商务，促进电子商务健康和快速地发展。

(二)电子商务主体的设立登记

我国实行电子商务市场的设立登记制度，经营者在进入电子商务市场之前事先登记，这不仅有利于行政部门掌握市场动态，加强监管，同时也对消费者维权等一系列问题有积极的帮助作用。根据《中华人民共和国电信条例》和《互联网信息服务管理办法》，下列电子商务主体应申请登记备案：(1)利用互联网签订合同，从事经营活动，进行网上交易；(2)利用互联网发布经营性广告；(3)利用互联网进行经营性形象设计、产品宣传；(4)利用互联网从事国际互联网接入业务、网络技术服务、电子商务、提供信息源服务；(5)其他以营利为目的的活动。此外，国家工商行政管理总局2014年发布的《网络交易管理办法》第7条规定："从事网络商品交易及有关服务的经营者，应当依法办理工商登记。从事网络商品交易及有关服务的经营者销售的商品或者提供的服务属于法律、行政法规或者国务院决定规定应当取得行政许可的，应当依法取得有关许可。"

(三)电子商务主体的信息公示

为了保障电子商务市场的公平竞争，促进电子商务主体诚信自律，强化对电子商务主体的信用约束，维护电子商务市场的交易安全和交易秩序，有必要对电子商务主体进行信息公示。电子商务主体的信息公示，既包括在主体经营界面的公示，也包括在特定平台的统一公示。在主体经营界面公示，是指电子商务主体在其网站首页或从事经营活动的主页面醒目位置公开其电子商务经营认证电子证书等信息，比如，电子商务主体的营业执照信息或身份信息、网店名称和IP地址等信息。在特定平台公示是指电子商务主体的信息通过特定的公示平台进行公示。此外，第三方交易平台经营商对于其平台内经营商具有一定的监管和管理职能，其对平台内经营商实施的关闭店铺、公示警告、查封账户等处罚信息能够反映平台内经营商的真实经营情况，所以，上述信息也应该公示。

2011年商务部《第三方电子商务交易平台服务规范》规定："平台经营者若同时在平台上从事站内经营业务的，应当将平台服务与站内经营业务分开，并在自己的第三方交易平台上予以公示。平台经营者应当在其网站主页面或者从事经营活动的网页显著位置公示以下信息：(1)营业执照、组织机构代码证、税务登记证以及各类经营许可证；(2)互联网信息服务许可登记或经备案的电子验证标识；(3)经营地址、邮政编码、电话号码、电子信箱等联系信息及法律文书送达地址；(4)监管部门或消费者投诉机构的联系方式；(5)法律、法规规定其他应披露的信息。"此外，2014年国家工商行政管理总局发布的《网络交易管理办法》第8条规定："已经工商行政管理部门登记注册并领取营业执照的法人、其他经济组织或者个体工商户，从事网络商品交易及有关服务的，应当在其网站首页或者从事经营活动的主页面醒目位置公开营业执照登载的信息或者其营业执照的电子链接标识。"

第三节　电子商务主体的市场准入与退出

市场准入制度，是关于市场主体资格确立、审核和确认的法律制度，是国家准许自然人、法人和其他组织进入市场，从事商品生产经营活动，确定主体资格的实体条件和程序条件等各种制度规范的总和。电子商务主体的市场准入制度可以理解为是政府或授权机构规定的，电子商务交易的当事人或参与者进入电子商务市场从事商品或服务的经营活动所必须满足的条件、程序和必须遵守的制度与规范的总和。一般来说，电子商务市场准入制度主要涉及主体性准入、行业性准入、安全性准入以及跨境电子商务市场的准入等方面。

一、电子商务主体的市场准入

2011年商务部《第三方电子商务交易平台服务规范》规定："第三方电子商务交易平台的设立应当符合下列条件：(1)有与从事的业务和规模相适应的硬件设施；(2)有保障交易正常运营的计算机信息系统和安全环境；(3)有与交易平台经营规模相适应的管理人员、技术人员和客户服务人员；(4)符合《中华人民共和国电信条例》《互联网信息服务管理办法》《网络商品交易及有关服务行为管理暂行办法》《电子认证服务管理办法》等法律、法规和规章规定的其他条件。"

二、电子商务主体的市场退出

电子商务主体的市场退出，是指电子商务主体从电子商务市场中退出，不再继续从事电子商务的经营活动，严格来说，从第三方交易平台的退出不算真正的退出。

电子商务主体的市场退出分为主动退出和强制退出。主动退出，是指电子商务主体自愿退出电子商务经营活动。强制退出是指电子商务主体不具备电子商务市场准入的条件或因为经营活动存在严重违法而被强制要求退出电子商务市场。强制退出的原因一般包括：法人、其他组织解散、被吊销营业执照或被撤销；电子商务主体提交虚假信息、电子商务主体不再符合法定的申领电子商务经营认证电子证书的条件；电子商务主体在电子商务经营活动中销售的产品或提供的服务不符合法律、行政法规的规定，情节严重或造成严重后果的；电子商务主体以诈骗等非法经营活动为目的从事电子商务经营活动等。

电子商务主体的市场退出，电子商务主体应履行公告通知义务，将终止电子商务经营事项提前通知交易相对人以及相关的利害关系人，妥善处理好已经订立的合同，同时保障潜在的交易相对人的知情权。此外，对于因特定原因丧失线下市场经营主体资格的经营者，还需要履行清算程序，对其在电子商务经营活动中产生的债权债务关系进行了结。

2011 年商务部颁发的《第三方电子商务交易平台服务规范》第 5.9 条规定："第三方交易平台歇业或者其他自身原因终止经营的，应当提前一个月通知站内经营者，并与站内经营者结清财务及相关手续。涉及行政许可的第三方交易平台终止营业的，平台经营者应当提前一个月向行政主管部门报告；并通过合同或其他方式，确保在合理期限内继续提供对消费者的售后服务。"目前，我国相关立法只规定了电子商务企业的退出，对于个人账户信息删除，以及其他退出等方面则没有规定。

三、我国电子商务主体市场准入的立法及实践

我国没有专门的电子商务主体市场准入制度的立法，除了《公司法》和《合伙企业法》外，我国另外出台的一些立法也涉及电子商务主体的相关规定，比如《电信条例》《互联网信息服务管理办法》《第三方交易平台服务规范》《网络交易管理办法》等。其中，《电信管理条例》规定了电子商务企业经营增值电信业务的基本条件和审批管辖；《互联网信息服务管理办法》明确了从事经营性互联网信息服务的电子商务企业的设立条件、登记程序、审批机关等，确立了电子商务企业设立经营性网站的注册登记制度；《网络交易管理办法》规定了电子商务企业通过网络从事商品交易及有关服务行为必须在工商登记机关办理营业登记的设立登记制度，和应当在其网站主页面或从事经营活动的网页醒目位置公开营业执照所载的信息或者其营业执照电子链接标识的信息公示制度。

从现有电子商务主体的立法来看，主要有以下问题：第一，现有立法分散、层次低。目前大多立法属于行政法规或部门规章，不能满足我国电子商务快速发展的需要，也与我国电子商务企业在市场经济中的作用不相称。第二，市场准入条件划分的标准不合理，存在漏洞和相互冲突的现象。现行立法大多根据电子商务市场主体的性质为标准，对电子商务企业与自然人用户和传统企业设置不同的市场准入条件。比如，对采取电子商务交易方式的传统企业，规定只需履行域名登记就可以，但对于第三方交易平台则规定必须先办理前置审批程序后，才能办理设立登记进入电子市场，这种规定人为造成了电子商务企业设立的不平等，提高了电子商务主体设置的门槛，同时也可能使不适格的主体进入电子商务市场，损害社会公共利益和消费者权益，破坏公平竞争秩序和交易秩序，这种规定不符合电子商务市场的特点。第三，审批手续繁杂，设立效率低下，此外，在对电子商务主体的监管方面，也存在着监管体系落后，传统监管方式无法适应电子监管需要的困境。

实践中，我国一些地方形成了创新性的做法，比如，为了降低电子商务准入门槛，培育新兴市场主体，深圳专门规定"对有办公实体的电子商务经营者，允许在符合条件的集中办公区域内一个场所登记多家企业"，允许电子商务企业"一址多照"，并且为了鼓励电子商务企业集团化，放宽电子商务企业集团的注册条件，实

行注册资本降低一半的要求。

　　有学者认为，鉴于目前我国电子商务市场准入方面的法律法规不完善的现状，在市场准入条件方面可以引入电子商务经营认证电子证书，实现电子商务主体经营身份的统一认证，建立统一的电子商务主体身份信息库，这不仅可以完善电子商务交易主体身份的有效识别，而且有利于政府部门对电子商务市场的监管，在程序方面，则实行"先照后证"制度，对需要取得前置许可的特殊行业，允许取得电子商务主体资格后再申请行政许可，降低电子商务市场准入的门槛。

☞ **思考题**

　　1. 简述电子商务主体的概念和分类。
　　2. 简述在线自然人用户的市场主体资格。
　　3. 简述第三方交易平台市场准入的条件。
　　4. 简述我国的电子商务主体市场准入制度。

第四章　电子合同法律制度

第一节　电子合同概述

一、电子合同的定义和特征

(一)电子合同的定义

目前关于电子合同并没有统一的定义，一般认为，以数据电文的形式订立的合同称为电子合同，比如，联合国国际贸易法委员会《电子签名示范法》通过界定"数据电文"并赋予其书面效力来定义电子合同。结合相关规定，我国商务部在《电子合同在线订立流程规范》中对电子合同进行了界定："电子合同是平等主体的自然人、法人、其他组织之间以数据电文为载体，并利用电子通信手段设立、变更、终止民事权利义务关系的协议。"关于电子合同，学界有不同的论述，主要分为广义和狭义两种。广义的电子合同是指所有以数据电文形式订立的合同，包括以电报、电传、传真、电子数据交换和电子邮件等形式出现的合同。狭义的电子合同则指以电子数据交换和电子邮件等形式订立的合同。

(二)电子合同的特征

电子合同作为一种新的合同形式，它具有合同的一般特征，但由于其载体和操作过程不同于传统合同，因而具有一定的特殊性。

1. 电子合同主体的虚拟性和广泛性

传统交易中，合同各方主体主要是自然人或法人，合同的签订多是面对面地进行。电子商务交易中，主体的身份通过其在网络上数字化的信息展示，交易各方互不见面，主要是以网络为平台，以数字化方式传播信息，在虚拟的平台上运作。电子合同的主体具有虚拟性，其在电子商务市场中受地域限制较小，供需双方的距离被大大缩短，给交易带来了极大的便捷。

2. 电子合同的无纸化和超文本性

区别于传统合同，电子合同是以数据电文的形式存在的，不存在原件与复印件，电子合同具有超文本的特性。

3. 电子合同的格式性

网络交易是一种对众交易,电子合同主要体现为格式合同。经营者拟定好条款,消费者往往只能拒绝或接受,其公平交易权极易受到影响。

4. 电子合同订立过程的自动性

电子合同的订立主要通过计算机网络进行,计算机预先设定好程序,由信息系统代替当事人作出要约和承诺,整个订立过程不需要人工干预,计算机自动作出意思表示,完成整个交易的过程。

5. 电子合同成立和生效的特殊性

传统合同需要签字盖章生效,电子合同则通过一定的技术标准,比如电子签名、电子认证,通过"功能等同"原则规定满足一定条件时就视为书面形式和可靠的电子签名。

二、电子合同的分类

合同的分类是指将各种合同按照特定的标准进行抽象性区分,归纳某一类合同的共同特征,从而有助于对各类合同的理解和适用。作为合同的一种,传统合同的各种分类都适用于电子合同,但由于其特殊性,电子合同具有自身特殊的分类,主要体现为以下几种类型:

1. 根据电子合同的标的不同,可分为网络服务合同、软件授权合同以及需要物流配送的合同。前两类合同也被称为信息产品合同,信息产品合同是指以可被数字化并通过网络来传输的商品为标的物的合同,比如计算机数据、计算机软件等。后者也被称为非信息产品合同。

2. 根据电子合同的性质不同,可分为电子买卖合同、电子团购合同、电子代购合同、快递服务合同。电子买卖合同是指以信息系统处理数据电文方式,由出卖人转移标的物所有权给买受人,买受人支付价款的协议。电子团购合同是指网络团购服务提供者,包括网络服务平台的经营者或者在第三方网络交易平台上的经营者,为团购提供组织、宣传、说明以及联系等服务,与参与团购的当事人之间的协议。电子代购合同是指代购网络服务提供者或网络代购人,为需要代购的买受人提供选购、包装以及寄送商品等服务,并向买受人移交所购商品单证和资料,而与买受人签订的合同。快递服务合同是一种特定的合同关系,是寄件人与快递企业之间所签订的,以后者将寄件人所交付的物品快速投递给特定收件人为内容的合同,该合同从性质上归属于货物运输合同。

3. 根据电子合同订立方式不同,可分为点击合同、电子数据交换订立的合同和电子邮件订立的合同。

4. 根据电子合同当事人之间的关系,可分为企业与企业之间的合同(B to B)、企业与消费者之间订立的合同(B to C)、企业与政府之间订立的合同(B to G)、消费者与政府之间订立的合同(C to G)。

第二节　电子合同的订立

一、电子合同的书面形式

(一)电子合同对传统书面形式的挑战

传统的书面形式主要是指纸面形式，具体包括手写、打字、印刷、电报以及传真等。传统商事法律几乎都要求合同的签订和履行需满足书面形式的要求。要求书面形式主要是要求保存原件，以证明其所签订的合同的合法性和真实性。对于电子数据而言，传统意义上的书面形式是不存在的，电脑信息里只能有标准化的、构造化的数据，根本没有与纸本文件相同的有形的纸张和文字。电子信息具有易消失和易改动的特点，电子数据存储在计算机系统中是无形的，比留存在纸面合同上更容易消失；电子数据是以磁性介质保存的，改动可以不留痕迹。电子合同是通过数据电文的发送、交换和传输等方式来实现的，并没有书面载体的存在，这种传统法律对书面形式的要求就对电子合同的适用造成了一定的法律障碍。因此，如何既满足传统法律对书面形式的功能要求，又能充分利用电子交易的快速和便捷就成为现代电子商务立法的追求。

(二)电子合同书面形式的解决

早在 20 世纪 80 年代，联合国国际贸易法委员会就提出了"计算机记录的法律价值"报告并成立工作组对之进行深入研究。随着计算机网络的迅速发展，以及对电子交易规范必要性和可行性的认识的深化，对书面问题的解决形成了几种不同的解决方案。

1. 合同解决方法

所谓合同方法，是指由当事人在通信协议中约定，将电子商务通信及其记录视为"书面"文件。在实践中，这种方法主要有两种表现形式：一种是由当事人在通信协议中一致商定电子通信即为书面文件。另一种是由当事人在协议中声明，放弃根据应适用的法律对电子通信的有效性和强制执行力提出异议的权利。该方法具有一定的灵活性，但也有其自身无法逾越的局限性：首先，它不能克服由成文法或判例法产生的强制条款对电子商务造成的法律障碍。其次，交易当事人不能以其双方的合同有效地调节其与第三人之间的权利义务，尤其是对那些没有参与合同协议的人是没有约束力的。最后，这种方法只能在有关国家的法律允许当事人对书面形式要求作出自由处分时，才可以进行，但事实是，并非所有的国家都允许当事人这样做。

2. 扩大解释方法

所谓扩大解释方法，是指对"书面"作扩大解释，将电子交易中的通信记录纳

45

入"书面"的范畴。例如,《联合国国际货物销售合同公约》将书面形式的定义扩及电报和电传;《国际商事仲裁示范法》将书面的概念扩展到包括电话、电传或提供仲裁协议记录的其他通信手段。对于采用数据电信缔结的合同能否被视为书面,理论上有肯定和否定两种学说。

一种观点认为,只要所使用的方法和媒介足以显示当事人对于特定合同条款达成合意,就可以有效成立合同。电子合同存储在电磁媒介上,能够在电脑屏幕上显示,就应该符合书面要求。所谓书面,并不是必须以纸张形式为必要,只要具有相当的安全性和持久性,对于口述发生的错误、人类模糊的记忆甚至于伪证发生时可以纠正,即认为符合书面的要件。因此,储存在电磁媒介中的电子合同,可以凭借机器转换成人类可以阅读的形式,就可以构成书面。另一种观点则认为,无论电脑的储存媒介是硬盘还是软盘,都不能构成书面。书面必须和打字、印刷相同,形式具有有形性,并且必须是当事人有意地将其意思记载在上面。电磁媒介和印刷、打字有着本质区别,并且在没有机器辅助时,人类视力无法阅读,不具有有形性,从而不符合书面的要求。这种方法在各国电子商务法出台之前为解决电子合同所遇到的法律障碍发挥了一定的作用,但由于不同法院可能会作出不同的解释,因而也造成了法律的不确定性,而且,随着科学技术的不断发展,将会有更多更新的技术形式出现,单靠立法对书面形式作扩大的解释并非长久之计。

3. 功能等同方法

所谓"功能等同方法",是指通过将数据电文的效用与纸面形式的功能进行对比,从而摆脱传统书面这一单一媒介条件下产生的僵硬规范的束缚,为电子商务创造一个富于弹性的、开放的规范体系,以利于通信技术多元化的应用。其具体的操作是将传统书面规范体系分层剖析,从中抽象出功能标准,再从电子商务交易形式中找出具有相应效果的手段,以确定其效力。① 只要数据电文符合书面形式的功能,就符合法律规定的书面形式要求,不管它是纸面的还是电子的。这种方法较好地处理了数据电文的有效性问题,也消除了"书面形式"要求的法律障碍,为解决原件问题奠定了基础。

4. 安全电子文件

美国伊利诺伊州的《安全电子商务法》、犹他州的《数字签名法》、新加坡《电子交易法》以及我国台湾地区的《电子签章法》规定了"安全电子文件"概念。为减轻文件收受者鉴定电子文件真伪之负荷,并降低可能的风险,将特定安全程序制作的电子文件定为"安全电子文件",以区别于一般的电子文件。凡使用安全程序制作的电子文件,足以验证资料和信息内容自某一特定时间点至验证时间点之间未经篡

---

① 汤文平,吕国民."功能等同法":联结电子商务与传统法律的桥梁[J].经济论坛,2005(8):117.

改者，称为安全电子文件。至于哪一种属于安全的程序，则根据契约自由原则，由当事人约定或使用政府认可的安全程序来制作电子文件。这种方法降低了解决电子商务书面形式障碍时所引起的不确定性，值得我国在进行相关立法时予以借鉴。

(三)我国关于书面形式的立法

我国《合同法》对书面形式采取了扩大解释的方法。我国《合同法》第 11 条规定："书面形式是指合同书、信件和数据电文(包括电报、电传、传真、电子数据交换和电子邮件)等可以有形地表现所载内容的形式。"与《合同法》不同，我国《电子签名法》既规定了当事人协商解决的方法，也采纳了功能等同的方法，该法第 3 条规定："民事活动中的合同或者其他文件、单证等文书，当事人可以约定使用或者不使用电子签名、数据电文。当事人约定使用电子签名、数据电文的文书，不得仅因为其采用电子签名、数据电文的形式而否定其法律效力。"

二、电子要约与要约邀请

(一)电子要约与要约邀请概述

1. 要约与要约邀请的界定

在纸面环境下，要约是指一方向另一方提出的签订合同的意思表示，如果对方作出了承诺，要约人即负有与之订立合同的义务，要约的作出是具有法律意义的行为，不能无故随意撤销，否则应承担缔约过失责任。要约邀请，则是指发出人希望他人向自己发出要约的意思表示，发出人可以自由决定是否接受对方的意思表示，也可以随时撤销已发出的意思表示。例如，在报纸、广播和电视上以及在目录、小册子和价目表上做广告。有学者甚至认为，只要缺乏受约束的意图，即使此类广告所针对的是特定类别的客户，也应界定为要约邀请。

虽然都是向他人发出的意思表示，但二者有本质的区别，具体体现在：第一，目的不同。要约发出的目的是订立合同；要约邀请则是希望对方向自己发出要约。第二，内容不同。要约的内容详细具体；要约邀请则不必具备满足成立合同的内容。第三，后果不同。要约一经承诺，合同即告成立，如未按规定履行，则要承担违约责任；要约邀请，即使为相对人所接受，也不能成立合同，因此，对要约邀请人没有约束力。

2. 电子要约与要约邀请的界定

随着计算机信息技术的飞速发展，网上购物日益频繁，越来越多的交易在网上进行，由此而发生的争议也越来越普遍，一项协议是构成要约还是要约邀请成为判定责任的关键。有学者认为，虽然电子商务与传统商务活动的区别主要在于交易的形式上，商务活动的本质特征并没有改变，但网上交易的购买者通常不能看到商品的实物，因此，网络空间的要约与要约邀请的确认不能完全等同于纸面环境标准，应具体情况具体分析，主要可以分为三种情况。

第一种情况，通过 EDI 或者电子邮件方式订立合同。由于 EDI 一般是特定商家之间通过增值网络进行的贸易模式，可按照其签订的电子数据交换协议，亦称 EDI 贸易伙伴协议，彼此间进行贸易往来，且通常在交换协议中会规定收到电文的确认、发送者的责任、交易合同的有效成立、交易合同成立的时间和地点等，因此，根据交换协议很容易断定一项发文是要约还是要约邀请。电子邮件是一种一对一的传输方式，与传统的书信传递没有太大的区别，如果在电子邮件中详细说明了合同成立的条件，并提示用户在网页上填写电子表格的相关栏目，再点击指定的图标，就可获该项服务或商品(通常是软件的下载)，那么这个信息就应当被看做要约。因此上述两种交易方式可用传统的区分方法对要约与要约邀请加以分辨。

第二种情况，通过网络商店、网络书店等销售实物，伴随物流配送的方式订立合同。以这种方式进行交易时，虚拟商店网页关于商品的图文介绍、价格、规格等信息，应视为商业广告，要约邀请。因为这些非实物的物品，虽从内容上看具备要约的价格、条件明确、具体之规定，但其目的只是为了吸引顾客，功能等同于商店里的橱窗展示，发出的商品价目表、广告传单，其后果是如果消费者选择购买，则面临一系列的手续问题：比如，挑选商品、投入购物车、结账、填订单、在线查询、确认等。所以，订单是购买者向商家发出的要约，而针对订单作出的"确认"(确认邮件、在线确认并附有网上订单查询)才是合同订立中的有效承诺。

第三种情况，网上软件、数位化商品、信息服务等不需借助物流配送的在线即时交易。这些商业活动只需计算机与计算机之间的连接就可完成。顾客只需在网上登载的电子合同中，填写信用卡号和密码以及索购的软件和所需的服务类型，就可以通过网上下载得到所购的商品。网上软件下载就像自动售货机，只要顾客填写一些个人资料，就可以马上得到求购的商品，而且信息合同的标的具有共享性，一般不会出现实物交易中存货售罄的情况。因此，这种体现电子商务轻松、快捷、高效率的购物、服务特点的典型的电子商务合同，只要消费者点击确认就构成有效的承诺。

关于要约和要约邀请，我国《合同法》第 15 条规定："要约邀请是希望他人向自己发出要约的意思表示。寄送的价目表、拍卖公告、招标公告、招股说明书、商业广告等为要约邀请。商业广告的内容符合要约规定的，视为要约。"该法没有对电子环境订约制定特殊的规则，判断要约还是要约邀请，更多的是依赖意思表示内容本身，意思表示是否具备要约的要件是判断的关键，此外，还需根据交易习惯综合分析。

(二)电子要约与要约邀请的国际立法

1. 交互式应用程序与受承诺约束的意图

在对《国际合同使用电子通信公约》草案的讨论过程中，曾有代表认为，区分一项建议是属于要约还是要约邀请，主要的标准就是看当事双方所使用的应用程序的性质。如果某个网址仅仅提供了关于某一公司或产品的信息，其本身与潜在的客户的任何联系均不依赖于该信息系统，则这种应用程序称为非交互式应用程序，在这种非交互式应用程序上的建议(与传统广告没有区别)构成一个要约邀请，而不是要约；但如果是应用该信息系统进行并订立了合同(在虚拟货品的情况下，甚至可立即履行合同)，这种应用程序被称为交互式应用程序，这种"公开求售，售完为止"的建议应被视为一种要约，而非要约邀请。即在适用交互式应用程序时，如果未另行指明，即应推定为具有承受约束力的意图。

赞成的意见认为，首先，这种建议在国际销售交易的实践中已经得到了承认，而且，在事实上，该种建议有助于增进国际交易的法律确定性。其次，如果根据交互式应用程序提出货物或服务要约，而当事人又据此行事的话，则可能会使当事人由此做出假设，以为通过此种系统提出的要约是不可撤销的要约，当事人发出订单时即有效地订立了具有约束力的合同。再次，这些当事人应当能够依赖此种合理的假设，因为合同不能履行会产生严重的经济后果。最后，本款还有助于增强国际交易惯例的透明度，因为可以鼓励商业实体明确说明其是否同意在货物或服务要约被接受时受之约束，或者说明其是否只是在发出要约邀请。①

反对的意见认为，在对本款作出解释和适用时可能会引起许多问题。由于"要约人掌握的某种货物的存货有限，但买主的人数可能是无限的，这种推定可能会给要约人带来严重的后果。如果要求要约人必须负责履行所收到的所有订单，这对要约人是不利的，而且也有违商业惯例，因为为了避免这种风险，通过互联网提供货物或服务的公司通常都在其网站上声明其不受这些广告的约束"。② 另外，下订单的当事人可能无法查明订单是如何处理的，也无法查明与其打交道的究竟是不是一种"允许用自动方法订立合同的自动计算机系统"，或者是否需要借助其他行动人的干预或使用其他设备才能有效地订立一项合同或处理订单。

2.《国际合同使用电子通信公约》的电子要约与要约邀请规则

《国际合同使用电子通信公约》第 11 条规定："要约邀请，即通过一项或多项电子通信提出的订立合同提议，凡不是向一个或多个特定当事人提出，而是可供使用信息系统的当事人一般查询的，包括使用交互式应用程序通过这类信息系统发出订单的提议，应当视作要约邀请，但明确指明提议的当事人打算在提议获承诺时受拘束的除外。"根据《联合国国际货物销售合同公约》第 14 条，建议必须是向一个或一个以上特定的人提出，且必须十分确定(在一定程度上它必须写明货物并且规定数量和价格或规定如何确定数量和价格)，而且还必须表明要约得到接受时承受约束的意旨。如果满足了以上条件，不管当事人之间的谈判是通过电子邮件、电子数

---

① 参见电子商务工作组第三十九届会议工作报告[R]. 文件编号：A/CN.9/509，第 81 段.

② 参见电子商务工作组第三十九届会议工作报告[R]. 文件编号：A/CN.9/509，第 82 段.

据交换，还是通过较传统的方式，其通信的性质和法律效力将由其意图决定。① 在当事人通过网址提供货物或服务的情况下，由于互联网使得人们有可能把特定的信息发送给几乎无数的人，而且当前的技术使立即签订合同成为可能，电子交易将很难适应要约和邀约的传统区分方法。第 11 条无意创设电子商务合同订立的特别规则，作为一项缺省规则，本条款的目的主要在于澄清一个自互联网问世以来引起大量讨论的问题，即：通过互联网网站等普遍可查询的公开通信系统提供货物或服务的当事人，在多大程度上应受其网站上广告的约束，从而使《联合国国际货物销售合同公约》的规则妥当地适用于电子情形。

虽然在某些情形下，将交互式应用程序提出的订立合同的建议视为当事人做出承诺即受其约束的意图能产生许多积极的效用，且在现有业务往来模式中，也有许多依据互动式应用程序提出的建议是有约束力的要约这一规则的范例。在这些情况下，可通过载列一些免责条款来声明要约只是针对有限数量的物品以及根据订单的收到时间自动处理这些订单等方法，来解决对相关产品或服务的可获量有限的担心。但在要约人数不限则该要约不具约束力的一般原则，即便在该要约得到交互式应用程序支持的情况下仍应予以适用。交互式应用程序通常由传送物品和服务要约的软件和硬件组成，使当事人得以交换信息以便自动订立合同。交互式应用程序的表述方式侧重于对于任何进入一个系统的人来说都十分明显的情形，即进入者被提示经由该系统立即采取行动和做出看上去具有自动化特征的反应以交换信息。系统在内部如何运作以及其究竟在多大程度上确实为自动化系统并不重要。② 虽然一些判例法将点击合同和网络拍卖中提出的要约解释为具有约束力，但这种判例究竟在多大程度上存在，需要根据所有情况综合评估。作为一般性规则，推定使用互动式应用程序提出要约的人总是打算提出有约束力的要约是不明智的，因为这一推定并未反映市场上的普遍做法。

要约与要约邀请的确定在很大程度上是买卖双方之间的一个风险分担问题，即如果构成要约，一方面，卖方可能会因其发出的广告而承担兑现承诺的约束，另一方面，卖方又可以依赖于该有约束力的要约，要求买方承担因此而放弃其他商业机会的风险。③ 所以，要约和要约邀请的区分对特定的网络交易纠纷关系中是否承担责任的判定至关重要。《公约》第 11 条规定，当事人有受约束的意图但若不具备其

---

① 《联合国国际货物销售合同公约》第 14 条第（2）款规定，非向一个或一个以上特定的人提出的建议，仅应视为邀约，除非提出建议的人明确表示相反的意向。

② 参见电子商务工作组第四十二届会议工作报告［R］. 文件编号：A/CN.9/546，第 114 段.

③ 参见电子商务工作组第四十二届会议：电子订约：背景资料［R］. 文件编号：A/CN.9/WG. IV/WP. 104/Add. 1，第 8 段.

他一些条件尚不足以构成要约，即使是在内容上具备要约的内容，但如果是通过信息系统向不特定的人发出的，仍被视为要约邀请。由于网上交易中错误在所难免，电子信息系统容易出错，包括网上标价和产品信息都有出错的风险，再加上所使用的自动答复功能不提供复查和纠正机会，所以，该条规定可在一定程度上避免单纯的推定给当事人带来的风险，无疑更有利于保护消费者和交易相对人的利益，保护那些不经意通过垃圾邮件或点击错误而缔结合同的当事人。

三、电子要约的撤回和撤销

(一)电子要约的撤回

要约的撤回是指在要约发出之后，生效之前，要约人以某种方式通知受要约人，阻止要约效力的发生。由于撤回是在要约生效之前，因此不会对要约人的利益有实质影响。实践中，采取到达生效主义原则的国家一般允许要约的撤回。我国《合同法》规定要约可以撤回，撤回的条件是撤回的通知应当在要约到达受要约人之前或者与要约同时到达受要约人。

在电子订约环境下，通过计算机自动处理的信息，由于要约和承诺不需要人工介入，瞬间即为承诺，电子数据传输的速度很快，要约的传递与承诺差不多同时发生。在网络上，电子信息的发出和接收是即时的，没有"在途期间"，要使撤回要约的通知先于要约到达受要约人几乎不可能。有人认为，电子要约的撤回并非完全不可能。比如，在网络不畅的情况下，信息的传输时间较长，可能会发生后发先至的现象，此时便可以根据传统意思表示撤回规则撤回电子要约。此外，在采取检索到达主义的立法中，电子信息已经到达收件人的信息系统，但收件人没有及时查阅，发件人此时撤回电子要约或承诺，则可能实现撤回通知先于或者与要约或承诺同时被收件人检索，仍可以产生撤回的效果。尽管如此，这种情形是非常少见的。

(二)电子要约的撤销

要约的撤销是指在要约生效后，要约人通过一定方式将要约取消，使其丧失法律效力。要约的撤销与要约的撤回都是发出人在要约发出之后想要取消，但两者存在一定的区别。撤回是取消尚未生效的要约，撤销是取消已经生效的要约。撤回一般对受要约人的利益没有影响，但撤销则可能损害到受要约人的利益。英美法系国家没有规定要约的撤回，但规定了要约可以撤销，但必须是在要约被承诺之前撤销。大陆法系国家通常认为已经生效的要约不得撤销。我国《合同法》既规定了要约可以撤回，也规定了要约的撤销，但对撤销规定了严格的条件。根据我国《合同法》，要约可以撤销。撤销要约的通知应当在受要约人发出承诺通知之前到达受要约人。有下列情形之一的，要约不得撤销：(1)要约人确定了承诺期限或者以其他形式明示要约不可撤销；(2)受要约人有理由认为要约是不可撤销的，并已经为履行合同作了准备工作。但由于电子信息传输和电子缔约的特点，传统要约撤销制度在电子缔约领域受到了挑战。

在通过电子邮件、QQ等电子通信工具缔约时，电子要约和承诺的手法需要缔约人进行相应的操作，而且还需要对合同的内容进行考虑以决定是否作出承诺，此种情况，在要约生效后，承诺做出之间有一定的时间差，要约是可以撤销的。但是，如果是通过自动信息系统缔约，是否可以撤销要约则存在不同的观点。一种观点认为，只要电子要约的撤销通知在受要约人发出承诺通知之前就可以撤销电子要约。一种观点认为，自动信息系统缔约在要约到达与受要约人做出承诺之间是不存在时间差的，除非出现系统故障。鉴于自动数据交换的特点，要约到达受要约人后自动信息系统通常是在瞬间便自动完成承诺的操作，根本不可能存在时间差的问题，所以，第二种观点更符合电子缔约的实际情况。

四、电子要约与承诺的发出与收到

合同的本质是当事双方意思表示一致的法律行为，意思表示发出与收到的时间直接关系到要约和承诺何时生效。根据传统合同法，通过邮寄方式传送承诺，承诺的发出和接收时间是指邮戳或回执证明上确定的时间，由于要约与承诺发出和到达之间具有一定的时间间隔，生效时间的先后顺序比较明确，故无需制定专门的意思表示收发时间规则。在电子缔约情况下，电子交易是通过数据电文的传递和交换来实现的，在交易的过程中，数据电文通过网络从一个信息系统传输到另一个信息系统，电子计算机不断地发送和接收数据电文，传输过程几乎都在瞬间完成，很难判定信息发出与到达的时间。因此，明确数据电文的收发时间，对于确定电子要约和承诺的生效以及合同双方之间的风险分配至关重要。

(一)电子要约的发出与收到时间

1. 传统合同法有关承诺生效的两种主张

(1)英美法系的"投邮主义"。

"投邮主义"，又称"邮箱规则"，是英美法系国家确定的适用于书信、电报这类非对话式意思表示生效的规则，它是指除非要约人和受要约人另有约定，受要约人一旦将承诺的信件投入邮筒或将承诺的电报交付电信局时，承诺就生效。承诺信件或电报若因送信单位的过失而延误或丢失，则由要约人对后果负责，不管承诺是否为要约人收到或受要约人是否收到要约人发出的撤回通知。[①] 英美法系国家一般认为要约原则上对要约人无拘束力，只要没有发生承诺，要约人可以在任何时候撤销要约。这种做法对要约人的约束太少，不利于保护受要约人的利益。如果在承诺生效的时间上采用投邮主义，将可以缩短不受拘束的要约人撤销要约的时间，有助于平衡要约人与受要约人之间的利益关系。而且，在以邮寄方式作出承诺的时候，

----

① 邢建东. 合同法(总则)——学说与判例注释[M]. 法律出版社，2006：88.

指定邮局作为其接受承诺的代理人,承诺的信函一经邮寄就不可撤销地脱离了受要约人的控制范围。最后,投邮主义是一种普通的商业惯例,如同以信函发出的要约至到达时生效这一商业惯例一样。由于不管采用哪一规则都需要有一方承担责任,且多数情况下承诺的信件不会丢失或延误,投邮主义确实具有快捷的优点,因此,由要约人承担责任和风险是比较合适的。

(2)大陆法系的"到达主义"。

关于承诺的生效,以德国为代表的大陆法系国家奉行"到达主义"或"送达主义"。它们认为,表示承诺的信函送达要约人时承诺生效。因为承诺一旦发出就生效对承诺人的约束很大。如果采取对要约人放松,对承诺人收紧的办法,规定接受的信函到达要约人时生效,将接受发出至送达这一段时间的市场风险和责任留给承诺人承担,而且将接受送达之前,因邮局、电报局或其他信差引起的丢失与延误的责任一律交由承诺人承担,可以使承诺人在这一点上受到约束,增加他的风险与责任,从而使风险责任在要约人与承诺人之间得到一定的平衡。

虽然大陆法系国家采用"到达主义",但关于何谓"到达",仍然是各持己见,众说纷纭。有的以相对人对意思表示取得占有为标准;有的以相对人对意思表示有事实上的处分权为标准;有的以受领人知悉意思表示的内容为标准;有的则以意思表示进入受领人的支配范围,受领人具有知悉意思表示的可能性为标准。从理论上说,承诺的目的是使要约人了解承诺的内容,因此,似乎应以要约人了解承诺内容的时间作为承诺生效的时间。但由于采用书面等其他形式时,承诺人不能仅依书面的交付,直接使要约人了解承诺的内容,还须要约人阅读才能了解,但要约人的阅读行为只能由自己进行,承诺人对此完全不能控制。如果要约人对其受领的书面承诺不为阅读,承诺就不生效力,显然对承诺人不公平。因此,从上述分析来看,"控制范围"理论似乎更具有合理性,即只要承诺的内容进入了要约人的支配范围,使要约人处于可了解的状态,就应认定承诺生效。

2. 传统承诺生效理论在网络空间面临的冲击

(1)网络空间的及时性使投邮主义失去了赖以存在的基础。

在电子交易中,通过网络缔结合同的方式多种多样。通信方式不同,发生法律效力的时间也有所区别。对于对话式意思表示,英美法系和大陆法系国家均采取了了解主义,即以当事人客观上"可以"了解为必要,在当事人有客观障碍不能了解时,以"实际"了解为必要。电子交易中的即时通信基本上在瞬间完成,通常发出时间等于发送时间,因此,"了解主义"原则同样适用于即时通信。但是,对于非对话式意思表示的投邮主义是否适用于电子交易中的非即时通信,则需要做具体的分析。

如前所述,首先,英美法系国家之所以采用投邮主义,是因为英美法系的对价原则规定要约人可以不受要约约束,在要约被承诺前就可以随时撤销,这就对受要约人不公平。如果跟大陆法系国家一样采取到达生效原则,将会进一步延长要约人撤销要约的时间，对受要约人更加不利。投邮主义缩短了要约人撤销要约的时间，因此能够平衡要约人与受要约人之间的利益。在电子环境下，网络传输的及时性特征使得因对价原则而导致的不公平性消失。只要要约人点击发送按钮，数据电文就会在瞬间发出，要约人几乎没有撤销的机会，并不会因要约人可以随意撤销要约而带来不公平。其次，传统合同之所以对非对话式意思表示采投邮主义而不采到达主义，是因为以前的沟通方式有不一定到达及逾期到达的危险，需要以投邮主义来公平地分担风险。在电子环境下，EDI 方式最大的特色在于可以使当事人通过电子通信立即确认彼此间的沟通有无错误，可以确认是否到达。数据电文的收到告知或者确认已经成为一种非常普及的重要程序，它与邮政系统使用的"收到回执"相似，虽然没有法律强制当事人使用，由当事人自己约定。但是，对于受要约人来说，如果将传统合同中由于通信滞后而导致的不确定性归咎于要约人，做出偏向于受要约人利益考虑的话，还具有一定的合理性，因为要约人作为要约的发出者，究竟采用何种通信方式是他的选择。但是，在电子环境下，明知具有这种技术优势而不加以利用，由受要约人承担其拒绝利用技术优势而导致的通信迟延或丢失的后果，应该也是情理之中。所以，在电子环境中，不需要利用投邮主义来协调双方之间的利益，也不需要利用投邮主义弥补受要约人因可能无法确认通信是否到达而带来的损失。无论是从产生的基础，还是从规则所保护的利益取向来看，投邮主义都失去了其继续存在的基础。

（2）网络空间的虚拟性赋予"到达主义"新的含义。

在传统合同中，根据"到达主义"的控制范围理论，承诺到达要约人的支配范围时承诺生效。例如，邮件或电报已经投入了要约人的信箱；将信件已经送到了要约人居住的住所或其办公室或收发室等。通常认为，这些范围应该是要约人在物理空间可以支配的范围。在电子环境下，电子合同不仅涉及物理空间，还涉及虚拟空间。数据电文的传输都是通过计算机网络来完成的，如果仍以要约人在物理空间的支配范围来衡量数据电文是否收到或承诺是否生效，则不太合理。例如，收发电子邮件的服务器可能与要约人在现实空间的距离很远，但是某一电子信箱或者指定的信息系统可能正处于要约人的支配范围，他能够随时查看电子邮件就如同到邮局或办公室去取信件一样，此时，不管提供电子邮件的服务器所在，他都能够取得邮件并了解它的内容。此外，要约人的电子信箱、要约人指定的接收数据电文的计算机信息系统等，这些系统在物理空间的所在并不属于要约人能够控制的范围，但要约人确实能够阅读甚至了解其内容。因此，数据电文应该在到达要约人在虚拟空间的支配范围时生效，不管其在物理空间是否处于要约人的支配范围之内。虚拟空间的电子信箱或信息系统与物理空间的收发室或信箱对要约人具有同样重要的意义。

3. 电子要约和承诺的发出与收到时间的几种立法

（1）电子要约发出时间的立法。

第一，以进入收件人信息系统的时间作为发送时间。

联合国《电子商务示范法》(以下简称《示范法》)第15条第1款规定："除非发端人与收件人另有协议，一项数据电文的发出时间以它进入发端人或代表发端人发送数据电文的人控制范围之外的某一信息系统的时间为准。"根据该款规定，数据电文的发出时间是指该数据电文进入"发端人控制之外"的"信息系统"的时刻，该系统既可以是一个中间人的信息系统，也可以是收件人的信息系统。如果数据电文仅仅到达了收件人的信息系统，但没能进入该系统，则该数据电文不能视为已经发出。

第二，以脱离表意人所控制的信息系统的时间作为发送时间。

《国际合同使用电子通信公约》第10条第1款规定："电子通信的发出时间是其离开发件人或代表发件人发送电子通信的当事人控制范围之内的信息系统的时间；或者，如果电子通信尚未离开发件人或代表发件人发送电子通信的当事人控制范围之内的信息系统，则为电子通信被收到的时间。"《公约》在最初的草案采纳了《电子商务示范法》第15条的"进入"标准，但最终抛弃了"进入"标准，转而采纳"脱离"的措辞。有学者认为，进入发件人控制范围之外的另一个信息系统与离开发件人控制范围之内的通信系统是一个问题的两个方面，因为，通信一般是通过进入另一个信息系统而离开一个信息系统的。的确如此，两种说法都意在表达同一种含义，但显然以"脱离"发出标准确定数据电文的发出时间可以使之更接近于非电子环境下"发出"的概念，从而将数据电文的发出区别于数据电文到达另一个信息系统的时间，有效地避免与当事人收到数据电文的时间相混淆的情况。因此，与"进入"发出标准相比，"脱离"发出标准更具有合理性。

(2)电子要约收到时间的几种立法。

尽管大陆法系和英美法系国家都逐渐开始转向以"到达主义"原则进行数据电文立法，但关于"到达"的含义却认识不一。有的以意思表示进入受领人的控制范围为到达；有的以对方当事人取得占有之时为到达；有的以了解意思表示之时为到达等。具体而言，主要表现为以下几种方式：

第一，"进入"到达规则。

为了在发端人与收件人之间适当地分配风险或责任，《示范法》区分了"指定"与"非指定"信息系统①，并在其第15条第2款规定：(1)如果收件人指定了特定信息系统接收电文，而该系统可能是其所有，也可能不是其所有的，当数据电文进入该指定系统时视为收到。(2)如果收件人未指定信息系统，收到是指数据电文进

---

① 根据《电子商务示范法颁布指南》，"指定信息系统"是指一方特别选择的一个系统，例如，要约明确指定承诺应当发往的地址，但如果只是在信头或在其他文件上显示电子邮件或传真印件的地址，不应被视为指定了一个或多个信息系统。

入了收件人的信息系统。《示范法》主要在两种情况下坚持"进入"到达规则：第一，如果收件人指定了某一特定的信息系统，该数据电文进入该指定系统时视为到达。第二，如果收件人未指定信息系统，数据电文进入收件人的任何信息系统时视为到达。如果指定了以特定信息系统接收数据电文，即使该系统是由第三方运作，也应当承担有效进入该系统的电文丢失或延误的风险。在未指定的情况下，电文发至哪个信息系统都无关紧要，此时，推定收件人将通过任何信息系统接收电文。只要数据电文进入了收件人的信息系统就视为收到，没有必要考虑收件人是否实际知道或阅读或理解该电文。一方面，示范法认为不应与有关国内法或国际惯例相抵触；另一方面，即使是纸面环境下，在收件人读不懂电文或某电文有意使收件人不能识读时仍应视为收到，如为了留存备案，以便保护知识产权而编成密码的数据被传送到保存人处的情况。为了鼓励电子交易方式的利用，也不应坚持比纸面环境更为严格的标准。

第二，"检索"到达规则。

与其他的两种情形不同，当收件人指定了特定信息系统，但发件人将数据电文发往了其他系统时，《示范法》规定，只有在收件人检索的情况下才视为收到。此外，《国际合同使用电子通信公约》第10条第2款规定："电子通信的收到时间是其能够由收件人在该收件人指定的电子地址检索的时间。电子通信在收件人的另一电子地址的收到时间是其能够由该收件人在该地址检索并且该收件人了解到该电子通信已发送到该地址的时间。当电子通信抵达收件人的电子地址时，即应推定收件人能够检索该电子通信。"①如《示范法》一样，《公约》区分指定信息系统和未指定信息系统两种情形来规定电子通信的收到时间。《公约》第10条没有沿用《示范法》的"进入"到达规则，而是适用"检索"以替代"进入"的措辞，从而有利于避免使用"进入"术语所带来的各种歧义，因为对于"进入"信息系统如何界定，学界仍然存在争议。有的认为，"进入"是指数据电文在该信息系统内可供处理的时间，而有的认为，"进入"是指该数据电文能够被收件人检索的时间。

随着企业界对信息和通信安全的关注，为了阻挡"垃圾"邮件或防止病毒扩散，越来越多的公司和个人开始使用过滤器或防火墙等安全措施，这类安全措施可能会使电子通信丢失或无法抵达收件人。如果在收件人未指定任何信息系统的情况下，仍然适用"进入"到达规则，显然不利于很好地保护收件人的利益。正是考虑到这些因素，《公约》适用更加严格的标准，采用了"推定检索"规则，将未指定特定信息系统时的收到规则与收件人的同意联系起来。在未经收件人同意的情况下，不得以数据电文进入其任何信息系统时视为收件人已收到电文。无论如何，强迫收件人

---

① 参见联合国大会第六十届会议. 国际合同使用电子通信公约[R]. 文件编号 A/RES/60/21.

承受通信发往另一地址而造成通信丢失的风险是不合理的。因为，电子邮件的传送不受时间的限制，任何时间均可，要求收件人随时检索其电子邮件信箱显然不具有现实可行性。

对于《示范法》所主张的"检索"到达规则，我国学界持有不同的观点。有学者认为，要约人是否检索到或于何时检索到该数据电文难以证明，如果要约人故意怠慢检索使承诺人蒙受不利益，则显失公平。因此，即使收件人指定了特定系统，但发件人将数据电文发往其他信息系统时，仍应坚持以数据电文进入任何系统的时间为数据电文的到达时间。也有学者支持示范法的做法，其理由是，"到达主义"原则的本意是由表意人承担风险，如果采用"进入"到达规则，则会将数据电文传输过程中的风险转嫁给收件人，从而违背到达主义的本旨。要约人是否检索或何时检索数据电文无从得知，如同承诺人面临的情形一样，这种将导致不公平结果的可能性对于双方来说是平等的。事实上，一旦收件人指定了特定系统接收数据电文，则将会对发件人向该系统发送电文产生合理信赖，从而忽略对其他系统进行检索。此时，如果发件人将数据电文发送至其他信息系统，但仍以"进入"到达规则来判断数据电文的到达时间，则不利于保护收件人的利益。数据电文的进入时间显然早于对其检索的时间，如果规定"检索"到达规则，则能够在风险分配上更多地照顾到收件人的利益，从而得出更加公平的考量结果。

第三，"取得"到达规则。

欧盟《关于内部市场信息社会服务尤其是电子商务的某些法律方面的指令》（以下简称《电子商务指令》）规定，欧盟成员国应确保，"除非消费双方另有约定"，客户的订单及商人确认收到订单的通知，"在其收件方能够取得之时视为收到"。如何理解"能够取得"，欧盟指令并未给予确切的解释。是要求收件人有可能取得数据电文，只具备这种抽象意义的能力就足够，还是要求收件人必须具有检索电文的实际能力，不得而知。第11条既没有推定也没有指明一方当事人应被视为"有能力取得"电文的起始时间。在欧盟成员国中，专门规定数据电文收发时间的成文法不多。有些国家在稍作改动之后已经颁布执行了《欧盟电子商务指令》第11条。但对于那些在颁行之前就已经订立数据电文收发时间规则的国家究竟适用哪一条规则不清楚。从相关司法实践来看，欧盟指示所主张的"取得"，并不要求收件人实际检索电文。只要检索在技术上具有可能性，就可以推定收件人取得数据电文，此处的决定性因素是技术上的"可检索性"，无论是收件人的技术故障，收件人不在场，还是在收件人控制范围以内的任何其他障碍，都不应妨碍电文的实际收到。

第四，区分商业和私人邮箱适用不同的标准。

考虑到某些公司和个人可能会使用多个电子邮箱，美国《统一电子交易法》在第15（b）分节中规定，接收人可以指定在特定交易中应使用的电子邮件地址或系统。如用于个人事项的家庭电子邮件；用于工作和业务的商业电子邮件；仅用于该组织业务而单独使用的机构电子邮件等。如果甲方向乙方的家里发出一份有关业务的通知，在乙方指定其业务地址为唯一业务通信地址的情况下，该通知不能视为已收到。由此可见，发件人可以合理地期待收件人在营业时间内查看文件，收件人在营业时间内有查看邮件的义务。只要是在营业时间内收到数据电文，即使收件人未查看，也推定其已经检索到数据电文，如果在非营业时间内收到数据电文，则在下一个工作日应查看电文的时间，推定为检索到数据电文的时间。对于私人性的电子邮箱，既然该私人将其用于与相对人进行特定交易，就可以认为在其与相对人进行该交易时有将此邮箱作为受领相对人在法律上具有重要意思表示的意思，此时，即便其本身属私人信箱，收件人仍有查看的义务。

（二）电子要约的发出与收到地点

网络区别于物理空间，网络上的位置只是一个逻辑概念，与物理空间没有对应关系。在理论上任何人可以在任何地点发送数据电文，而这些地点可能与合同没有任何关系。有学者认为，数据电文的发送地点是其发送的物理位置；有学者认为，与合同权利义务密切相关的地点为数据电文的发送地点和接收地点；也有学者认为，应以现实空间的营业地为标准来确定数据电文的收发地点。

为了与《联合国国际货物销售合同公约》相一致，同时避免信息系统的不固定性和兼顾传统法律管辖的便利，《示范法》第15条规定："除非发端人与收件人另有协议，数据电文应以发端人设有营业地的地点为其发送地点，以收件人设有营业地的地点为其收到地点；如果发端人或收件人有一个以上的营业地，应以对基础交易具有最密切联系的营业地为准，如果没有任何基础交易，则以其主要的营业地为准。"在数据电文的收发地点上，《示范法》坚持当事人意思自治原则，在当事人有协议约定时，尊重当事人的约定，以约定的地点为发送和接收地点；在当事人没有协议约定的情况下，由法律予以规定。《示范法》原则上以发件人和收件人的营业地为数据电文的发出地或接收地；在不存在营业地的情况下，以惯常居所地作为发出地或接收地。

《公约》借鉴了《示范法》的规定，其第10条第3款、第4款规定："三、电子通信将发件人设有营业地的地点视为其发出地点，将收件人设有营业地的地点视为其收到地点，营业地根据第6条确定。四、即使支持电子地址的信息系统的所在地可能不同于根据本条第三款而认定的电子通信的收到地点，本条第2款依然适用。"除此之外，《公约》第6条规定了如何确定营业地的具体规则，该条规定："一、就本公约而言，当事人的营业地推定为其所指明的所在地，除非另一方当事人证明该指明其所在地的当事人在该所在地无营业地。二、当事人未指明营业地并且拥有不止一个营业地的，就本公约而言，与有关合同关系最密切的营业地为其营业地，但须考虑到双方当事人在合同订立之前任何时候或合同订立之时所知道或所设想的情况。三、自然人无营业地的，以其惯常居所为准。四、一所在地并不仅因以下两点之一而成为营业地：（一）系一方当事人订立合同所用信息系统的支持设备和技术的所在地；（二）系其他当事人可以进入该信息系统的地方。五、仅凭一方当事人使用与某一特定国家相关联的域名或电子信箱地址，不能推定其营业地位于该国。"①《公约》坚持以现实空间的营业地为标准确定数据电文的收发地点。一方面，因为营业地等通常与行为地有着实质的联系，这样规定可以避免因信息系统的多元化而可能造成的不稳定，有利于发件人查明该地点。另一方面，鉴于电子商务实践中经常发生的当事人收件系统所在地与当事人所在地不一致的情况，这样规定可以避免当事人通过该地点来规避法律。

（三）我国电子要约收发时间与地点的立法

关于电子要约的收发时间，我国立法采用了到达主义原则。我国《合同法》第16条第2款规定："采用数据电文形式订立合同，收件人指定特定系统接收数据电文的，该数据电文进入该特定系统的时间，视为到达时间；未指定特定系统的，该数据电文进入收件人的任何系统的首次时间，视为到达时间。"《电子签名法》基本借鉴了《合同法》的规定，但增加了数据电文收发时间上的当事人意思自治，即当事人对数据电文的发送时间、接收时间另有约定的，从其约定，在当事人没有协议的情况下，依照法律规定。但值得注意的是，我国《合同法》在借鉴的同时，却遗漏了指定特定系统中的第2种情形，即对收件人指定了特定系统接收数据电文，但发件人却发往指定系统以外的情形缺乏规定。这样，不仅造成了法律上的漏洞，导致当事人适用法律的困惑，也不利于电子商务的有序发展。因此，相关立法须尽快对此补充规定，即如果数据电文被发至收件人指定信息系统以外的信息系统时，以数据电文由收件人检索时视为数据电文的到达时间。

关于数据电文的收发地点，我国的《合同法》第34条规定："采用数据电文形式订立合同的，收件人的主营业地为合同成立的地点；没有主营业地的，其经常居住地为合同成立的地点。当事人另有约定的，按照其约定。"我国《电子签名法》第12条规定："发件人的主营业地为数据电文的发送地点，收件人的主营业地为数据电文的接收地点。没有主营业地的，其经常居住地为发送或者接收地点。当事人对数据电文的发送地点、接收地点另有约定的，从其约定。"在电子交易中，确定数据电文收发地点的主要目的在于确定合同的管辖和准据法的适用。数据电文的发件人和收件人的实际位置对于合同的成立、生效、履行或合同争议的解决没有法律价值，跳出传统的"行为所在地"的观念，选择对合同有密切联系的地点作为数据电文的发送地或接收地，将更加有利于在发生合同纠纷时保护当事人的合法权益。电子合同纠纷案件的管辖权主要是由现实空间的司法机关行使的，电子合同所适用的

---

①　参见联合国大会第六十届会议. 国际合同使用电子通信公约[R]. 文件编号 A/RES/ 60/ 21.

也主要是现实空间的法律，以现实空间的营业地为标准，不仅可以将合同等法律行为与现实空间的行为地相联系，而且可以有效避免以虚拟空间的"信息系统"所在地作为收到地而可能造成的不确定性。因此，以现实空间的营业地为标准确定数据电文的收发地点具有一定的合理性。

第三节　电子合同的生效

一、非完全民事行为能力人订立的电子合同

当前我国的网民呈低龄化趋势，青少年网民的比例越来越高，对于非完全民事行为能力人订立电子合同的效力，学术界争议较多。其他国家和地区多数在使用传统民事行为能力规定的同时，对一些特殊情形下电子合同的效力予以认可。我国对此没有明确。

(一)非完全民事行为能力人订立电子合同的效力

我国《民法通则》将自然人的行为能力分为三类：一类是18周岁以上的自然人具有完全民事行为能力，此外，16周岁以上不满18周岁的自然人以自己的劳动收入为主要生活来源的，视为具有完全民事行为能力，可以独立进行民事活动。第二类是10周岁以上不满18周岁的自然人称为限制民事行为能力人，可以进行与其年龄、智力相适应的民事活动，超出年龄和智力范围的活动需征得其法定代理人同意或由法定代理人代为进行。第三类是不满10周岁的未成年人为无民事行为能力人，必须由法定代理人代理其进行民事活动。根据我国《合同法》，订立合同的双方当事人必须具有相应的民事权利能力和民事行为能力，10周岁以上的未成年人订立的合同一般为效力未定的合同，经法定代理人追认后，合同有效。但有两种例外，一种是纯获利益的合同，另一种是与其智力、年龄、精神健康状况相适应的合同，可以不需要法定代理人追认即可有效。

随着电子商务的发展，未成年人进行的网上交易越来越多。非完全民事行为能力人订立的电子合同也表现为多种形式。根据民法的相关规定，未成年人订立的合同必须经过法定代理人的追认才发生效力。在电子商务环境下，电子商务具有即时性和便捷性，这种特点决定了法定代理人行使追认权既不方便也不现实。电子交易不像传统的面对面交易，电子交易双方很难确定主体身份以及对方是否具有行为能力。网络商家如果每次交易都须考察和确认对方的行为能力以及合同在什么情况下生效，无疑将大大影响交易的效率。

我国学者对此存在争议，主要有以下两种观点：其一，坚持根据传统民法当事人行为能力制度来判断非完全民事行为能力人的行为效力。比如，北京市工商行政管理局《电子商务监督管理暂行办法》规定，未成年人在网上交易时如果做出了超

出其行为能力范围的意思表示时，需要得到其法定代理人的确认，未经确认该意思表示无效。经营者可以要求消费者在交易的过程中提供姓名、性别、年龄、住址、电话、电子邮件地址等个人基本资料。其二，根据电子交易的特点确定非完全民事行为能力人的行为效力。该种观点认为，为了增强网络商家进行网上交易的信心，应该承认其与非完全民事行为能力人订立合同的效力。因为商家在进行经营时往往面对的是不特定的多数人，商家无法对所有的交易相对人的情况一一辨别。可以规定未经法定代理人追认的合同，善意相对人有撤销权，但如果是订立即履行的电子合同，相对人则无法行使撤销权的，其利益也很难得到保护。

本书认为，尽管全盘否定传统的缔约能力制度不太合理，但电子缔约的特殊性也不能完全忽视。如果完全根据传统合同法直接认定非完全民事行为能力人订立的电子合同无效，有违民法的公平原则，也对当事人不利。因此，立法应对消费者和经营者的合法权益加以综合地衡量。如果经营者有理由相信与其缔约的对方有相应的缔约能力时，法律就应该对该自然人订立的电子合同的效力予以肯定，否则网络商家则可能随时面临合同被主张无效或撤销的情况，最终的结果是商家不愿意承担此种法律风险，从而放弃网上经营。具体而言，在下列情况下，非完全民事行为能力人订立的电子合同有效：一是纯获利益的电子合同；二是与"生活必需品"相关的电子合同；三是在线服务合同。

（二）非完全民事行为能力人的电子缔约欺诈

电子缔约欺诈，主要是指未成年人利用计算机网络，采用欺诈的手段获得交易机会，订立电子合同的情形。未成年人电子订约欺诈主要表现为两种情形：一是冒用其他有缔约能力人的网上账号或者身份信息，在网上与他人缔结电子合同，比如，冒用父母在淘宝网上的账号，进行网络购物；二是在网上注册虚假的信息，并在网上与他人进行交易时谎称自己具有民事行为能力。

针对未成年人电子交易身份或行为能力欺诈的现象，在电子商务经营实践中，商家们采取了一定的措施。比如，《淘宝网服务协议》规定："在您完成注册程序或以其他淘宝允许的方式实际使用淘宝网服务时，您应当是具备完全民事权利能力和完全民事行为能力的自然人、法人或其他组织。若您不具备前述主体资格，则您及您的监护人应承担因此而导致的一切后果，且淘宝有权注销（永久冻结）您的淘宝账户，并向您及您的监护人索偿。"此外，当当网在《当当网交易条款》中规定："在下订单的同时，您也同时承认了您拥有购买这些产品的权利能力和行为能力，并对您在订单中提供的所有信息的真实性负责。"尽管电子商务企业有这些规定，但实际注册时仍有伪造或提供虚假资料的可能性，因为，注册通常要求提供电子邮箱或电话号码，这些都无法真正证明当事人的真实能力。所以，电子商务企业的一些措施往往流于形式或直接成为其避免责任的理由。

我国立法没有专门针对这一问题进行规定。一般情况下，非完全民事行为能力人订立合同的效力适用我国《合同法》的规定。如果未成年人与商家交易时存在欺诈行为，谎称自己有缔约能力，那么该合同有效。因为，网上交易的过程中商家已经尽到了最大的谨慎注意义务，如果此时合同的效力无法被法律承认，则商家的合法权益将无法得到保障。网上交易的诚信原则也会备受质疑，进而有损交易秩序的稳定。如果电子商务经营者或电子商务网站在设计交易网页时已经根据交易的重要及复杂程度、标的数额、交易风险等因素设计了阻止未成年人参与电子交易的必要障碍，而若提供其法定代理人或其他相关人的姓名、身份证号码、信用卡号码、送货地址等信息，使交易相对方相信其为完全民事行为能力人或已得到法定代理人允许的，其法律行为有效。

二、自动信息系统订立的电子合同

随着网络技术的发展，电子商务中自动信息系统的应用越来越广泛。例如，利用自动信息系统过滤信息、挑选接受的电子邮件、分析网上产品的价格以及对交易发出授权；利用自动信息系统进行网络游戏、程序设计、网上购物等。事实证明，自动信息系统正以其巨大的技术和功能优势，为现代交易的高效率和低成本作出重要的贡献。

(一) 自动信息系统的界定

自动信息系统(Automated Message Systems)，也被称为"电子代理人"。通常认为，自动信息系统是一种软件、硬件或其组合，只要具备与交易相应的智能化系统足矣。但是，关于该软件或交易系统应该达到什么样的自动化程度，在学界存在一定的争议。有学者认为，软件程序都具有一定的自动性，能够帮助或取代人们去做某些工作，但并非所有这些具有自动性的软件程序都可以被称为电子代理人。

加拿大《统一电子商务法》(简称 UECA) 第 19 条规定："电子代理人是指这样一些电脑程序或者任何电子手段，其能够被用以作出某种行为或者对电子文档或者电子运行做出相应的反应，而在这个行为的过程中完全，或者在一定程度上，不需要介入自然人的干预。"

《国际合同使用电子通信公约》第 4 条第 7 款规定："'自动信息系统'系指一种计算机程序或者一种电子手段或其他自动手段，用以引发一个行动或者全部或部分地对数据电文或执行生成答复，而无须每次在该系统引发行动或生成答复时由自然人进行复查或干预。"《公约》认为，无论电文系统是半自动还是全自动的，只要其中至少某一种行动无需人的"复查或干预"来完成其任务即可。

从这些立法来看，即便是自动化程度较低的自动信息系统，也不会影响自动信息系统的属性。事实证明，要对自动信息系统的自动化程度作一个明确的界定，确实很难。而且，随着人工智能的进一步发展，自动信息系统的自动化程度可能会完全超乎我们的想象，如今的智能自动信息系统已经具备了一定的学习功能，它不仅可以根据以往的经历随时调整自身的行为，具有一定的决策能力，而且可以搜寻与自身相关的信息资源，采取相应的措施。因此，从功能或作用的角度来界定自动信息系统似乎更符合其特点，即只要能够在既定的系统环境中自动完成某一特定任务的软件程序，就可称之为自动信息系统。

(二) 自动信息系统的法律属性

1. "工具说"

自动信息系统是按照使用者事先设定的程序工作的，是人们从事商务活动使用的一种计算机程序或自动化手段。有学者认为，无论该系统进行多么复杂的交易活动，其信息自动交流和处理都是遵从用户预先设定好的程序而作出的反应。它是一种能够执行人的意思的智能化的交易工具，但与一般工具有所不同。"一般工具只是人体部分功能的复制或延伸，自动信息系统则是商事交易人的脑和手功能的结合或延伸。"它不具有法律人格，没有缔约能力。也有学者认为，可将自动信息系统的自动应答功能等同于自动售卖机，自动售卖机的售卖行为是当事人先行设计的结果，是当事人意愿的体现，通过自动售卖机的要约和承诺是有效的，这种情形同样适用于自动信息系统。"工具说"将电子代理人视为一种简单的通信工具，忽略了它的自主意识，随着智能电子代理人的普及运用，该说就会导致明显不公平的结果。

2. "法人说"

有学者认为，既然自动信息系统能够依据自己的判断为使用人的利益服务，法律后果直接归属于使用人，自动信息系统既然不可能是自然人，不如将其规定为法人。通过法律赋予其法律主体资格，肯定其独立的权利能力和行为能力，正好迎合了信息系统高度智能化的现实。在自然人代理中，当事人通常不需为自己不能预见或未经授权的行为承担责任，除非代理人的行为足够使第三方认为该代理人是经合法授权的。在电子代理中同样适用这一原则，自动信息系统可以承担责任，可以作为被告被起诉。

也有学者提出，将自动信息系统这种电子代理人看做是一种有民事行为能力却无民事权利能力的主体。允许其按照自身的意思判断或为某些行为，但因其不具有权利能力，法律的后果归于其主人。现代民法中并不存在有行为能力而无权利能力的主体，因此，这种将我们重新拉回到罗马法的电子代理人"奴隶论"显然是不科学的。作为对上述理论的修正，有学者认为设立一种类似于公司注册的选择性的电子代理人注册登记制度，由所有人将一定的注册资金交给相应的注册机构，从而保证电子代理人以该财产为限的责任能力，一旦电子代理人违反所有人或使用人指令发生了错误的行为，则电子代理人就应以其注册的财产为限承担无权代理的责任。

根据法人说，自动信息系统可以作为法人承担责任。由于自动信息系统只是一种程序，是一种软件或软件与硬件的组合。一旦发生了差错，是由软件还是由硬件，或软件的某一部分承担责任都需要一定的技术条件才能识别或认定。况且，信息系统本身没有财产基础，即使是如有些学者所言，建立资金注册登记制度，则不仅会带来一些繁琐的手续，实际上也确实没有必要将每一台计算机都当做一个法人。自动信息系统之所以被广泛应用，正是因为其带来的方便和快捷，"法人说"所带来的繁杂手续不仅不利于发挥其优势，还势必束缚电子商务的发展。

3. "代理说"

代理说认为，在自然人代理中，要想使代理有效，本人必须具有与代理行为相适应的民事权利能力，代理人应具有与代理行为相适应的民事行为能力。但是，在电子代理人中，电子代理人本身可以没有缔约能力，代理有效的关键在于确定当事人之间是否确实具有签约的意向，只要确定当事人与电子代理人之间存在真正的代理关系，具有当事人的合理授权，代理人就可以根据授权展开活动。在电子代理中，当事人如果改变电子装置，设置相应的程序进行商贸活动，该种行为就足以说明该电子代理人获得了当事人的授权。第三方完全可以依赖当事人的行为确信电子代理人的存在，而与之进行交易。但是，当事人设置程序的行为要足以令第三方确信此代理的存在，而此种确信正是当事人是否承担责任的关键所在。

自动信息系统具有代理人的某些特征，但它毕竟不是真正意义上的"人"。自动信息系统作为一种程序，其本身并不具有独立的法律人格和缔约能力，它是一种能够执行人的意思的智能化的程序和硬件的结合。如果在双方均无过失的情况下，一味将责任归咎于电子代理人的使用人，可能会使人们过多担心未来的风险而减少对电子代理人的使用，电子代理技术的开发和研究势必将裹足不前。反之，如果为了鼓励电子代理技术的发展将风险转嫁于受损害的相对人，又会有失公平，导致交易相对人为了减少或避免遭受损害对电子代理人避而远之。

随着电子代理技术的发展，电子代理人能够独立作出决策和判断，会具有相对的独立性。一方面在立法中确认代理人行为的后果应由当事人承担；另一方面，又规定具体的情形来限制当事人承担责任并规定一定的补救措施。这样既可以减少风险，又鼓舞了双方对电子代理人的信心，在所有者和使用者之间寻求了一种平衡。

（三）自动信息系统订立合同的效力

自动信息系统以其技术和功能优势，为现代交易的低成本和高效率作出了重要的贡献。目前，大部分国家现行的国内立法都允许此种系统的使用，普遍认为，自动信息系统订立的合同，不得纯粹以自动信息系统订立合同这一事实来否定合同的法律有效性、效力和可执行性。

美国 1999 年《统一电子交易法》（UETA）第 14 条明确规定：（1）当事人的电子代理之间的交互行为可以成立合同，即使个人不知道或没有检查电子代理的行为及其相关条款和协议。（2）电子代理和个人的交互行为可以成立合同，个人可以以自己的名义或代表他人作为，包括个人自由地拒绝履行行为，该人已知或有理由知道此种履行将导致电子代理完成交易或履行交易。(3)合同的条款由其使用的实体法决定。根据该法的规定，不得仅仅以某项记录或认证是电子形式为理由而否定其法律有效性或可执行性，而且，即使是当事人不知道电子代理人的活动，合同仍然是有效的，电子代理人的行为可以订立合同，但合同显然不能在没有签约意向的情况下签订。此外，美国法学会和统一州法全国委员会通过的《美国统一商法典》(UCC)修正第2-204条第1款规定，买卖合同可以通过"电子代理人之间的交互作用和电子代理人与人之间的交互行为"方式成立。根据该条规定，只要能够确定双方达成了利用电子代理人进行交易的协议，即使没有当事人的行为，仍然可以成立合同。

联合国国际贸易法委员会的《电子商务示范法》没有明确承认通过此种系统缔结合同的效力和可执行性的具体规则，但《国际合同适用电子通信公约》第12条明确肯定了自动信息系统订立合同的法律效力。《公约》第12条规定："通过自动信息系统与自然人之间的交互动作或通过若干自动信息系统之间的交互动作订立的合同，不得仅仅因为无自然人复查或干预这些系统进行的每一动作或由此产生的合同而被否定效力或可执行性。"

第四节　电子格式合同

电子商务大规模、定型化、高效率等特征决定了格式条款在电子合同中被广泛使用，这一方面大大降低了磋商的缔约成本，另一方面也带来了大量的争议和纠纷。

一、电子格式合同概述

(一)格式合同的概念和特点

格式合同，也称标准合同、定型化合同，是指全部或部分内容由格式条款构成的合同。格式条款是指由当事人一方为与不特定多数人订约而预先拟定的，未与相对人协商，不允许相对人对其内容做出变更的，用来重复使用的合同条款，包含格式条款的合同被称为格式合同。格式合同在外延上比格式条款要广，但学界一般将两者通用，本书所用格式合同也指格式条款。

格式合同是随着现代化大生产重复生产和交易的增加而产生的，为了应对大量有着相同或相似订约内容要求的需求，合同制定者将合同条款固定化、不允许随意更改、以备在多次订立的同类合同中反复使用。其优点在于能够节省时间、减少成本，大大提高效率。由于格式条款由单方制定且不允许随意更改，因此为条款的制定者提供了利用合同扩张自身权利、免除己方责任的可能。双方在法律上表面是平等的，相对方在理论上也具有"同意"或"不同意"的选择权，但没有决定合同内容的权利。实践中，经营者往往会利用自己在缔约中的优势地位，最大限度地维护自身的权利，回避潜在的风险，使合同相对方处于极为不利的地位。也正因为诸多优势，格式合同在实践中运用非常广泛，比如旅游业、邮政业、运输业、银行业等。具体而言，格式合同具有以下特点：

第一，格式合同由当事一方预先拟定。

格式合同条款的内容通常在合同成立之前就已经确定，合同的相对人在订立合同之前无权参与合同内容的确定，也无权对其提出修改意见。此处的当事一方不限于签订合同的一方当事人，实践中，由某个行业协会或同类组织为本行业制定格式合同的也比较常见，比如商品房买卖合同，通常是由地方的房管部门统一拟定。

第二，格式合同的内容固定化。

合同的内容具有稳定性和固定性和不可协商性。一般的合同主要是由双方当事人协商确定其内容，双方的意愿都体现在合同的条款中，但格式合同条款是规定的，内容是不能改变的。

第三，格式合同要约具有广泛性。

格式合同主要是为了与不特定的多数人签约方便而预先拟定的，它针对的是不特定的多数人，通常是为大批量和社会化的生产消费提供方便而使用的。

(二)电子格式合同的概念

在电子订约中，交易的主体具有虚拟性，交易双方无需面对面的协商，自动信息系统被广泛应用，由自动信息系统完成整个的订约过程，交易的买方不能对合同条款逐条进行协商或修改其内容。电子交易往往在第三方交易平台上进行，其中一方无条件接受第三方服务协议进行注册成为会员才能进行交易，这种由卖方或第三方交易平台提供的电子化的格式条款即为电子格式合同。买方通过开放式的网站选择商品或服务时，必须用鼠标点击同意由卖方设置在网站上的规定交易规则的合同，买方要么点击同意按照卖方的交易规则进行交易，要么点击不同意退出交易。

随着互联网技术的不断发展，电子订约越来越广泛，格式合同为大规模交易和电子商务发展创造了条件。电子格式合同是传统格式合同在网络技术和电子商务迅速发展到一定程度的产物，是合同内容部分或全部是格式条款的电子合同，是格式合同电子化的表现形式，电子格式合同与传统格式合同没有本质的区别。电子格式合同的提供者可能是电子交易的一方当事人，通常是卖家，也可能是网络服务提供者。前者如电子邮箱用户与提供电子邮件服务的服务提供者之间的格式合同；后者如第三方电子交易平台为交易双方提供的电子格式合同。

二、电子格式合同的类型

(一)点击合同(click-wrap contract)

在电子商务交易的实践中，尤其是在 B to C 的交易之中，为了节省时间和精力，网站一般会利用预先制定好的、能够反复适用的合同条款，将其置放在网站上，消费者需要填写相关个人信息并阅读有关条款，在此过程中，消费者要么点击"我同意"进行交易，要么点击"不同意"退出交易，这种必须通过点击"我同意"按键才能成立的合同就是点击合同。作为网络格式合同的一种，点击合同的出现大大便利了电子交易的完成，点击合同不但节省了订约的时间，而且使合同条款吸收了比较成熟的合同经验，从而使其成为商家的最佳选择，如今的网络购物合同、电子邮箱服务合同等均属于这种类型。存在的主要问题是，点击合同从其性质本身就存在着双方当事人的地位不平等的事实，加之法律的漏洞和个体的趋利性使得提供点击合同的一方当事人可以凭借其优势地位任意解释协议，而对方当事人只能被动地概括接受或放弃。

(二)拆封合同(shrink-wrap contract)

通常，在涉及互联网服务供应商订约，或通过允许在线下载软件或直接连通互联网上网服务供应商在线购买软件或其他数字化信息的情况下，用户的计算机屏幕上会出现一则信息，要求用户点击某一图标以表示其同意许可协议的条款，用户需要使用鼠标点击屏幕上的相关按键以表明其是否承诺，除非点击这一图标，否则不可能在此之前获取或使用产品。这种由卖方在包装中附加告知消费者的通知，消费者在获得软件之前被要求先审查授权协议，如果按下同意按键，才可以安装下载软件，一旦下载安装即表明消费者对卖方的授权条件作出承诺的合同被称为拆封合同。作为电子格式合同的一种，拆封合同主要出现在软件销售交易中，随着软件销售的日益普及，使用拆封合同进行计算机软件的交易已经成为各国软件行业普遍的商业惯例。

(三)浏览合同

浏览合同是指网络用户或购买人通过浏览网页等行为订立的合同。网络服务提供者在网页上提供一个超链接，指向放在其他网页上的合同文本，网络用户点击超文本链接后，合同条款就展示在用户计算机屏幕。网络用户浏览网站主页或继续进行其他相应操作的行为视为阅读、理解并遵守这些合同条款，无需点击"我同意"或"我接受"按键。浏览合同不出现在用户当前屏幕上，用户没有被强迫接受或拒绝合同条款并以此作为继续进行交易的条件。用户无需看到合同内容，就可以享受相应的服务或权利，通常用户甚至没有意识到合同已经订立。

三、电子格式合同的效力

(一)免责条款的效力

免责条款是指在电子商务合同中用以排除或限制一方因违反合同、疏忽或违反其他义务的民事责任范围的条款。免责条款作为格式条款的一种，因涉及当事人责任和风险的分配，法律对其要求更为严格。由于网络购物环境的特殊性，商家应以特别明示的方式合理地提请消费者注意，经营者应对网上格式免责条款履行严格的提请注意义务。我国《合同法》第 39 条规定，采用格式条款订立合同的，提供格式条款的一方应采取合理的方式提请对方注意免除或者限制其责任的条款，按照对方的要求，对该条款予以说明。

如何判断格式合同提供者是否已经切实尽到了合理地提请合同相对方注意的义务，目前法律对此并无具体的规定。一般认为，可以从以下几个方面进行判定：比如，网页的外在表现形式是否足以引起对方注意；提请注意的方式是否是对方能够理解的方式；提醒注意的文字语言的清晰明白程度；提起注意的时间应当在合同订立之前或过程当中；如果提供方要求接受方对已提示或说明的格式条款予以签字确认的，还应当对确认所产生的法律后果予以说明。网络商家作为条款的提供方对于合理提醒注意义务的履行并不意味着条款的必然有效。

我国《合同法》第 39 条规定："采用格式条款订立合同的，提供格式条款的一方应当遵循公平原则确定当事人之间的权利和义务。"我国《合同法》第 40 条规定："格式条款具有采取欺诈、以合法形式掩盖非法目的、损害社会公益、违反法律行政法规的强制性规定、造成对方人身伤害、因故意或重大过失造成对方财产损失等情形的，或提供格式条款的一方免除其责任、加重对方责任、排除对方主要权利的，该条款无效。"该条肯定了相对人请求撤销格式条款的权利。"免除其责任"应当理解为免除格式条款提供者的法定责任，即法律上有强制性规定的法律责任；"加重对方责任"应当理解为按照正常的交易习惯，对方当事人不应当承担的合同义务；"排除对方主要权利"应当理解为排除对方当事人依法享有的法定权利和足以影响对方当事人实现合同目的的权利。此外，《消费者权益保护法》第 24 条规定："经营者不得以格式合同、通知、声明、店堂告示等作出对消费者不公平、不合理的规定，或者减轻、免除其损害消费者合法权益应当承担的民事责任。格式合同、通知、声明、店堂告示含有前款所列内容的，其内容无效。"这些规定均是我国法律中限制格式条款中免责条款的效力规定，对于保护弱势的合同当事人具有重大的意义。

(二)格式化管辖条款的效力

《民事诉讼法司法解释》第 31 条规定："经营者使用格式条款与消费者订立管辖协议，未采取合理方式提请消费者注意，消费者主张管辖协议无效的，人民法院应予支持。"《合同法》规定采用格式条款订立合同时，提供格式条款的一方应采取合理的方式提请对方注意免除或者限制其责任的条款，按照对方的要求，对该条款予以说明，同时规定了格式条款无效的情形。但是，民事诉讼法在协议管辖条款中，并没有规定上述内容。实践中，经营者往往通过格式条款强行订立管辖协议，约定在合同提供方有利的法院管辖或解决纠纷，严重妨碍了消费者维护自身合法权益，尤其是在电子商务领域，将会加大消费者的诉讼成本。因此，为了对消费者管辖利益进行保护，对经营者未采取合理方式提醒的，对消费者解决纠纷不利的管辖条款或协议，消费者可以主张无效。

四、电子格式合同的解释

在电子商务中，经营者经常在格式条款中规定，对格式条款理解有争议的，最终解释权归经营者享有，比如，用"本公司拥有最终解释权"这类措辞，对合同的模糊条款做出对提供方有利的解释。此时经营者既充当了规则的制定者，又是规则的解释者，一旦发生纠纷，对买方极为不利。我国《合同法》对格式条款的解释作出了明确规定，该法第 41 条规定："对格式条款的理解发生争议的，应当按照通常理解予以解释。对格式条款有两种以上解释的，应当作出不利于提供格式条款一方的解释。格式条款和非格式条款不一致的，应当采用非格式条款。"该条款中所使用的法律术语是"应当"一词，据此可知该规则中所规定的具体行为方式是以积极义务为内容，属于法律的强制性规定，当事人之间不得变更。因此，电子商务经营者在格式条款中规定的"最终解释权"条款因违反了法律的强制性规定而归于无效。

第五节　电子错误

一、电子错误的定义

电子错误是电子合同中特有的概念。关于电子错误的定义，我国学术界目前并没有统一的观点，其分歧的焦点主要集中在电子错误的范围上。例如，有学者认为，电子错误是指消费者在使用信息处理系统时，因为没有提供合理的方法删除、更正或避免错误，而在电子信息中产生的错误。也有学者认为，电子错误是指信息系统的使用者在使用系统的过程中输入了错误的指令，从而发出了错误的信息。还有学者认为，电子错误是指利用信息处理系统进行交易时所产生的错误，包括信息处理系统自动运行而发生的电子意思表示错误和利用信息处理系统的表意人的意思表示错误。

电子错误的根源在于合同效力取决于当事人意思表示真实这一基本的合同法原理。从广义的角度来看，电子错误应该包括缔约过程中发生的一切可能与当事人真实意思表示不一致的情况，包括当事人对合同的认知或者理解差异所导致的错误，以及由于电子传输手段的技术原因所导致的系统错误。但是，由于当事人的认知错误和因理解差异导致的错误等，只是传统合同错误的电子化表现形式，完全可以依照传统合同法律规范中的重大误解来处理，因此没有必要将其归为电子错误的范畴。电子错误的法律规则应该对电子环境下产生的特殊问题进行规范。电子错误由于具有不同于纸面环境下交易的新特点，因而需要制定特殊的规则。电子错误是指在使用电子信息系统处理、传输电子信息时，由于电子系统故障而导致的电子信息处理、输入的失误，以及消费者使用未提供合理检测、纠正或避免错误的电子系统所导致的错误。

二、电子错误的相关立法

(一)国内层面的立法

1. 美国统一州法委员会《统一计算机信息交易法》(英文简称 UCITA)

在 UCITA 中，有关电子错误的规则是 UCITA 第 214 条"电子错误，消费者的抗辩"。UCITA 第 214 条规定："(1)在本款中，"电子错误"是指如没有提供检测并纠正或避免错误的合理方法，消费者在使用一个信息处理系统时产生的电子信息中的错误。(2)在一个自动交易中，对于消费者无意接受，并且是由于电子错误产生的电子信息，如消费者采取了以下行为，即不受其约束：①于获知该错误时，立即(a)将错误通知另一方；以及(b)使所有的信息拷贝交付给另一方，或，按照从另一方收取的合理指示，将所有的信息拷贝交付给第三人，或销毁所有的信息拷贝；且②未曾使用该信息，或从该信息中获得任何利益，也未曾使信息可为第三方获得。(c)如(b)款不适用，电子错误的法律效果由其他法所决定。"

为了避免消费者在从事网络交易时因电子错误而丧失其撤销或解除合同的权利，UCITA 不仅对电子错误进行了定义，对消费者在使用信息处理系统时，由于没有提供合理的方法删除、更正或避免错误，而在电子信息中产生错误的情形进行了规定，还加入了保护消费者的特别规定，集中体现了保护消费者利益的原则。根据 UCITA 第 214 条，在经营者未在其信息处理系统上提供发现并纠正或避免电子错误的合理方法的情况下，如果发生了消费者不愿意接受的电子错误，且消费者采取了以下行动，则不承担任何责任。一是在知悉电子错误时立即通知交易对方并将所有的信息拷贝交付给交易对方或根据其指示交付给第三人，或销毁所有信息拷贝；二是消费者未使用该信息，也未从中获取任何利益。该条率先对电子交易中人为错误的责任承担进行规定，为消费者提供了一种抗辩的理由，使消费者在满足上述条件时，有权主张不受该电子信息的拘束，从而大大鼓励了消费者对电子交易参与的信心。但是，随着电子代理技术的发展，尤其是移动电子代理人用于商业领域之后，电子交易中的错误将会变得更为复杂，笼统而过于简单的规定已不足于应对各种纷繁复杂的情形。

2. 美国国会《统一电子交易法》(英文简称 UETA)

考虑到电子代理人在进行交易时可能因为数据传送过程发生错误或其他人为因素而采取一些当事人不可预料的行为，UETA 在第 10 条对自动交易中人为因素发生变动或错误时的责任承担问题进行了规定。UETA 第 10 条第 2 款规定："在涉及个人的自动交易中，该个人可以使在与另一方当事人的电子代理人进行交易过程中源于本人错误的电子记录不产生效力，如果该电子代理人未能提供预防或纠正错误的机会并且在该个人知悉此错误时，该个人：(A)立即向另一方当事人通知此项错误和其不欲受另一方当事人所收到的电子记录拘束的意思；(B)采取合理步骤，包括采取符合另一方合理指示的步骤，向另一方返还由于错误的电子记录所收到的对价，或者根据另一方当事人的指示，销毁此对价；且(C)没有从另一方当事人收到的对价中使用或接收的任何利益或价值。"不仅如此，该条还规定如果在错误发生时，上述规定不适用，可以适用其他法律，包括"有关错误的法律"和当事人之间的合同，从而确定了电子代理人发生错误时适用的实体法。不像 UCITA，UETA 更加重视双方权利的平衡，而非只是侧重于消费者权益的保护。

3. 加拿大《统一电子商务法》

为了促进信息技术在商业实践中的运用，解决法律不确定性给电子商务发展带来的障碍，加拿大《统一电子商务法》对自然人与自动信息系统进行交易时发生的错误作了规定，明确了自然人发生实质性错误的情况下该人不受合同约束的条件。加拿大《统一电子商务法》第 22 条规定："在自然人与另一人的电子代理人订立的电子文件中，如果该自然人在文件中存在实质性错误，且存在下列情形，则该电子文件没有法律效力且并不可执行：(a)电子代理人没有向该自然人提供防止或纠正错误的机会；(b)该自然人在知悉错误后按实际可行尽可能快地通知另一人，指出自己在电子文件中存在错误；(c)该自然人采取了合理步骤，包括按照另一人的指示返还由于错误所收到的对价，或依指示销毁该对价；且(d)该自然人未从另一人收到的对价中接收任何实质性利益或价值。"与美国的 UETA 相比，该法没有规定交易双方事先就错误检验程序达成协议情形下发生错误的后果，而是根据衡平法上的错误免责规则，确立了电子错误方面的消费者免责制度，这种制度不仅有利于避免和解决电子商务实践中发生的纠纷，鼓励交易双方对电子交易的参与，同时也更好地保护了消费者的合法权益。

(二)国际层面的立法

1. 欧盟《电子商务指令》

欧盟理事会和欧盟议会《关于内部市场中与信息社会的服务特别是电子商务有关的若干法律问题的指令》(欧盟文件将该指令简称为《电子商务指令》(E-Commerce，RL 2000/31/EC))第 10 条规定，各成员国在其国内立法中须规定，除当事方均为专业人员且另有规定，服务供应商应在合同缔结之前明确无误地对点击合同的缔结方式给予解释说明。这些应预先说明的系统信息包括：(1)订立合同的各种技术步骤；(2)合同订立后是否存档备案以及是否可以查询；(3)修正人为错误的技术手段；(4)合同订立系统的操作语言。并且，该预先信息的提供应达到使交易对方可以对其进行存储和复制的程度。

《电子商务指令》对系统服务提供者规定了非常严格的"预先信息义务",电子交易中自动信息系统提供者在与之交易的另一方发出订单之前就应该将所有可能与交易有关的系统信息提供给对方,使其充分了解。如果没有提供"修正人为错误的技术手段"将与缺少合同的订立以及存档查阅等实体性规则等合同的必备条款一样,最终影响合同是否有效成立。此外,《电子商务指令》还对系统服务提供者应保证系统具备纠错功能的义务作了进一步的规定。根据第 11 条第 2 款,各成员国须在国内立法中规定,除非当事方均为专业人员并另有约定,服务提供者有义务向服务获取方提供恰当、有效和易行的手段使后者了解合同订立前曾出现过的人为错误和意外形成的交易,以便后者予以补救。合同订立的总体条件和特别条件都应告知消费者,且便于后者存储和复制。欧盟各成员国应确保其本国的电子交易系统服务提供者在交易对方发出订单前,为其提供合理、有效和切实的方法,使其可以识别和更正输入错误。

欧盟《电子商务指令》在对电子输入错误的救济上,意在事前预防,从源头上防止其发生。其具体的措施是,为自动系统服务提供者规定了非常严格的义务。作为电子交易中的服务提供者,他们不仅需要提供有效的纠错功能,而且必须在交易开始前就使交易对方充分知悉,指令通过强调信息系统服务提供者的服务意识,以此降低电子错误发生的风险,从而保护交易双方的合法权益。根据《电子商务指令》的适用范围,其规定既适用于 B2B 的交易,也可以适用于 B2C 的交易。虽然在许多针对电子交易的特别规则中,《电子商务指令》也规定了 B2B 交易的各方可以另行约定而不必遵循该指令中的规定。但是,考虑到消费者相对于生产商和经营商通常会处于弱势地位,凡是涉及消费者的法律规定,欧盟《电子商务指令》基本上都对货物或服务提供一方施予更多更重的义务以保障消费者的权益。《电子商务指令》第 10 条和第 11 条的这种只为信息系统服务提供者规定严格的"预先信息义务"的做法,无疑充分体现了欧盟指令在消费者利益保护上的倾斜。如果各成员国的信息系统发展存在差异,而消费者又无法了解电子交易的流程以及自动交易系统的真实性和可靠性,则会影响到消费者对电子交易的信心,从而阻碍电子商务的发展。因为消费者只有在相信自动系统交易和传统交易方式一样安全和可靠时才愿意采用电子交易的方式。这种建立在欧盟高度一体化的背景之下,通过发布指令,以欧盟高度一体化的组织作为规则实施的依托,在欧盟内部统一强制性地要求系统服务提供者以预先公示的方式告知消费者有关交易系统,包括其具备纠错功能的信息的做法,不仅有助于消除各成员国相关法律之间的差异,为欧洲电子商务的发展扫清法律障碍,有利于消费者在电子合同订立前评估系统和服务,增强了法律的确定性和消费者的信心,而且可以以高标准的信息提供义务推动电子交易的规范化,大大促进欧洲电子商务的发展。

2.《国际商事合同通则》

《国际商事合同通则》(以下简称《通则》)在第3.4条、第3.5条和第3.6条不仅对错误的定义,而且对错误的后果作了实质性的规定,被认为是目前最为完整的有关错误的国际立法。《通则》规定,错误是指对合同订立时已经存在的事实或法律所做的不正确的假设。(1)一方当事人可因错误而宣告合同无效,此错误在订立合同时如此之重大,以至于一个通情达理的人处在犯错误之当事人的相同情况下,如果知道事实真相,就会按照实质不同的条款订立合同,或根本不会订立合同,并且(a)另一方当事人犯了相同的错误,或造成如此错误,或者另一方当事人犯了相同的错误,但却悖于公平交易的合理商业标准,使错误方一直处在错误状态之中;或者(b)在宣告合同无效时,另一方当事人尚未依其对合同的信赖行事。(2)但是,一方当事人不能宣告合同无效,如果(a)该当事人由于重大疏忽而犯此错误;或者(b)错误与某事实相关联,而对该事实发生错误的风险已被设想到,或者考虑到相关情况,该错误的风险应当由错误方承担。在表述或传达一项声明过程中发生的错误应视为作出该声明之人的错误。①《通则》规定了一方当事人根据单方错误废止合同权利需要满足的实质性条件。错误方除了必须证明另一方当事人知道或理应知道此错误外,还必须证明依据公平交易的合理商业标准另一方当事人就此错误负有告知的义务。如果在表述或传达一项声明中发生错误,应视为作出声明一方的错误。如果此错误满足了第3.5条的规定,则作出声明的一方可以主张合同无效。

《国际商事合同通则》关于错误的规定能否适用于电子订约中的错误,学术界存在不同的观点,有学者认为,虽然《通则》形式上没有关于电子通信或数据电文等有关电子订约或电子合同的用语,但其规定并非禁止或限制用于电子订约;有学者认为,《通则》关于合同错误的规定可能会干涉电子订约中的合同法的观点,而且考虑到法律制度重复的风险,对于专门涉及电子商务的文书来说可能并不合适。② 也有学者认为,鉴于电子订约本身的特性,电子订约错误可以借鉴但不能完全适用,原因之一在于《通则》规定重大疏忽不能宣告合同无效,这条规定本身并不利于诚信一方合法权益的保护,无助于建立公平有序、诚实信用的交易秩序。原因之二在于,《通则》对表述或传达错误责任归属的规定。如果规定在发生表述或传达错误的情况下,责任一味地由作出该声明的人承担而不给予其他的任何救济,此规则运用于网络环境下,会给发端方造成不利的影响,不利于网络环境下当事人

---

① [美]E. Allan Farnsworth. 美国合同法(原书第三版)[M]. 葛云松,丁春艳译. 北京:中国政法大学出版社,2004:616.

② 参见电子商务工作组第三十九届会议 A/CN. 9/WGIV/WP. 96,电子订约:一项公约草案的条文,第4页,以及电子商务工作组第四十一届会议 A/CN. 9/WGIV/WP. 101,电子订约:一项公约草案的条文(国际商会的评论),第3页。

权利的保护。诚然，《通则》所指的错误并不专指电子错误或者电子交易中发生的其他错误，《通则》也不是国际性公约，不具有强制性。它只是一个参考性的、示范性的法律文件，完全由各国在国际立法时根据实际情况决定是否接受和供合同当事人自愿选择适用。但是，正是因为《通则》的这一性质特点，决定了《通则》与其他国际立法不同，它可以大胆地对电子错误的法律后果等实质性问题进行规定，而且，由于它尽可能地兼容了不同文化背景和不同法律体系通用的法律原则，同时还总结和吸收了国际商事合同中所广泛适用的惯例和规则，因此具有非常重要的意义。

3.《国际合同使用电子通信公约》第 14 条

2005 年 11 月 23 日，联合国大会第 60 届会议以 21 号决议（A/RES/60/21）通过的《国际合同使用电子通信公约》（以下简称 UECIC）第 14 条规定："（1）一自然人在与另一方当事人的自动电文系统往来的电子通信中发生输入错误，而该自动电文系统未给该人提供更正错误的机会，在下列情况下，该人或其所代表的当事人有权撤回电子通信中发生输入错误的部分：（a）该自然人或其所代表的当事人在发现错误后尽可能立即将该错误通知另一方当事人，并指出其在电子通信中发生了错误；且（b）该自然人或其所代表的当事人既没有使用可能从另一方当事人收到的任何货物或服务中所产生的任何重大利益或价值，也没有从中接收任何重大利益或价值。（2）本条中的规定概不影响适用任何可能就除了第一款中所提到的错误之外的任何错误的后果作出规定的法律规则。"①

具体而言，UECIC 第 14 条主要包含以下几个方面的内容：（1）电子错误的主体限于自然人且是与自动电文系统发生通信往来的自然人；（2）电子错误的范围限于人为的"输入错误"，自动电文系统错误除外；（3）对电子错误的救济表现为当事人撤回权的行使而非更正错误；（4）撤回权的行使必须满足两个必要条件：一是尽快通知对方当事人；二是没有使用或获得任何重大利益或价值。

（三）电子错误国际国内立法的比较

综合上述立法，它们各有优势，但存在不足，主要表现为以下几个特点：

1. 对电子错误没有明确和完整的定义

电子错误具体表现为哪些形式以及其涵盖的范围不太清楚。即使有的立法规定了电子错误的概念，也仅仅是表述了电子订约错误的某些表现形式，不能将电子错误完全概括。如《国际合同使用电子通信公约》只是规定了输入错误，其他电子订约错误则无规则可依。《统一电子交易法》虽然对电子订约错误进行了界定，但不能概括电子错误的表现形式。

---

① 参见 UNCITRAL 电子商务工作组第三十八届会议工作报告［Z］. A/60/17, 20050504-15. 104.

2. 在当事人利益保护方面体现出不同的价值趋向

欧盟《电子商务指令》考虑到消费者相对于生产商和经营商通常会处于弱势地位，凡是涉及消费者的法律规定，基本上都对货物或服务提供一方施予更多更重的义务以保障消费者的权益。美国和加拿大源于衡平法中的错误免责规则，通过赋予消费者以抗辩权，激励和督促企业经营者建立错误更正程序的方式来保护消费者不受电子错误产生的信息的约束。UECIC 则将涉及消费者的电子交易排除在调整范围之外，在电子通信错误方面的规制也仅限于 B2B 之间。

3. 规定的内容和范围存在差异

首先，《国际商事合同通则》大胆地对电子错误的法律后果等实质性问题进行了规定，并尽可能地兼容了不同文化背景和不同法律体系通用的法律原则，同时还总结和吸收了国际商事合同中所广泛适用的惯例和规则。但 UECIC 第 14 条以及欧盟《电子商务指令》都不直接处理差错对于合同有效性的影响，而是引导公司制定可发现并纠正电子合同谈判中的差错的程序，或是采用制定提倡最佳商业做法的条款的方法来解决电子错误问题。其次，UECIC 第 14 条与欧盟《电子商务指令》也有所不同。《电子商务指令》规定了一种积极的义务，UECIC 第 14 条与美国《统一电子交易法》和加拿大《统一电子商务法》一样都规定了一种非强制的消极义务。分析其原因，主要是因为《通则》不是国际性公约，不具有强制性，它只是一个参考性的、示范性的法律文件，完全由各国在国际立法时根据实际情况决定是否接受和供合同当事人自愿选择适用。它不需要考虑各国在此内容上的差异而影响通则的效力。另外，《电子商务指令》有一个已经存在的高度一体化的组织作为规则实施的依托，如果在 UECIC 制定之初即把纠错功能的提供义务作为一项积极的强制性义务规定下来，必将为一些国家所无法接受而不利于其得到更广泛的推广。在这个意义上，虽然 UECIC 制订的宗旨在于为国际电子商务的发展提供统一规则，但要达成世界范围内在电子商务所涉法律问题上的统一认识，应该是一个循序渐进的过程。

三、人为电子错误

（一）人为电子错误的界定

所谓人为错误，主要是指输入、点击等操作错误，是行为人在使用电子通信过程中发生的错误，是一种不可归责于相对交易人的错误。其具体表现为当事人由于疏忽而在电子记录中传达了与其意思不一致的信息。比如，卖方由于输入错误而对产品标示了错误的价格，或者消费者在网上定购商品时将商品的型号、数量等信息输入错误并发送给对方等。在纸面环境下，错误较容易发觉，而且一旦出错还可以纠正。在电子订约情况下，电子通信的传输过程很快，整个过程到涉及自动电文信息系统的应用，这些系统按照预先设定的程序运行，其发生输入错误的可能性要远远大于传统纸面环境，而且输入错误也不易被觉察和更加难以纠正，当事人以撤回方式进行补救的机会很小。

(二) 人为电子错误的行为归属

近年来，因为人为输入错误导致的电子商务纠纷很多。比如，相继发生的两次卓越亚马逊定价错误事件。

2009 年 12 月 23 日，知名购物网站卓越亚马逊近 500 种原本售价数千元、数百元的图书一律售价 25 元，全场包邮费，引来网友疯抢。但到同日上午 10 时左右，这些订单在网友不知情的情况下，被卓越网单方面以"内部 IT 系统故障造成，并非真实促销信息"为由取消，并同时全部恢复原价。多数网友认为，用户既然完成了订单流程，与卓越网的购物合同就成立了，就应该发货给用户，无论是否属于价格标错，因网站系统出现故障导致的错误和后果，应该由网站自行承担。没有征得用户同意便单方取消已确认发货的订单，侵害了用户作为消费者的权益。但卓越网方面认为，卓越亚马逊的客户服务中心在发给订购者邮件的信末注意栏中有一行小字，"此订单确认信仅确认我们已收到了您的订单，只有当我们向您发出送货确认的电子邮件通知您我们已将产品发出时，订购合同才成立。""如果您在一份订单里订购了多种产品，而我们只给您发出了其中一部分产品的发货确认电子邮件，那么只有这部分产品的订购合同成立；直到我们向您发出其他产品的发货确认电子邮件，您关于其他产品的订购合同才成立。"网站系统故障属于外在因素，卓越网有权取消由故障导致的订单。

2010 年 1 月 23 日晚，同样是在卓越网上，河北石家庄的消费者李先生在卓越网看到一款自称具有"通过美国军事规格测试、防撞击、资料安全加密、一键备份"等多种功能的 320GB 移动硬盘，市场售价 559 元，此处只售 118 元的信息，便立即通过网上支付货款的方式购买了两个，但 1 月 25 日下午，李先生却发现卓越网单方面取消了自己的订单。当他向该网站客服提出疑问，工作人员的答复是，在卓越网上购买的移动硬盘价格出现错误，如果仍想购买这个商品，可以根据正确的价格再次购买。李先生认为自己的权益受到侵害，向石家庄市裕华区人民法院提起诉讼，要求卓越网履行合同并承担违约责任。

短短一个月间，卓越网两次以"错标商品价格"为由，单方取消订单，引起众多网友不满，网络纠纷持续不断。事实上，除了卓越网，电子商务网站近年来因为报价错误而"自摆乌龙"的事件并不鲜见，比如，东航售出"20 元"特价机票事件、京东错价门事件。有的商家基于商业信誉的考虑去承兑错误定价的订单；有的则做出一些价格和利益上的调整或者干脆直接否定其责任。

从前述一些国家立法和国际立法来看，人为电子错误的法律效力和责任归属主要是基于两种思路，即要么从经营者的角度规定其义务，要么从消费者的角度规定必要的救济措施和步骤来防范和救济电子错误，或者两者兼之。《国际合同使用电子通信公约》规定，如果自动电文系统没有提供更正设施，而此时如果交易相对人发生了输入错误，但能及时告知并指出，且没有从中受益的话，就可以撤回错误部分，即规定了相对人在一定条件下的免责权。美国《UCITA》第214条规定，在经营者未在其信息处理系统上提供发现并纠正或避免电子错误的合理方法的前提下，发生消费者不愿意接受的电子错误时，如消费者采取了以下行动，则不承担任何责任，一是在知悉电子错误时立即通知交易对方并将所有的信息拷贝交付给交易对方或根据其指示交付给第三人，或销毁所有信息拷贝；二是消费者未使用该信息，也未从中获取任何利益。美国的《UETA》规定，如果当事人已约定使用某一安全程序用以检测改变或错误，且一方执行了该改变或错误，而另一方没有执行，并且未执行方如执行本应能检测出这一改变或错误，则该被改变的或错误的电子记录对于执行方不产生效力。

我国学者普遍认为，可以借鉴公约和国际立法的规定，解决人为电子错误的行为归属问题。比如，高富平教授认为，对于在电子通信中发生输入或操作错误，如果该通信系统并未为发生错误的当事人提供更正错误的机会，则发生错误的当事人应当立即将该错误通知另一方当事人，指出电子通信中的错误，并有权撤回电子通信中发生错误的部分。如果发生错误方已经接受了另一方当事人的给付或者交易已经及时履行，则该错误不可撤销。

现行合同法将当事人疏忽导致的错误定为重大误解，因重大误解引起的合同允许当事人撤销或变更。根据衡平法理论，如果一方当事人的错误对另一方还没有造成损害，则该方当事人还没有从另一方处获取利益，从公平的角度应当允许错误方改正其错误以避免错误方遭受不利的后果。电子商务中，在使用计算机和网络处理信息的过程中，非因自己故意导致的这种错误，也应当给予更正的权利或机会。因此，如果自动信息系统是由商家提供的，设计和提供自动信息系统服务的商家一旦为使用人提供了更正的机会，则使用人应当及时撤销、更正错误信息，避免错误的信息产生法律效力。如果系统没有提供必要的电子错误更正设施，当事人无法更正，此时产生的责任不能由消费者承担，当事人可以撤回该部分电子通信，当然，这种撤回必须首先尽快通知他方当事人，如果已经从他方收到了商品或服务，必须是还没有使用商品或服务，且没从商品或服务获取任何实质性的利益或价值。只有在满足这两项条件的前提下才可以撤回。这种在法律上赋予消费者特殊抗辩权从而使消费者免受电子错误产生的信息的约束的做法是与网络的虚拟性和快捷性相适宜的。

输入错误的电子通信并不当然无效，因为规定所有的人为错误都无效，不利于保护交易相对方的信赖利益，也不利于当事双方利益的平衡。通常在发生人为电子错误的情况下，由于信息内容不是当事人的真实意思表示，应当允许当事人在合同成立之前撤回其信息，允许错误当事人撤回错误是为了保护错误的一方当事人，撤回错误信息的结果是使发送的信息不产生法律效力。在合同成立或生效后，可以撤销其法律行为。撤销则使发生法律效力的信息归于无效。显然，撤销错误信息的难度要远远大于撤回错误信息。实践中，人为错误的认定是需要证明的，一项错误是否属于人为电子错误以及是否有机会更正，都需要根据具体情况和相关事实加以判定。

一般来说，输入错误的电子通信需满足下列条件时发生效力：(1)如果信息系统提供了更正错误的机会，但当事人没有及时更正，导致交易相对人的信赖且已经开始履行了信息要求的行为。(2)信息系统当事人没有提供更正机会，当事人丧失撤回权即更正或撤回的前提条件丧失，或者当事人没有行使这样的权利。上述两种情形下，为了保护善意第三人的利益，应当认定合同依法成立，但当事人可以以重大误解为由，申请人民法院撤销合同。

四、自动信息系统错误

(一)自动信息系统错误的概念和特点

所谓自动信息系统错误，也称网络平台错误，是指计算机系统或网络系统在自动运行的过程中发生的错误，此类错误是由于技术原因导致的。当事人的意思表示没有错误，只是因信息系统技术原因导致对方收到的意思表示与当事人的真实意思不符。比如，消费者在网上订购100台机器，但自动信息系统却识别为1000台并作出承诺。

自动信息系统错误主要表现为以下几个特点：(1)电子错误的发生与当事人的主观意思及客观行为没有关系。(2)当事人使用或指定的计算机信息处理系统进行信息传递或信息处理。(3)计算机信息处理系统的程序设置正当或不存在故意设置某一程序以改变原始信息的内容的情形，但由于系统本身的程序设计或运营故障导致使用人出错。比如，网络数据通信基础设施的故障导致数据交流错误或交易双方计算机硬件设施的故障和有关软件运行出错，或者导致整个系统或某些软件无法正常使用。(4)信息系统出现故障的原因很多，可能是系统设计问题，可能是短时间网络堵塞，可能是人为破坏等。

(二)自动信息系统错误的行为归属

关于自动信息系统错误的行为归属，有学者认为，自动信息系统错误应由使用人或控制人承担，此种责任在合同法上属于缔约过失责任或风险承担责任，即利用自动信息系统应当确保其运行无误或承担出错的意外风险。至于出错的真实原因是由于设计缺陷还是意外，只是该自动信息系统可否向生产者或销售者主张责任的依据，而与自动信息系统的支配者是否承担责任无关。

比如，联合国《电子商务示范法》第13条第2(b)款规定："就发端人与收件人之间而言，数据电文由发端人设计程序或他人代为设计的一个自动运作信息系统发送，应视为发端人的数据电文。"根据该条规定，电子通信的发件人应对其发出的通信负责，通常情况下，只要程序是从发件人的信息系统发出的，经发件人设定或代表发件人的自动信息系统自动采取的行为将同等视为发件人的行为，产生的责任将由发件人承担。也就是说，不论实际是由谁发出，不论其是否反映发件人的真实意思，发件人都要对该电子信息造成的后果负责。

此外，在对《国际合同使用电子通信公约》草案的讨论过程中，联合国电子商务工作组重申了《示范法》确定的由发件人承担责任的原则，但是指出，《公约》第 12 条是一项赋权条文，不应被错误地解释为允许自动信息系统或计算机成为权利和义务的主体。由自动信息系统或计算机未经人工直接干预而自动生成的电子通信，应被视为"源自于"电文系统或计算机的操作所代表的法律实体。任何此种差错终应归属经由此种系统代为处理事务的当事人负责。如果自动信息系统以其所代理的当事人无法合理预期的方式产生了错误的行为，则该项原则理应有所松动。有与会代表认为，在考虑自动信息系统所代表的当事方的责任限制时，应考虑到当事方对用来为该系统编程的软件或其他技术方面有多大程度的控制能力。

本书认为，通常情况下，自动信息系统作为一种程序，其行为模式不能逾越使用人预先设定的程序和条件，自动信息系统执行的是使用人的意思表示。自动信息系统的行为是根据使用人所设定的程序而产生的，使用人在设定程序的时候应该充分预见到可能发生的电子风险，并承担由于程序不完善等原因而导致的法律责任。除此之外，相比交易相对人而言，自动信息系统的使用人具有更多的向生产者或销售者追偿的机会，由自动信息系统的使用人承担信息系统错误比较合理。

随着计算机技术的飞速发展，智能自动信息系统也可能会具备独立判断的能力，并超出使用人的授权而行事，而此时，缔约的另一方知道或应该知道自动信息系统的使用人不可能同意合同的内容，仍然与该电子代理人签约，并最终由使用人来承担后果则可能会有失公允。因此，如果自动信息系统提供人自己使用并处于其控制之下，此时由使用人承担。如果所有人与使用人不一致或者使用人不是真正的系统控制人，比如，信息系统是由第三方交易平台提供，由网络用户选择使用并管理的，则该信息系统的行为后果由实际管理人或控制人承担，自动电文系统的当事人在多大程度上对其行为负责，取决于系统编程过程中所用的对软件或其他技术内容的控制程度等因素。

如果自动信息系统错误是由于技术水平有限或其他当事人无法预期的原因，即意外事件导致的，则系统的使用人或控制人原则上不承担责任。因为，此时仍归责于使用人或支配方，让其承担过多的责任，可能会使他们由于担心未来的风险而减少对自动信息系统的使用，电子代理技术的开发和研究也势必将裹足不前。反之，如果为了鼓励电子代理技术的发展而将风险转嫁于受损害的相对人，又会有失公平，不利于电子商务的健康发展。

五、我国电子错误的立法和实践

　　我国首例网上拍卖纠纷案就涉及信息系统发生故障时的责任承担问题。在该案中，原告是被告的拍卖网站的注册用户，原告按照被告网站上的拍卖公告参加了竞买，并通过竞价购得三台计算机，且网站的拍卖结果也确认了拍卖成交。原告于是向被告支付了三台计算机的价款，并等待被告交货。但当原告再次登录被告网站时，发现被告网站的拍卖公告中的拍卖周期已经延长，而且原告已经竞买的三台计算机仍在继续被拍卖，并且重新公布了拍卖结果。于是，原告起诉被告违约。在本案中，法院没有对电子错误的类型进行判定，而是直接认定是自动信息系统出错，从而根据任何此种差错终应归属经由此种系统代为处理事务的当事人负责的理念，判决该商业网站承担因此而造成的直接损失。实践中，自动信息系统故障的原因是多方面的，可能是由于被告设计、使用或管理不当，也可能是纯属不可抗拒的技术原因，如果一味地将错误归结为技术原因，使用人就会动辄借口故障而拒绝承担责任，反之，如果不加分辨，将所有情况下的错误都归于自动信息系统的使用人，也将有失公允，从而不利于以自动信息系统为媒介的电子商务的发展。

　　在电子交易的过程中，无论是自然人还是信息系统，出现错误都在所难免。由于网络的无纸化性、虚拟性和即时性，电子商务环境下出错的可能性要比传统纸面环境下大得多，而且电子错误更不易被察觉和更加难以及时纠正，一旦出现错误，对交易各方的利益将产生重要的影响。我国并没有电子错误的专门立法。我国关于合同错误的立法主要是《民法通则》和《合同法》中对于重大误解的规定。电子错误是在自动通信或电子代理人系统中产生的，电子错误虽然本质上属于合同错误的一种，但其具有不同于传统合同错误的特殊性，这就决定了电子错误问题不可能单凭重大误解的法律规定加以涵盖。在电子商务的发展过程中，错误的发生是不可避免的，而通过法律以公平合理的方式分配电子交易的风险就显得尤为重要。目前，许多国家的电子商务立法都对电子错误进行了原则性规定。为了更好地促进电子交易健康快速地发展，我国的电子商务立法理当充分考虑问题的重要性，尽快建立起我国的电子错误规则，以弥补法律上的空白。

　　第一，明确界定电子错误的定义和范围以及与之相关的概念。关于电子错误的定义，可以以《中华人民共和国电子商务法》(《示范法》)①为基础，该《示范法》规

---

　　① 中华人民共和国电子商务法(示范法)课题组. 中华人民共和国电子商务法(示范法)[J]. 法学评论，2004(4)：83-96.

定："电子错误是未提供合理方法检测并纠正或避免错误时，在使用信息系统的消费者创设的电子讯息中存在的错误。"但其涵盖的范围还须进一步扩大，具体表述为，电子错误是指在使用电子信息系统处理、传输电子信息时，由于电子系统故障而导致的电子信息处理、传输的失误，以及消费者在使用未提供合理检测、纠正或避免错误的电子系统中所导致的错误。

第二，对人为错误进行规定。对于人为错误，欧盟《电子商务指令》着眼于防范，即事先规定了经营者的义务，如果经营者没有履行义务，则应承担相应的责任。美国《统一电子交易法》着眼于事后补救，只要消费者采取了这些措施和步骤即可免责，确立了消费者免责制度。UECIC 则规定当事人只有在尽了尽快通知义务并且没有从中获取重大利益或价值的情况下，才可以撤回电子通信输入错误的部分。此处，对于输入错误部分，由于公约具有一定的合理性，因此可以借鉴其相关内容。对于输入错误以外的人为错误的规定，则可以结合欧盟的事前防范与美国的事后免责两个方面加以规定。一方面规定交易系统提供者有义务提供更正系统的义务，以此引导经营者向消费者提供完善的交易系统，从技术上保障对方当事人在发送错误的数据时能予以更正或避免错误的发生，从而鼓励计算机技术和通信技术在商务中的运用，并促进电子商务的发展。另一方面，规定只要消费者进行了交易系统指示下的操作并履行了通知及返还义务的当事人可以免责，从而保护消费者的权益。如果是消费者在使用未提供合理检测、纠正或避免错误的电子交易系统中导致的人为错误，由自动电文系统所代表的人承担发生错误的风险。如果是消费者在信息系统提供者提供了合理检测、纠正或避免错误的电子交易系统中导致的人为错误，消费者基于懈怠或重大疏忽而导致发生的错误，则属于消费者自身的重大过失，则不能主张免责。

第三，对信息系统错误进行规定。虽然在《国际合同使用电子通信公约》制定的过程中，秘书处审查关于电子商务的国内和国际立法后并没有发现就信息系统错误的后果作出规定的任何立法条款和先例，考虑到各国国内法实际情况不同，最终决定不制定统一的规则。但是，鉴于司法实践的需要以及这些问题的复杂性，我国的电子错误规则有必要对之尝试规定。具体来说，对于因当事人违反通信规则或交换协议以及非法入侵等行为造成系统故障，由此引起的损失由该当事人负责，但承担责任的范围仅限于直接损失。如果当事人没有违反通信规则，而是由于当事人对电子信息系统未进行必要的检测、维护而使该系统出现故障，则应由该故障信息系统所属的当事人承担。如果给对方造成了损失，还应承担一定的赔偿责任。但是，如果当事人双方都没有过错，则不用承担责任，此时，根据传统合同法中的不可抗力，由当事人在合同中作出约定或基于公平原则分摊责任。如果是由于网络服务商的原因导致错误，还应区分网络服务商的服务不同而有所区别。

第四，规定电子错误的救济措施。《国际商事合同通则》规定电子错误的救济措施是宣告合同无效,《国际合同使用电子通信公约》规定电子错误的救济措施是当事人在一定的条件之下享有电子错误部分的撤回权。为了与我国合同法相关理论和措词相一致,建议沿用我国传统的变更或撤销合同的救济措施。变更或撤销合同可通过协商为之,协商不成或未协商的,可向人民法院或仲裁机构请求变更或撤销合同。

☞ **案例讨论**

　　2012 年 9 月 5 日,被告某网站(以下简称✕网站)举办"名表新品折上最高立减 500 元"促销活动。2012 年 9 月 5 日上午 8 点,原告夏某按照网站的活动规则参加此活动,使用 3 张面额为 500 元的现金优惠券分别购买了 3 款手表——两款价格为 558 元的衣钵品牌运动休闲系列石英男表,一款价格为 780 元的海鸥牌百盘钢带自动机械男表。订单成功提交,但✕网站在 9 月 8 日以"不能采购到货"为由,删除了原订单。原告认为,订单已经提交成功,款项已付,在收到确认邮件时,合同的生效要件已经具备,合同成立并生效,被告单方面删除订单属于违约。

　　被告则辩称,✕网站的某个页面的右下角都有"使用条件"和"隐私声明"提示,这种提示在新用户注册时也有,"使用条件"中特别标明了"如果您在✕网上访问或购物,您便接受了以下条件",在合同缔结声明中也写明了"如果您通过我们网站订购产品,您的订单就成为一种购买产品的申请或要约。我们将发送给您一封确认收到订单的电子邮件,其中载明订单的细节。但是只有当我们向您发出送货确认的电子邮件通知您我们已将产品发出时,我们对您合同申请的批准与接受才成立。"也就是说,合同只有在确认发货的时候才成立。

　　法院经审理认为,✕网站没有对其所列的"使用条件"做出充分的、合理的提示,以提醒消费者注意这项特别约定,并判断选择是否从事此项交易,这种格式条款的实质赋予了被告单方面决定是否发货的权利并免除了其不发货的违约责任,对消费者的合同利益产生了实质的影响。由于对该"使用条件"没有尽到充分的提示义务,因此,应视为该条款没有订入双方之间的合同内容之中,对消费者没有发生效力。被告将所售商品的名称、型号、价款等信息详细陈列于其网站之上,内容明确具体,已经具备了要约的构成要件。夏某确认订单并付款的行为应视为对该要约的承诺,因此,双方合同成立并生效。被告应向原告交付三款手表,原告同时向被告给付价款。①

问题

　　1. ✕网站上所列的"使用条件"属于要约邀请还是要约?为什么?

---

　　① 案例来源于北京市朝阳区人民法院(2013)朝民初字第 1245 号民事判决书。

2. ×网站与原告签订的格式合同是否有效？为什么？

☞ **思考题**

1. 简述电子合同的概念和特征。
2. 简述电子合同书面形式的解决方法。
3. 简述电子合同的收发时间和地点。
4. 简述自动信息系统的界定和法律属性。
5. 简述电子错误的分类及其法律后果。

第五章 电子签名与电子认证法律制度

"书面形式"总是伴随着"签名"要求，在合同等书面文件上进行手写签名或者盖章，是传统法律的要求，书面形式订立合同都要求有双方当事人签字或盖章，合同才能成立。签字主要用于解决签字人的身份真实性以及签字人同意受所签署合同约束的表示等问题。在网络交易情况下，电子合同的无纸化性使手写签名几乎不可能，人们难以通过电子数据传递亲笔签名。此外，电子合同主体的虚拟性和电子信息的易变更性使得电子交易的主体更加难以确定，对方是否是合同的适格当事人，电子信息是否是由合同的相对方发出以及发出的信息是否完整都需要确认。电子签名与电子认证技术是信息和计算机技术为解决这些难题而开发出的功能和方法，如今，作为手写签字和其他传统认证方法的替代形式，这些功能和方法在确保信息的完整性以及使人们得以表明其有资格或得到授权，或具有利用某种信息服务或访问存储信息的权利确认方面发挥了重要作用。

第一节 电子签名法律制度

一、电子签名的概念

在纸质环境中，"认证"和"签名"这两个术语及其功能在不同的法律体系中有不同的含义，认证通常泛指对信息的来源和完整性所做的任何保证，"签名"是"一方当事人未使用的以构成其签名为目的的任何名称或符号。"在电子环境下，电子签名已不是传统意义上的用笔签署自己姓名的行为，它也不是亲笔签名的数字图像化，不是对亲笔签名扫描后经过复制粘贴在电子合同中的，它与亲笔签名没有形式上的联系，只不过是使用的目的和功能相同而已。信息和计算机技术开发了以电子形式将信息与特定的人或特定实体联系在一起的各种手段，以确保信息的完整性，或表明人们有资格或得到授权，以利用某信息服务或访问信息。有些国家将这些功能通称为电子签名方法或电子认证，但有些国家则对电子签名或电子认证加以区分。

联合国国际贸易法委员会《电子签名示范法》第2条对电子签名进行了界定："电子签名是以电子形式表现的数据，该数据在一段数据信息之中或附着于或与一段数据信息有逻辑上的联系，该数据可以用来确定签名人与数据信息的联系并且可以表明签名人对数据信息的同意。"除此之外，美国《统一电子交易法》也对电子签名作了界定。与联合国《电子签名示范法》相比，其外延更广，它不仅包括"数字签名"，还包括数字化的声音、书面签字、打字员使用的特殊符号以及电子邮件中使用的发信息如"发信人"的抬头等。在电子环境下，电文的原件与附件无法区分，电子信息处理速度之快，电子信息很容易在不被发现的情况下截获或篡改，导致欺诈的可能性更大。联合国国际贸易法委员会在审议电子签字统一规则的过程中，审查了所有目前使用或仍处于开发阶段的各种电子签字技术，考虑到这些技术的目的主要是要提供一些技术手段，借助于这些手段，将能够在电子环境下履行被认定为手写签字所独具的某些或全部功能，因此，公约将这些技术统称为"电子签字"。

二、电子签名的类型

电子签名的具体方式是多样化和开放性且在不断的发展之中的。所有能够与传统签名的功能相等价的电子签名方式，都可以包含其中，它包括了从普通的个人口令、密码，到数字签名，以及生物特征鉴别法等高级的电子签名方式。

(一)电子化签名(electronic signature)

这种签名将手写签名和数字化技术相结合，使用者在特别设计的感应板上用笔手写输入其亲笔签名，电脑感应后再经过密码化处理，将该签名资料与其所要签署的文件相结合，达到原先以纸张作为媒介时亲笔签名所要完成的签署和证明动作，使他人无法修改已经签署的文件。在没有经过授权的情况下，无法看到原本文件上的签名，对经过签署的文件的任何修改都会留下记录。在进行鉴定时，仍需要采用传统的笔迹鉴定技术，签署方要先把其签名样式交给公信单位留存，以备查验。这种方式的优点在于仍维持传统手写的方式，符合一般大众使用笔为书写工具及签名表示身份并确认意思表示的习惯。①

(二)生理特征签名(signature by biometrics)

生理特征签名是指一种把签名与用户的个人生理特征(如指纹、视网膜纹、脑电波或声波等)相联系的测定方法。采用这种方法必须首先收集用户的生理特征的测定样本，然后从这一样本中抽取生理测定数据，并创建一个参考模板，最后，将个人的生理特征测定数据与储存在参考模板上的生理特征数据进行比较，从而确认生理测定样本所涉及人的身份，并证实由该人发出的通信的真实性。

生理特征签名方法具有较高的安全性，也存在一定的缺陷，例如，要将用户的生理特征转化为电子资料的设备以及技术比较昂贵，如果要完成签名，还需要昂贵的软件和大量的计算机存储，需要事先建立庞大的资料库以供事后确认和比对，这

---

① 李双元，王海浪.电子商务法若干问题研究[M].北京：北京大学出版社，2003：68.

些过程所需的成本都很高。① 而且，生理特征测定方法也存在一定的风险，由于生理特征测定模式一般不能被废止，当测定系统失密后，合法用户不能追诉，只能废止身份查验数据，并转向另一套未失密的身份查验数据，有可能导致生物测定数据库的滥用。除此之外，生理特征测定技术的准确性也不是绝对的，因为生理特征有时候也会发生变化，并且测量可能导致偏差。而且，生理特征测定方法在测定数据的储存和披露中还可能出现数据保护和人权方面的问题，从而给用户的数据和隐私保护带来一定的风险。②目前来看，生理特征测定方法主要用在政府应用程序上，特别是执法应用程序上，诸如入关查验和进出控制方面。

(三)数字签名(digital signature)

数字签名是一种应用非对称密码系统对信息运作产生的转换体，它是随着加密技术的发展而产生的，是以确保电文的真实性，并保证这些电文内容的完整性的一种技术应用程序。数字签名技术是公钥加密体制(非对称加密体制)的一种应用，其加密密钥与解密密钥为两个不同的密钥，一把用来对普通文本加密，另一把用于将加密文本还原为普通文本，使用时，密钥使用者自己保存其中的一把，并对该密钥保密，这把密钥被称为"私钥"，另一把可以保存在系统目录、未加密的电子邮件服务、电话黄页中或公告牌上，向他人公开，这便是人们所说的"公钥"。这两个密钥是两个相互依赖的密钥。数据签名的主要运作方式是：信息发送者通过运行散列函数，生成一个欲发送报文的信息摘要，然后用所持有的私钥对该信息摘要进行加密以形成发送方的数字签名。这个数字签名将作为报文的附件和报文一起发送给报文的接收方。报文的接收方在收到信息后，首先运行和发送相联系的散列函数生成接收报文的信息摘要，然后再用发送方的公钥来对报文所附的数字签名进行解密，产生原始报文的信息摘要，通过比较两个信息摘要是否相同就可以确认发送方。通过数字签名能够实现对原始报文完整性的鉴别和不可抵赖性。

由于数字签名运作方式简便，成本低廉，安全性高，被认为是迄今为止发展最为成熟和完善的一类电子签名。有些国家在电子签名立法中直接制定数字签名法。可以说，数字签名方法为电子文件的广泛应用开辟了广阔的前景。不过，尽管存在这些优势，公用钥匙基础设施和数字签名方法在运用和实施的过程中仍然存在着一些问题。

虽然数字签名可以用来查验证书有效期间内创建的签名，但如果证书到期或被废止，则对应的公用钥匙就失去了有效性，即使配对私钥未失密也是如此。由于软

---

① 郭德忠. 技术特定与技术中立之争——电子签名立法模式之比较研究[J]. 湖南政法管理干部学院学报，2001(4)：46.

② 参见联合国贸易法委员会. 增进对电子商务的信心：国际使用电子认证和签名方法的法律问题(第56-57段)[Z]. 文件编号：C.09.V.4.

件、设备可能随着时间的推移而过时，包括电子签名在内的"原始"电子记录在一段时间之后可能变得不可阅读或不可靠。而且，随着加密分析的科学进展，签名查验软件可能在长时间内不可获得或文件失去其完整性，这就会给电子签名的长期保留带来问题，尽管数字签名曾经在一段时间内被认为是电子记录所必需的，但实践证明，该方法并非不会受长期风险的影响，既然在创建签名之后对记录的每一次修改都将导致签名查验的失败，则将来保留一份清晰记录的操作充足都可能影响到签名的持久性，从而导致数字签名也变得不安全。

数字签名和公用钥匙基础设施方法可能造成的另一个问题就在于数据安全和隐私保护方面。由于数字签名技术必须由第三方提供认证服务，由认证机构向签名人提供签名技术工具，颁发用于签名的证书，这就要求认证服务提供者必须安全保存用于在向其客户签发的证书上签名的钥匙，因为外人可能会企图未经核准利用钥匙，此外，认证服务提供者还必须从证书申请者那里获得一系列的个人数据和商业信息，而且认证服务提供者还必须储存这些信息以备日后之用，虽然相关法律也规定，这些认证服务提供者必须采取必要的措施以确保查阅这些信息时必须经过核准或符合有关的数据保护法律，但仍然会存在一定的问题。

此外，还有可能存在的问题是，其一，如果黑客冒充是对方当事人，并将自己的公钥谎称为相对人的公钥，假冒身份欺骗对方，从事非法活动，数字签名的安全性无疑会受到影响。其二，如果进行公钥加密通信的使用者无意间泄露了私钥、将私钥丢失、谎称私钥丢失或私钥被黑客截获等，将会面临由谁来承担风险的难题。其三，由于公钥加密属于高科技技术，有些国家对其进行严格的出口管制，这些措施也会在一定程度上限制对数字签名技术的运用，从而不利于其发展。也许，正是由于以公用钥匙设施为基础的数字签名存在着上述缺陷，即使是电子商务相对发达的美国，数字签名也没有被广泛采纳，而欧洲诸国的数字签名应用也仅限于电子银行等相关业务和电子政务。

三、电子签名的立法模式

截止到目前，在国际和国家两级电子签名采取的立法模式主要有三种：（1）是以犹他州《数字签名法》和我国香港《电子交易条例》为代表的技术特定模式；（2）是以联合国国际贸易法委员会的《电子商务示范法》《电子签名法》和《国际合同使用电子通信公约》为代表的技术中立模式；（3）是以新加坡等国为代表的两级或双轨模式。

（一）技术特定模式

所谓技术特定模式，是指在解决电子签名合法性问题上只承认满足了特定技术条件的电子签名为有效的签名手段，并赋予其法律效力。由于这种模式规定要采用一种特定的技术，因此也被称为"指示性模式"。电子签名的安全性是这种模式的重要考虑因素。这种模式的坚持者认为，以某种技术进行电子签名是安全的，因而该电子签名就应该在法律上是有效的。在现行的电子辨别技术中，计算机口令的安全系数不足，对称密钥加密不适应开放型市场的需要，而笔迹、眼虹膜网等辨别技术应用成本过高，唯有公开密钥加密（也叫数字签名）方法既安全可靠，又能适应开放型市场密钥分发的需要，而且成本不高，所以，数字签名是理想的电子签名技术方案，只有用公开密钥加密技术做出的电子签名才具有与手写签名同样的法律效力。例如，美国犹他州的《数字签名法》就确定数字签名为有效的电子签名形式，我国香港的《电子交易条例》也以较高的安全性为目标只承认在公用钥匙基础设施框架内创建的数字签名是有效的电子认证方式，并将之作为法定的电子签名技术予以确定。

在电子交易中，不可避免地会存在欺诈和传输错误等各种各样的安全问题，为了确保的完整性并保护计算机和信息系统以及电子交易的顺利进行，的确需要采取严格的安全措施以避免未经授权便获取数据等影响电子交易的行为。但是，即使以现有技术提供的最高安全性为目标也可能带来一定的弊端：其一，技术立法承担着一定的风险，偏向于采用某几种特定类型的电子签名，可能会使得其他或许更高级的技术无法进入市场参与竞争，导致技术垄断，阻碍技术在后期的积极发展，或因为后期的发展而迅速过时，造成技术开发与应用上的不公平竞争。其二，技术的进步性是相对的，拥有更先进技术的黑客将轻而易举地破译此种密码。而且，在电子商务市场开始但还不成熟的情况下，将某种技术标准化，无论是从技术的开发，还是公平理念上看都不合理。其三，如果采用公开密钥加密的方法，将密钥被冒用的责任风险全部推到持有人（通常是消费者）身上，既不利于对消费者的保护，也不利于电子商务市场的大众化。实践中可能的情况是，并非所有的应用都要求有可与某些具体技术如数字签名所提供安全性相媲美的安全程度。此外，对当事人而言，通信的速度和便利程度或其他因素要比通过任何特定程序确保电子信息的完整性更重要，要求使用极度安全的认证方法会造成成本和精力的浪费，进而可能阻碍电子商务的成长和电子认证技术的适用。

（二）两级或双轨模式

所谓两级或双轨模式，是指法律分别规定电子签名和安全电子签名，符合安全电子签名条件的任何签名技术都具有同样的法律效力。如果电子签名与认证方法满足较低的起码要求即可获得某种最低的法律地位，除此之外，某些电子认证方法（比如各种安全的、高级的或增强型的电子签名，或合格证书）在基础一级则具有较高的法律效力。高级签名适用于某些可反驳的推定，这些签名必须遵守一些可能与某种特定技术有关的特殊要求。采用两级体系的立法通常会从公用钥匙基础设施技术方面对这类安全签名加以界定，一般都会根据技术中立标准，授予电子签名与手写签名相同的功能地位。

从国际和国家两级层面来看，许多国家电子签名与认证立法采用了这种立法模式。例如，新加坡《电子交易法》、欧盟《电子签名指令》以及联合国贸易法委员会的《电子签名示范法》。

该模式认为，技术特定化模式具有前述缺点，而技术中立模式虽然可以包括各种电子签名的技术手段，但由于它过于宽泛，其中包括一些不具备传统签名基本功能或缺乏安全可靠性的电子签名手段，很难在电子商务实践中具体运用。两级或双轨的技术折中模式会比前两种模式更具有优越性，在可以享有电子签名法律效力和不享有电子签名法律效力之间确定一个安全标准，只有在法定机构经过法定程序评估后的电子签名技术才享有法律效力，这样，既可以保证当事方交易的安全，又可以让各种电子签名技术公平竞争，以产生安全程度更高、程序更简便而成本更低的电子签名技术。该模式一方面认为某些技术要求比较重要，但同时又希望为技术发展留出一定的空间。它们把从商业方面判断使用一种更安全方法带来的成本及其不便是否适合其需要这一点留给了当事方，从而在电子签名的灵活性和确定性之间实现了平衡。此外，该模式还为在认证机构模式下承认电子签名的标准提出了指导意见。在保留足够灵活的规则以适应不同的电子签名认证模式的同时，又只承认得到许可的认证服务商是安全的或合格证书的可能签发者，充分体现了开放性和安全性原则。

(三) 技术中立模式

所谓技术中立模式，是指"制定的规则应保持技术中立和具有前瞻性，既不应该涉及专门的技术，也不应在将来阻碍技术的使用和发展"。法律从原则上承认各种形态的电子签名的合法性，不对电子签名应采用何种技术和手段提出具体要求，以避免"将法律框架限制在某一特定的技术发展状态之下"。这种模式给予各种形式的电子签名以最低的法律地位，所以也被称为"最低限度模式"。在这种模式之下，人们认为电子签名与手写签名具有同等效力的前提是所采取的技术需要履行某些特定的功能，并且达到了某些技术中立的可靠性要求。该方案为联合国《电子商务示范法》第 7 条第 1 款首创，在《示范法》的影响之下，大多数颁布《示范法》的国家的相关法律都纳入了这一原则。《国际合同使用电子通信公约》第 9 条第 3 款也有类似规定，但在内容上有着重大的改进。例如，关于《示范法》中当事人签字就"表明该人认可数据电文内含的信息"的规定，《公约》认为当事人在电子通信上签字并不必然表明其认可电子通信中所载信息，所以，将措辞改为："表明该当事人对电子通信所含信息的意图。"考虑到了手写签名的两个主要功能（即鉴定签名人的身份和表明签名人对所签署信息的意向），所以规定，只要具备这两项功能，任何技术措施都应被视为符合有关签名的法律要求，应视为已经经过了认证，具有足够的可信度，并且在存在签字要求的情况下也可执行。该条款将具体技术方案的选择权留给了当事各方，把责任也就落在当事方确定其通信是否足够安全的能力上，既避免了技术方面过于复杂，也减少了相关费用。

四、我国的电子签名立法

我国很早就有地区性的电子签名立法，比如，上海市、广东省和海南省等地曾先后进行了地区性的电子签名立法，但由于受到区域性的限制，缺乏高层次立法的指引，这些地方立法发挥的作用极为有限，而且立法之间存在相互冲突和需要协调的地方。

为了进一步规范电子商务行为、给电子商务发展提供必要的法律保障，并协调已有的地区性电子签名立法之间的冲突，我国从 2003 年 4 月开始起草《中华人民共和国电子签名法》，至 2004 年 8 月 28 日通过，于 2005 年 4 月 1 日开始实施，并于 2015 年 4 月 24 日第十二届全国人民代表大会常务委员会第十四次会议进行了修正。该法全文约 4 500 字，共五章 36 条，分为总则、数据电文、电子签名与认证、法律责任、附则。《电子签名法》重点解决了五个方面的问题：一是确立了电子签名的法律效力；二是规范了电子签名的行为；三是明确了认证机构的法律地位及认证程序，并给认证机构设置了市场准入条件和行政许可的程序；四是规定了电子签名的安全保障措施；五是明确了认证机构行政许可的实施主体是国务院信息产业主管部门。

我国《电子签名法》第 2 条规定："本法所称电子签名，是指数据电文中以电子形式所含、所附用于识别签名人身份并表明签名人认可其中内容的数据。"与众多国际立法一样，我国使用"功能等同"和"技术中立"原则，从签名的形式和功能的角度规定，只是对安全电子签名所需要达到的条件作出规定，并不具体规定实现的特定技术，而且，还允许电子签名的使用者协商确定数据电文发送和接收的标准，从而为未来网络产业的发展提供了宽广的空间。《电子签名法》充分借鉴了联合国《电子商务示范法》和《电子签名示范法》以及美国、欧盟等国的立法，该法的出台，实现了我国电子签名的合法化、电子交易的规范化和电子商务的法制化，为我国电子商务立法的电子化和现代化以及解决网络社会的法律问题奠定了坚实的基础。该法对于推广电子签名，发挥数据电文在现代社会中的作用具有极为重要的意义。

第二节　电子认证法律制度

电子信息技术的发展极大地增强了人们获得信息的能力，同时也增加了某些敏感或有价值的数据被滥用的风险。电子签名虽能从技术上确认网上交易信息的发出者及其身份，但数据信息有可能被人中途截获并篡改，电子签名所使用的技术，如密钥有可能被盗、丢失或破译，交易系统可能出错或受到攻击，甚至发件人也可能出于主观恶意而否认自己的行为。因此，如何确保交易对方的主体资格以及交易数据资料的安全，认证机构及其服务则显得尤为重要。

一、电子认证与认证机构概述

(一)电子认证与认证机构的概念

电子认证是指特定的机构，对电子签名及其签署者的真实性进行验证，以确定某个人的身份或者特定信息的完整性的过程。对于信息而言，认证是指确定其来源以及该信息在传输过程中未被修改或者替换。电子认证既可以在当事人相互之间进行，也可以由第三人进行鉴别，但主要是由第三方机构所提供的鉴别服务。

认证机构(Certificate Authority，简称 CA)，又称"认证中心""验证机构""认证证书管理中心"等。根据联合国贸法会《电子签名示范法》第 2 条，认证机构是指以验证数字签名为目的，颁发与加密密钥相关身份证书的任何单位或者个人。作为签发认证证书的自然人或组织，认证机构必须是保持中立并具有可靠性的、独立的、专业的、不以盈利为目的的法律实体，因其专业能有效地为客户提供服务；它的完全独立和非营利，使其处于一个独立的第三人的超然位置，因此，更容易获得交易双方的公平信任等。

(二)电子认证的作用

电子签名是用来解决电子合同订立过程中的身份辨认和提供完整资讯等问题，即交易信息是由什么样的人发出的问题，其主要作用在于保证电子意思表示本身的安全，使之不被否认或篡改。与电子签名一样，电子认证也是电子商务活动中的安全保障机制，它解决的是电子签名者的可信度问题，即交易对方是否确实就是签署的名字所代表的人，其资信是否可靠。电子认证是由特定的第三方机构提供的，主要应用于电子交易的信用安全方面，以保障开放性网络环境中交易人身份的真实可靠并确定某个人的身份信息或者是特定的信息在传输过程中未被修改或者替换，是一种对电子签名及其签名者的真实身份进行验证的服务。

具体表现在：(1)证明私人密钥、私人密钥持有人、公开密钥之间有唯一的相配属关系，这与有关部门证明公章属某单位，在性质上十分相似。(2)证明私人密钥持有人作出了相关的意思表示，进而为其所发出的信息承担相应的法律责任。认证机构的主要功能包括：签发和管理电子商务证书；产生、管理使用者密钥、CA 密钥等。当参加电子交易的各方向认证机构申请电子商务证书时，需提交有关身份证明经认证机构验证，然后签发证书。证书上记载的项目包括持证人的名字、证书的有效期限以及他的公开密钥等。在电子交易进行时，一方可以向对方提交证书证明自己的身份，对方可要求认证机构验证双方身份。

(三)电子认证的效力

经过认证机构认证的电子签名，申请认证的人可以相信其真实性和有效性。如果最终发现该电子签名不是真实的，在一定情况下，申请人可以要求认证机构赔偿损失，这是认证的最基本的效力。但是，认证并不具有公信力，即申请人相信了一个认证机构所作的认证的真实性后，其他的当事人并不一定要相信，经过认证的电子签名并不当然具有真实性和有效性。除此之外，由于电子商务活动常常是跨国境的，因此，交易各方当事人就需要由不同国家的认证机构对各自的身份进行认证，并向电子商务活动的相对方发放电子认证证书，需要各国相互承认对方国家认证机构发放的电子认证证书的效力，以保证电子商务活动的顺利进行。实践中有两种做法：其一，在本国电子签名法律法规中明确规定他国或地区的认证机构发放的认证证书的效力，如加拿大和美国某些州之间就通过法律规定相互承认所发放的认证证书的效力。其二，通过签订国际或双边协定相互承认对方国家国内认证机构发放的认证证书的效力，从而使电子签名以及电子认证的法律成为国际法的重要组成部分。

二、电子认证机构的设立和管理

(一)政府主导型

政府主导型是指由政府或政府授权的机构组建，以政府信誉为保障的电子认证机构。有些国家，由于技术资金处于劣势、市场发育不完善，同时又要加快发展，多采用政府干预，以发展本国认证体系，如马来西亚。其大致的做法为：(1)以法律授权政府相关的机构(通常为商务署)，对认证机构进行管理，颁发许可证；(2)规定认证机构所必须具备的可靠条件，包括硬件、软件、业务人员等方面；(3)政府允许符合法定条件的认证机构承担有限责任；(4)法律上推定经认证机构核实的电子签名具有证据力。这些方法充分显示了政府的行政力量，其目的是让安全数字签名完全成为手书签名的替代品，进而促使广大的消费者进入电子商务领域。

(二)行业自律型

行业自律型是指以市场为导向，通过市场方式建立并在市场竞争中优胜劣汰的电子认证机构。这种模式是市场自由、技术中立原则的充分体现，即政府完全不介入、不干预，认证机构通过市场竞争建立信誉，以求生存和发展。采用这一管理模式的多为拥有雄厚的技术和资金优势，市场发育成熟，社会信用制度健全，民间认证体系已趋完善的国家，如澳大利亚。其具体做法是，政府只宣布承认计算机网络通信记录的书面效力，认可电子签名与手写签名有同等效力，说明电子签名安全性的原则性标准，至于采用何种电子技术做出签名，由谁来充当网络交易中的认证人，政府一般不过问，可由交易当事人自己决定，认证机构自愿领取执照，但持照经营的机构在承担赔偿责任时限于认证书中所规定的责任限额。① 这种对电子商务

---

① 朱宏文. 新加坡《电子交易法》述评[J]. 河北法学，2000(4)：134.

的概括性规范，被称为"最低限度主义方法"，它在适应新技术发展方面有灵活性，但却留下很多重要问题没有规定。比如，交易中的风险责任分担等关键性法律问题就不是靠当事人的协议所能完全解决的，这种自由宽松的交易环境，虽有利于电子商务企业施展才华，却不利于广大消费者的参与。

(三)政府监管与市场培育相结合型

政府监管与市场培育相结合型是指以政府或政府授权机构组建的认证机构作为认证体系的核心，同时接受其他机构的申请的电子认证机构。这种方式采用自愿认可制度。法律规定认证机构并不一定取得许可，但是经过政府许可的认证机构可享受责任限额等优惠条件。政府对认证机构管理只实行有限介入，不进行全面干预，如新加坡、英国、奥地利等国。认证机构的管理机关由政府主管部门(如财政部或商务部等)和全国认证机构协会来承担，后者是根据法律而成立的行业协会，并不具体从事认证业务，协会负责成立一个电子认证标准审查委员会，具体对适用于电子认证行业的标准负责开发、修订与确认，并且负责对其会员所采用的密码、标准的选定。任何官方的和非官方的实体，都可以成为认证机构，但它必须是在全国认证协会登记的成员。

我国《电子签名法》采取的是一种政府主导型的模式，主要基于当前我国的信用制度和第三方认证体系尚未建立的现实环境。该法第 18 条规定："从事电子认证服务，应当向国务院信息产业主管部门提出申请，并提交符合本法第 17 条规定条件的相关材料。国务院信息产业主管部门接到申请后经依法审查，征求国务院商务主管部门等有关部门的意见后，自接到申请之日起四十五日内作出许可或者不予许可的决定。予以许可的，颁发电子认证许可证书；不予许可的，应当书面通知申请人并告知理由。取得认证资格的电子认证服务提供者，应当按照国务院信息产业主管部门的规定在互联网上公布其名称、许可证号等信息。"

关于认证机构设立的条件，2015 年修正的《电子签名法》第 17 条规定："提供电子认证服务，应当具备下列条件：(1)取得企业法人资格；(2)具有与提供电子认证服务相适应的专业技术人员和管理人员；(3)具有与提供电子认证服务相适应的资金和经营场所；(4)具有符合国家安全标准的技术和设备；(5)具有国家密码管理机构同意使用密码的证明文件；(6)法律、行政法规规定的其他条件。在 2004 年《电子签名法》的基础上，2015 年修正在该条的第一部分增加了"取得企业法人资格"这一条件。

三、电子认证机构的法律责任

关于认证机构的责任，我国总体上规定了过错推定责任。《电子签名法》第 28 条规定："电子签名人或者电子签名依赖方因依据电子认证服务提供者提供的电子签名认证服务从事民事活动遭受损失，电子认证服务提供者不能证明自己无过错的，承担赔偿责任。"

　　根据该条，《电子签名法》适用的是较为严格的过错推定责任，即当证书信赖方因对电子签名认证机构所颁发的证书的信任发生交易而造成损失时，电子签名认证机构必须承担证明自己没有过错的责任。这就要求认证机构必须尽最大的注意义务，否则就要承担赔偿责任。从消费者弱势地位的角度考虑，由认证机构承担举证责任是有必要的，这对于保护电子签名依赖方的利益具有重要意义，有利于电子认证信用制度的建立，但正如有些学者所说，实践中，可能会存在电子凭证一方提供虚假身份信息，认证机构经过仔细检查也没能发现，故而没能及时告知电子签名依赖方就必须承担责任，过于苛刻。认证机构的地位类似于网络服务提供商，既重要又危机四伏，如果一味让其承担过重的责任而不加以限制，可能会导致认证市场的萎缩甚至消亡，势必影响到整个电子商务行业的发展。因此，对安全认证机构的责任加以适当的限定是必要的。

☞ 案例讨论

　　2013 年 3 月，原告张某和被告李某通过微信聊天后认识，后来，被告张某要求原告李某与其合作拓展公交候车亭的广告业务，并口头承诺，每笔业务，给予原告业务总额 30% 的业务提成。如果原告以公司的名义自己开发业务，公司则只收取 5% 的管理费，余额归原告所有。于是，自 2013 年 4 月起，原告便开始与被告合作，除了与被告合作开展了十几个广告业务之外，还自己以被告公司的名义，开发了一些业务。后来，因为被告支付给原告的金额双方发生纠纷，原告多次索要未果遂诉诸法院。

　　在庭审的过程中，原告提交了《施工围挡广告承揽合同书》、招商银行个人转账业务受理回单及购买材料的票据等多种证据，还提交了原被告之间的聊天记录、微信聊天记录，用以证明当初双方约定被告答应只向其收取 5% 的管理费。被告对原告提交的购买材料的票据真实性持有异议，认为该票据系复印件，且认为聊天记录等内容有可能被删减，不能真实反映原被告之间的真实聊天目的和内容，不能证明原被告之间已经达成了业务中关于利益分配的约定。

问题

　　1. QQ 聊天记录能否作为有效的证据？
　　2. 如何审查 QQ 聊天记录作为证据的真实性？

☞ 思考题

　　1. 简述电子签名的概念和类型。
　　2. 简述电子签名的几种立法模式。

3. 简述电子认证的概念和作用。

4. 简述电子认证机构的设立和管理。

5. 简述电子认证机构的法律责任。

第六章　电子商务中的消费者权益保护制度

2015 年中国电子商务交易额达 18.3 万亿元，同比增长 36.5%，增幅上升 5.1 个百分点。中国网络零售市场交易规模 38 285 亿元，同比增长 35.7%，占到社会消费品零售总额的 12.7%，较 2014 年的 10.6%，提高了 2.1%。据中国电子商务投诉与维权公共服务平台监测数据显示，2015 年网络购物投诉占全部投诉 43.74%，比例最高。售后服务、发货迟缓、网络售假、退换货难、退款难、订单取消、网络诈骗、虚假发货、价格欺诈等成为网络零售的问题症结。在电子商务中，由于网络的虚拟性、开放性、跨地域性、隐匿性等特征，消费者弱者地位更加明显。如果电子商务中消费者权益不能得到很好的保护，不仅会使消费者权益受到较之传统商业模式更严重的损害，而且会影响消费者对电子商务的信任和信心，从根本上阻碍我国电子商务的健康发展。

第一节　电子商务消费者权利保护概述

一、电子商务消费者和经营者的界定

(一)电子商务消费者的界定

我国现行的《中华人民共和国消费者权益保护法》在 2013 年 10 月 25 日进行了第二次修订，该法第 2 条规定：消费者为自己日常生活的消费需求而购买、使用相应的商品，或者通过接受相应的服务，消费者的权益受法律保护；如果本法没有作出明确规定的话，就受其他相关的法律或者法规等保护。据此，所谓消费者，是指为个人生活消费需求购买、使用商品和接受服务的自然人。这与国际上是一致的。国际标准化组织消费者政策委员会将消费者定义为"为了个人目的购买或使用商品和接受服务的个体社会成员"。因为，分散的、单个的自然人，在市场中处于弱者地位，需要法律的特殊保护。所以从事消费活动的社会组织、企事业单位不属于消费者保护法上的"消费者"。

农民购买、使用直接用于农业生产的生产资料时，参照消费者权益保护法执行。消费者权益保护法的宗旨在于保护作为经营者对立面的特殊群体——消费者的合法权益。农民购买直接用于农业生产的生产资料，虽然不是为个人生活消费，但

是作为经营者的相对方,其弱者地位是不言而喻的。所以,农民购买、使用直接用于农业生产的生产资料时,参照消费者权益保护法执行。

电子商务环境下常见的交易模式主要有四种:B2B(Business to Business)模式、B2C(Business to Consumer)模式、C2C(Consumer to Consumer)模式以及 B2G(Business to Government)。B2B 模式指企业(商家)对企业(商家)的网络交易;B2C 模式指企业(商家)对消费者(顾客)的网络交易;C2C 模式指消费者(顾客)对消费者(顾客)的网络交易;B2G 模式指企业对政府的网络交易。当前,随着移动互联网络技术的普及和网络营销方式的变化,又出现了线上到线下(Online to Offline,即 O2O)、个人对企业(Consumer to business,即 C2B)等新型的电子商务模式。

根据《消费者权益保护法》对消费者的定义,电子商务消费者即电子商务 B2C、C2C、O2O 模式下的消费者,指"通过网络通信手段,为生活消费需要购买、使用商品或接受服务的自然人"。所以 B2B、G2B、C2B 模式中的买方不能被认定为消费者。当然,如果农民通过网络通信手段购买、使用直接用于农业生产的生产资料时,应类比为电子商务消费者。

(二)电子商务经营者的界定

我国的法律没有对经营者的概念进行解释,也没有对其主体资格进行认定。有观点认为,经营者是与消费者相对应的概念,没有消费者就没有经营者。此观点值得商榷,根据上文对消费者概念的阐述可知,消费者的主体仅仅包括为个人生活消费需求购买、使用商品和接受服务的自然人。所以自然人以外的从事消费活动的其他民事主体或者从事非个人消费活动的自然人,均不具有消费者的主体资格,但是此时为其提供商品或服务的民事主体依然具有经营者的主体资格,只是此时的消费主体和经营者之间的法律关系不适用《消费者权益保护法》进行调整而已。

电子商务经营者,是指通过各种电子网络提供商品或者营利性服务(以下所称商品包括服务),以及为该商品交易提供网络交易平台、信息检索、信用认证、支付结算、物流、宣传推广、网络接入、服务器托管、虚拟空间租用、网站网页设计制作等服务的法人、其他组织和个人。电子商务经营者既包括网络商品或服务的经营者,也包括网络交易平台经营者。

二、电子商务消费者的权利

(一)安全保障权

消费者在购买、使用商品和接受服务时享有人身、财产安全不受损害的权利。消费者有权要求经营者提供的商品和服务,符合保障人身、财产安全的要求。

(二)知悉真情权

消费者享有知悉其购买、使用的商品或者接受的服务的真实情况的权利。消费者有权根据商品或者服务的不同情况,要求经营者提供商品的价格、产地、生产者、用途、性能、规格、等级、主要成分、生产日期、有效期限、检验合格证明、使用方法说明书、售后服务，或者服务的内容、规格、费用等有关情况。

(三)自主选择权

消费者享有自主选择商品或者服务的权利。消费者有权自主选择提供商品或者服务的经营者，自主选择商品品种或者服务方式，自主决定购买或者不购买任何一种商品、接受或者不接受任何一项服务。消费者在自主选择商品或者服务时，有权进行比较、鉴别和挑选。

(四)公平交易权

消费者享有公平交易的权利。消费者在购买商品或者接受服务时，有权获得质量保障、价格合理、计量正确等公平交易条件，有权拒绝经营者的强制交易行为。

(五)获取赔偿权

消费者因购买、使用商品或者接受服务受到人身、财产损害的，享有依法获得赔偿的权利。

(六)结社权

消费者享有依法成立维护自身合法权益的社会组织的权利。

(七)获得相关知识权

消费者享有获得有关消费和消费者权益保护方面的知识的权利。消费者应当努力掌握所需商品或者服务的知识和使用技能，正确使用商品，提高自我保护意识。

(八)受尊重权

消费者在购买、使用商品和接受服务时，享有人格尊严、民族风俗习惯得到尊重的权利，享有个人信息依法得到保护的权利。

(九)监督批评权

消费者享有对商品和服务以及保护消费者权益工作进行监督的权利。消费者有权检举、控告侵害消费者权益的行为和国家机关及其工作人员在保护消费者权益工作中的违法失职行为，有权对保护消费者权益工作提出批评、建议。

(十)个人信息权

消费者在购买、使用商品和接受服务时，享有人格尊严、民族风俗习惯得到尊重的权利，享有个人信息依法得到保护的权利。此部分内容详见本书第七章。

(十一)后悔权

2013年新修订的《中华人民共和国消费者权益保护法》(以下简称《消保法》)第25条规定："经营者采用网络、电视、电话、邮购等方式销售商品，消费者有权自收到商品之日起七日内退货，且无需说明理由，但下列商品除外：(一)消费者定作的；(二)鲜活易腐的；(三)在线下载或者消费者拆封的音像制品、计算机软件等数字化商品；(四)交付的报纸、期刊。除前款所列商品外，其他根据商品性质并经消费者在购买时确认不宜退货的商品，不适用无理由退货。消费者退货的商品应当完好。经营者应当自收到退回商品之日起七日内返还消费者支付的商品价款。退回商品的运费由消费者承担；经营者和消费者另有约定的，按照约定。"这个条文规定了消费者后悔权制度，是《消保法》规定的保护消费者权益的新制度。

三、电子商务经营者的义务

广义的电子商务经营者既包括网络商品或服务的经营者，也包括网络平台经营者。作为经营者，其共同义务主要涉及以下内容：(1)经营者的信息义务。(2)格式条款义务。经营者不得在格式条款中作出对消费者不利、不公平的规定，应当尽合理的通知义务等。(3)提供安全可靠的交易系统的义务。(4)电子商务广告义务。对电子商务广告活动主体等应制定规范，避免对消费者的误导。

作为网络商品或服务的经营者，也有其特有的义务，主要包括：商品或服务信息的披露义务；商品服务质量保证义务；不得拆分经营义务；出具购货凭证和服务单据的义务；无理由退货告知义务、不适用无理由退货的说明义务等。作为网络交易平台经营者，其特别义务则包括：身份审查和信息保存义务；交易规则建立义务；网络交易平台信息真实义务；纠纷解决协助义务；信息评价体系建设义务；保证金建立义务等。

第二节 电子商务消费者权益保护存在的问题及原因

一、电子商务消费者权益保护存在的问题

(一)交易主体的身份不确定

电子商务环境中的一切活动均是以数字化电子方式进行的，这种虚拟性导致了交易主体的身份难以确定。比如，消费主体是否具有消费者主体资格、消费者是否具有相应的民事行为能力以及经营主体是否具有经营者的主体资格难以确定。由于经营者身份信息的提供方式不像传统经营活动是由工商行政管理部门来登记审核的，而是将信息以图片的形式上传到网上供网站工作人员审查，这就使网络交易中存在着大量以虚假身份进行交易的经营者。电子商务中的一个完整交易的完成通常包括合同的订立、货款的支付、商品的配送这三个环节，各个环节中主体彼此之间发生着联系，主体具有广泛性。如何准确界定各个主体之间的法律关系，明确各主体间的权利义务，也尚无定论。

(二)消费欺诈问题

在电子商务交易的过程中，消费者无法接触到真实商品，只能通过商品的文字说明、图片和网络广告等信息进行判断，这导致了经营者往往向消费者提供虚假的信息或提供的商品信息不完整、发布虚假广告等。具体来看主要有，经营者有意向

消费者提供虚假的商品信息，欺骗消费者，如夸大产品性能和功效、以次充好、虚报价格、虚假服务承诺、漫无边际地夸大产品用途等；经营者在网上商店中展示商品时，有意向消费者提供不完整的信息，比较常见的遗漏产品产地、生产日期、保质期、产品检验合格证明等信息。消费者网上购物行为的做出主要依赖于经营者提供的这些信息，如果这些信息不真实，消费者的知情权和公平交易权就很难得到保障。

(三)消费合同的履行问题

电子商务消费合同不适当履行的行为主要表现在以下几个方面：(1)瑕疵履行。电子商务消费者在认购商品后，经常出现实际交付商品的种类、数量、质量等与约定的不一致的情况；(2)延迟履行。网络购物通常需要物流公司进行配送并完成交付，出于某些原因，商品可能无法在约定的时间交付给消费者；(3)售后服务无法保证。我国《消费者权益保护法》第24条，第25条对消费者的这一权利做出了规定，第24条属于一般性规定，第25条属于对消费者退货权益的特殊规定(也称作后悔权或无理由退货权)，由于规定缺乏可操作性很难实现对消费者要求退货、更换、修理的权益的真正保护。

(四)电子格式条款问题

网络消费合同，网站为了提高交易效率，一般都定有格式条款，其内容由商家事先制定，给消费者提供的只是"同意"或"不同意"的按钮。这些格式条款，由于内容早已确定，没有合同另一方的意思表示。常见的对消费者不公平的格式条款主要有以下五种：(1)经营者减轻或免除自己的责任；(2)加重消费者的责任；(3)规定消费者在所购买的商品存在瑕疵时，只能要求更换，不得解除合同或减少价款，也不得要求赔偿损失；(4)规定由系统故障、第三人行为(如网络黑客)等因素产生的风险由消费者负担；(5)经营者约定有利于自己的纠纷解决方式等。总之，这些格式条款的使用剥夺或限制了消费者的合同自由，消费者面对"霸王条款"因为不了解相关知识、无暇细看或者即使发现问题也无法修改格式条款等情形而处于不利的境地。

(五)电子支付安全问题

电子支付是网络消费迅速发展的关键因素之一，消费者对采用在线电子支付方式的安全问题一般都心存疑虑。消费者网上支付的账号、密码、身份证号码等有关信息被经营者或银行收集后，有意泄露给第三者，将给消费者的财产安全带来极大的风险。黑客和不法分子通过盗窃或非法破解密码等方式，窃取消费者的个人财产，这样的电子犯罪在现实生活中屡见不鲜。甚至一些经营者和银行内部员工利用工作之便，窃取密码进行越权操作，盗用消费者资金。

(六)损害赔偿难以实现

在电子商务环境下，消费者行使求偿权遇到许多新问题，具体如下：(1)难以找到侵权方。经营者为了交易方便或其他原因，有时会提供多个网站和网络名称，并且这些网站往往没有进行注册登记。这就导致经营者在实施侵权行为后，消费者和监管部门难以找到现实中的经营者，使消费者的求偿权难以实现。(2)侵权证据难以掌握。由于电子数据易于修改，在电子商务中，经营者在发现其侵权行为被追查时，往往利用技术手段修改或毁灭侵权证据，使消费者和监管部门对数据的真实可靠性难以确定，甚至无从取证。(3)侵权责任难以认定。电子商务涉及多个环节，消费者权益被侵害，往往不是由某个环节造成的，各个环节之间的关联使侵权责任认定的难度增加，影响消费者求偿权的实现。(4)异地管辖使侵权赔偿难以实现。电子商务打破了地域、时空限制，消费者可以与任何国家的任一商务网站进行电子交易，并无视这个国家文化、法律等方面的差异。在实际交易活动中，有时一笔电子商务可能涉及几个国家和地区，消费者的求偿权就可能受到立法差异、管辖权限等方面的阻碍，而这种跨国纠纷的解决是要花费很高成本的，这就使消费者的求偿权更难以实现。

此外，由于消费者个人信息带来一定的经济利益刺激，电子商务经营者以及其他利益团体侵害消费者个人信息权和网络隐私权的现象也普遍存在。此部分内容详见本书第六章。

二、电子商务消费者权益易受侵害的原因

(一)网络的虚拟性为侵权提供了方便

电子商务的最大特点就是其虚拟性。电子交易主体具有虚拟性，电子交易的场所具有虚拟性。交易双方在整个网络交易过程中不进行面对面的交流，消费者对目标商品服务的了解都是从网站发布的影像文字资料、直接或者间接地与对方沟通以及他人的评论中获得，合同的签订也已电子化、格式化，整个过程都完全虚拟。电子商务是一场商业领域的根本性革命，一方面它打破了时局的限制，改变了贸易形态，为消费者和商品(或服务)提供者提供了广阔的交易空间，交易双方几乎不受任何时间和地点的限制，可以随时随地进行交易。这使得消费者有了丰富的选择空间，也为商品(或服务)提供者提供了更多的销售渠道，同时也为网站经营者提供了交易的机会。另一方面，也正是这些特性为网络侵权提供了便利的条件。由于网络的虚拟性，经营者在网上发布经营信息和产品并没有得到相应机关的严格审核，最多是交易平台审查当事人的资格。若经营者自己搭建网站，则更没有监督程序。这为经营者发布虚假信息、实施网络诈骗提供了便利。网络的开放性给消费者收集交易证据、诉讼维权带来了困难。一旦消费者的合法权益受到侵害，会因查找不到对方任何信息而束手无策。

(二)监管体系不完善

要规范网络购物市场，还需要行政机关对市场进行严格的行政监督。目前，国

内对于购物网站的行政监督仍存在种种缺陷，具体表现为以下几个方面。

1. 网络购物行政监管机制不完善

目前，我国还没有形成专门针对购物网站的监督管理体系，还没有明确的主管部门负责统一实施监管，没有形成多个部门分工配合监管的协调机制。有的学者提出应当对电子商务市场进行"专职管理"，即设立专门的机构依法对电子商务市场进行监管，有的学者则赞成多部门共同监管。工信部、国家工商总局、国家质检总局都纷纷出台了针对购物网站的规制措施，这些措施的实行有利于规范网络购物市场秩序，但是却缺乏协调执行机构，且效力层级不明确，使得网络购物市场的监管主体愈发不明朗，如果监管制度依然不成体系、监管主体仍然职责不明，最终将导致监管措施的实际效果不理想。因此，确定监管主体、明确监管权责、建立统一的网络购物监管体系已经成为网络购物行政监管工作需要关注的重点。

2. 行政监管手段落后且监管范围有待拓宽

在实践中，我国行政监管队伍严重缺乏信息技术专业人员，且监管手段和方法落后，监管机构的基础信息设施配置滞后，这导致了行政机关的监管力度欠缺、监管范围较窄且监管疏忽过多。最显著的体现为：行政机关没有针对购物网站的支付环境进行安全监督，没有监督购物网站合理利用消费者的个人信息、保护消费者的私人领域；行政机关没有建立针对购物网站的、权威的、中立的信用评价机构；行政机关没有有效督促购物网站向消费者进行信息披露、及时解决消费纠纷等。

(三)电子商务立法存在不足

我国关于电子商务的立法工作从 20 世纪 90 年代开始启动，至今为止已经取得了令人瞩目的成就，这些法律法规对我国电子商务的发展起到了重要的促进作用，也构建起了我国电子商务法的初步框架。但是不难看到，消费者权益在网络购物中的维护，主要还是依靠《消费者权益保护法》《产品质量法》《合同法》等传统的法律法规，由于传统立法缺乏针对网络交易的专业性和系统性规范，试图全面维护消费者在网络购物过程中的合法权益自然是收效甚微。即使新修订的《消费者权益保护法》也存在诸多不足，如对电子商务消费者 7 天无理由退货权的规定，由于规定过于概括，实践中往往缺乏操行性。

比如，对电子商务经营者的责任规定不明确。电子商务交易平台是电子商务平台商在电子网络条件下为用户搭起虚拟的空间平台作为交易市场。另外需要明确的是，网络平台不是法律实体，仅是网站设立人在互联网上设立的站点或者信息库。在法律上，对网站承担责任的是网站的设立人，即电子商务平台商。关于电子商务平台的法律地位，存在以下几种不同的观点：(1)委托或代理法律关系；(2)信托或行纪法律关系；(3)居间合同法律关系；(4)财产租赁或柜台出租法律关系；(5)合作经营者法律关系；(6)技术服务合同法律关系。这些说法各有千秋，都有一定的道理，但是它们共同的缺陷在于都是以现实法律关系的框架和思维模式界定一种全新的法律关系，难免存在方枘圆凿的尴尬。

(四)物流体系不健全

经合组织评价中国的物流配送体系认为，中国与世界经合组织其他成员国相比物流配送体系要落后很多。虽然近些年来，随着铁路及公路体系建设，物流体系获得了很大的进步，但不可否认，物流配套仍是电子商务发展的瓶颈之一。规范物流配送，明确服务者在收件、投递、交付中的流程和义务，是电子商务消费者权益保护的重点。

(五)信用和诚信观念缺失

诚信观念的缺失是影响中国电子商务发展的一个重要因素。市场内部没有形成统一的行业标准，网站都各自为政、自谋出路，行业内部没有出现真正的领军人物，网站之间存在不正当竞争的情况。交易双方在完成电子合同的订立后，却不按照双方的约定履行义务，如卖方在收到货款后并不发货或者发的货物不符合约定等。

(六)消费者自身的原因

在电子商务交易当中，消费者权益受到侵害的另一个原因还在于消费者自身。消费者在购买商品时，往往缺乏对商品及服务的基本了解，只注重商品的价格优势，而忽略了其他信息，如商品的质量、性能、用途、有效期限等信息。消费者隐私安全观念淡漠，不注意保护自己的隐私信息，常常轻易就将邮箱、账号等信息透漏给网站、商品(服务)提供者。消费者维权积极性不高，如果其合法权益受到了损害，往往由于维权成本较高而选择放弃维权，自认倒霉。

第三节 电子商务消费者权益保护的原则

一、对消费者特别保护的原则

消费者购买商品或接受服务是为了个人或家庭的生活需要，在其消费过程中除涉及经济利益得失外，还涉及消费者的生命权和健康权是否得到了有效的保障。而经营者在销售或提供服务的过程中往往只涉及经济利益的得失(除非构成犯罪，否则通常不会对经营者或经营者的相关人员的人身权和政治权进行法律制裁)。而生命权和健康权是消费者最基本的权利，在制定规则时对消费者进行倾斜性保护，体现了法律以人为本的本质。

另外，虽说消费者与经营者在法律地位上是平等的，但这种平等是一种法律拟制的平等，在现实中由于消费者购买商品或接受服务，依赖于经营者向其提供商品或服务的信息，而经营者在提供商品或服务信息时往往会对信息进行筛选，这就存在信息获知的不平衡。在现代市场经济体制下，新技术的使用，经营者垄断地位的形成，消费者的弱势地位更为明显。因此，在市场经济条件下需要加强对消费者的倾斜保护，以平衡强势经营者与弱势消费者之间的利益格局。

最后，在线交易中消费者是通过网络购买商品或接受服务，而由于网络的虚拟性，使得消费者的弱势地位更加突出，因此，在线消费者权益保护立法，首先应该确立对消费者特别保护的原则。

二、与经济发展水平相适应的原则

经济决定法律规则，这一基本法理对在线消费者权益保护的立法也同样适用。根据罗纳德·科斯的法经济学观点，任何法律的制定都必须考虑到法律的成本或法律的经济效益。就在线交易中的消费者权益保护立法而言，既要考虑到在线消费者利益的保护，也要考虑到在线经营者的承受能力以及在线交易的发展。因此对在线消费者权益的保护水平是一个渐进的过程，应当随着我国在线交易的发展逐步提高保护水平。因而立法和司法应当在促进交易与保护消费者权益中寻找到平衡点。

三、注重企业社会责任的原则

在良好的消费环境中，消费者的基本权益能够得到最大限度的保障。企业要为良好消费环境的建立尽到应有的社会责任。企业的真正对手是其市场上的竞争者，而非消费者，不应把消费者视为自己的对手或敌人。企业在激烈竞争中获胜的唯一法宝就是善待自己的消费者，保障消费者的权益，对消费者关注的问题、价值和目标及时作出反应和调整，按照消费者需求及时调整自己的经营思路和市场营销战略。在线交易的发展，更需要消费者的信任和认可，否则，在线交易将如同昙花一现。在线交易消费者的知情权、安全权、公平交易权、隐私权的保护尤为依赖于经营者的技术和信息优势，因此经营者更应尽到自己的社会责任。在线经营者自觉承担保护消费者权益的社会责任既是确保消费者合法权益的基础，也是经营者占领在线交易市场份额、赚取利润的远期经营方略之一。

四、非法律辅助保护原则

非法律辅助保护原则，强调在电子商务消费者保护领域，应充分发挥消费者组织、公共利益团体的作用，同时鼓励企业界通过实施行业行为自律规范促进对消费者的保护。在线交易模式利用的是计算机网络技术与互联网作为交易的媒介，专业性强、发展迅速，常使各种监管措施"规制乏力"，外部监控尤其是法律监控常跟不上在线交易技术更新的步伐。在这种情况下，应充分发挥消费者组织、公共利益团体的作用，同时鼓励企业界通过实施行业行为自律规范促进对消费者的保护。在在线交易自律规范的模式方面，美国的自律组织的作用表现得最为突出，可以作为我国在线交易自律体系构建的很好借鉴。

五、技术中立原则

中立原则由技术中立原则与媒体中立原则两部分组成，并被有的学者认为是在线交易立法区别于其他立法所特有的基本原则。"技术中立原则指的是对于那些成为在线立法重要组成部分的技术规则应采取中立的态度，即立法不应偏向于某种技术而歧视另一种技术。媒体中立原则指的是对各种商务媒体（如纸张、电话、网络等）应保持中立，同等对待。"也就是说要求立法中既不能赋予在线交易模式高于传统交易模式的任何标准和要求，也不能赋予在线交易模式优于传统交易模式的任何待遇。具体到在线消费者权益保护中，即立法者不能由于在线交易的特性而提高或降低对消费者的保护水平，对在线消费者的保护水平应至少与传统交易模式中消费者的保护水平相当。针对在线交易中消费者所面临的新的风险，立法者应尽快制定适合在线交易的特殊规则以促进在线交易中消费者权益的保护。

除以上所述原则之外，消费者保护同国际接轨原则，民法中的诚实信用原则、公平原则、平等原则、自愿原则等基本原则也同样适用于在线交易模式，在具体的制度设计中应具体合理运用、协调这些基本原则。

第四节　我国电子商务消费者的权利保护

一、我国电子商务消费者权利保护的立法概述

随着计算机网络技术的飞速发展，近些年电子商务在国内的发展速度十分惊人。为更好地规范和促进电子商务的发展，国务院于 2005 年正式颁布了《关于加快电子商务发展的若干意见》，对我国电子商务的发展思路提出了原则性指导。之后，随着《电子签名法》和《电子支付指引》的实施，国家对电子商务的规范正式以法律形式确立下来。为进一步优化电子商务交易环境，针对网络平台服务商设立了较为明确的准入制度，其中，《网络交易平台服务规范》《互联网 IP 地址备案管理办法》《电信服务规范》《电子认证服务管理办法》《非金融机构支付服务管理办法》等行政法规和规章发挥了重要作用。例如，针对电子商务支付平台服务商，我国《非金融机构支付服务管理办法》就第一次明确了支付行业的准入门槛，以核发支付业务许可证的形式对这一行业重新进行了洗牌，并明确了监管机构。

目前，我国关于电子商务消费者权益保护的法律规范零散地分布在《民法通则》《合同法》《电子签名法》《消费者权益保护法》《产品质量法》《食品安全法》《反不正当竞争法》等法律以及一些行政法规和规章之中，2014 年国家工商行政管理总局出台的《网络交易管理办法》是我国第一部较为系统地对电子商务网络交易进行规范的规章。《网络交易管理办法》已于 2014 年 3 月 15 日正式生效，该办法从网络

交易的一般原则、网络商品经营者和有关服务经营者的义务、监督管理、法律责任等方面对网络交易进行了规制。

在诸多关于电子商务消费者权益保护的法律中，最主要的仍是《消费者权益保护法》中关于消费者权益保护的规定。2013年新修订的《消费者权益保护法》增加了部分关于电子商务消费者权益保护的规定，主要是第25条关于7日内无理由退换货的规定，第28条关于经营者经营地址、联系方式、商品或服务的数量和质量等信息的披露义务，以及第44条关于网络交易平台提供者的义务和责任的规定。同时，《消费者权益保护法》中消费者权益保护的一般性规定同样适用于电子商务中消费者权益的保护。修订后的《消费者权益保护法》在电子商务消费者权益保护方面取得了很大进步，弥补了不少关于电子商务消费者权益保护的空白，特别是第28条和第44条的规定，对于消费者权益的保护提供了有力保障。

另外，为了更好地规范电子商务的发展和保障电子商务消费者权益，我国的一些省份先行先试，也制定了一批地方性法规，如北京、天津、上海、广东等地均出台了关于电子商务消费者权益保护的地方性法规，为我国电子商务立法做了有益探索。北京《关于在网络经济活动中保护消费者合法权益的通告》就针对电子商务经营者的信息披露义务作了明确规定，《广东省电子交易条例》也就电子商务消费者的基本权益、通信保密权、隐私权等作出了规定。这些地方性法规的实施，对于在该地域范围内的电子商务消费者权益保护无疑具有很强的推动作用，且在全国范围内有极强的示范性意义。

二、我国电子商务消费者权益保护立法的不足

根据我国《消费者权益保护法》的规定，消费者享有安全权、知情权、自主选择权、公平交易权、求偿权、结社权、获得有关知识权、人格尊严和民族习惯受尊重权、个人信息受保护权以及监督权等多项权益。同时该法在第39条规定了5种争议解决途径，国内涉及消费者权益保护方面的法律规范也达到一百余种，特别是《网络交易管理办法》的实施，为规范电子商务经营者经营行为、维护电子商务消费者权益起到了很大作用。但是不可否认的是，现阶段我国消费者权益受损的现象依旧普遍存在，消费者无处维权、维权成本过高的问题仍没得到根本解决。究其原因，固有多面，但这与我国电子商务方面关于消费者权益保护的法律规范还存在的不少不足不无必然联系，具体来讲，主要表现在以下四个方面：

（一）电子商务法律规范可操作性不强

国务院颁布的《互联网信息服务管理办法》虽然在第4条对互联网信息服务公司的市场准入作了较为细致的规定，但其主要是针对网络交易平台提供商的准入，而对于C2C中经营者的准入却没有提及，这就导致了在实践中很多经营者几乎无需经过任何审查，就可以在交易平台上进行交易，极大地增加了消费者的交易风

险，不利于消费者权益的保护。新颁布的《网络交易管理办法》虽然在第 7 条规定了从事网络商品交易及有关服务的经营者，应当依法办理工商登记。但其又规定，具备登记注册条件的，依法办理工商登记。那么，什么是具备登记注册条件呢？网络交易与传统交易登记注册条件是否相同？这些问题都没有得到解决。而现实的问题是，在网络交易过程中，大量的经营者是没有实体经营场所的，这也正是电子商务经营成本低而得以迅速发展的一个重要条件，那么这些经营者的经营行为如何规制？对于不符合登记注册条件的经营者，该《办法》规定，由第三方交易平台经营者对其进行审查，但具体应当如何审查，审查到何种程度，都没有作出具体规定。另外，对于网络经营者的登记，该《办法》仍采用了与传统商业活动中注册登记相同的模式，而没有采用在线注册、在线审核的方式，这显然是不利于电子商务发展的。

（二）缺乏有效的救济机制

现阶段我国电子商务消费者权益受到损害后，法律规定的救济手段仍然是以《消费者权益保护法》中规定的五种救济方式为主：(1)与经营者协商和解；(2)请求消费者协会或者依法成立的其他调解组织调解；(3)向有关行政部门投诉；(4)根据与经营者达成的仲裁协议提请仲裁机构仲裁；(5)向人民法院提起诉讼。而这些救济途径是针对传统商务活动所作出的规定，并未考虑到电子商务活动的特点，在现阶段电子商务活动中消费者权益保护方面就显示出极大的不适应性和不可操作性。

在电子商务领域，由于经营者与消费者往往不在同一地域，导致《消费者权益保护法》中的救济手段可操作性极低，这些都极大地降低了消费者维权热情，形成了一种消费者权益受损越来越严重的恶性循环。例如，在电子商务消费者与经营者产生纠纷时，消费者与经营者协商和解往往也只能通过网络或者远距离通信的方式进行，加之一些不良商家对消费者维权不够重视甚至置之不理，协商解决难以起效的情况大量出现。同时因为救济手段无效或缺失，使得部分商家变本加厉、更为猖狂，不但不为消费者解决问题，反而对消费者进行报复，例如，给消费者寄送寿衣或者其他侮辱消费者的物品，使消费者权益受到二次侵害。另外一个比较突出的问题就是管辖地问题，由于电子商务经营者和消费者往往不在同一个地域范围内，请求消费者协会调解或向行政部门投诉、申请仲裁以及向人民法院提起诉讼就难免涉及管辖问题，在电子商务中，当事人不再受到住所地的限制，这就导致管辖权的确定非常困难。而且，通过仲裁或者诉讼等方式进行救济，对于一般消费者消费数额较小的案件，因我国没有专门针对消费者权益保护的争议快速解决机制，极易出现消费者维权成本过高，即使最终赢得了诉讼，却耗费了大量的人力和财力，而且，消费者面对这样的情况往往只能忍气吞声，不了了之。

(三) 电子商务交易环境法律规制不足

不论是 B2C 还是 C2C，由于其固有的虚拟性的特点，就使得经营者与消费者之间的交易中有很大的信用成分，因此，经营者信用的好坏会极大地影响电子商务消费者权益。而现阶段由于我国信用体系的不健全，对于信用较差的商家，一方面法律未规定任何的惩治措施，另一方面交易平台服务商为吸引商家入驻也纵容了经营者的失信行为，经营者通过各种方式删除差评、购买好评、虚假网络广告等现象屡见不鲜，这就导致了经营者的侵权成本极低，消费者权益受损现象频发。《网络交易管理办法》虽然在第 19 条规定"经营者不得以虚构交易、删除不利评价等形式，为自己或他人提升商业信誉"，但对于虚假网络广告的规制，却没有涉及，而现阶段大量虚假网络广告的存在，对我国电子商务交易环境的影响是极为巨大的。

(四) 电子商务监督管辖权分配有缺陷

虽然这些年来我国电子商务发展迅猛，但相应的监管机制却并不健全，很多情况下，电子商务消费者权益受到侵害后，往往不知该向哪个部门投诉，最常见的就是向网络交易平台服务商投诉，一旦该投诉方式无法奏效，消费者权益保护途径就几乎没有了。《网络交易管理办法》虽然用了一章规定网络商品交易及有关服务监督管理，但遗憾的是其仍采用了属地管辖的规定，该《办法》第 41 条规定："网络商品交易及有关服务违法行为由发生违法行为的经营者住所所在地县级以上工商行政管理部门管辖。对于其中通过第三方交易平台开展经营活动的经营者，其违法行为由第三方交易平台经营者住所所在地县级以上工商行政管理部门管辖。第三方交易平台经营者住所所在地县级以上工商行政管理部门管辖异地违法行为人有困难的，可以将违法行为人的违法情况移交违法行为人所在地县级以上工商行政管理部门处理。"这样就导致了消费者权益受到损害时，只能向经营者所在地的工商管理部门提出投诉，而消费者往往与经营者不在同一地，这对于消费者维权来讲是极为不利的。

三、我国电子商务中消费者权益保护的具体措施

(一) 建立身份识别和信息披露制度

无论是电子商务经营者，还是从事电子商务交易的自然人，其身份确认非常重要。对于电子商务经营者，应当在其网站主页面或从事经营活动的网页醒目位置向消费者公开显示营业执照登载的信息或者其营业执照的电子链接标识。对于通过网络从事商品交易及有关服务行为的自然人，应当向提供网络平台经营者提出申请，提交其姓名和地址等真实身份信息；提供网络平台经营者应当对暂不具备工商登记注册条件，申请通过网络平台提供商品或者服务的自然人的真实身份信息进行审查和登记，建立登记档案并定期核实更新，核发证明个人身份信息真实合法的标记，加载在其从事商品交易或者服务活动的网页上。

通过信息公示和登记制度有效解决虚拟空间条件下电子商务经营者主体资格真实性的识别问题，可以保障"虚拟主体"还原为真实的主体，为消费者有效识别查证网络商品交易主体真实身份，维护自身合法权益提供了基础性制度保障。

信息披露应该遵循以下原则：(1)真实准确，即经营者对信息的说明必须忠实于事实，不得夸大或隐瞒；(2)完整充分，"完整"是指经营者在对信息进行说明的时候必须将有关信息完整表示出来，不得故意遗漏不利于交易成立的信息，而"充分"是指经营者对信息的说明必须足以使消费者对是否进行交易做出正确的判断；(3)便于理解，指经营者对信息说明所采取的文字、语言必须通俗易懂，不得故意使用一些晦涩的词语让消费者难以理解或产生误解，让消费者对商品有错误的期待；(4)易于获得，是指经营者对信息的说明必须便于消费者随时查阅，不得运用技术手段对信息加以隐藏，或故意给消费者访问该信息造成障碍。同时，电子商务经营者应当保存其披露的所有信息和所有的交易信息，并保证其原始真实性，保存期限要符合法律、法规的规定。

(二)完善电子商务广告规则

消费者选择电子商务这种交易方式，很大程度上被网络广告的宣传所吸引。目前的网络广告存在大量的夸张欺诈现象，极大地损害了消费者的权益，我国《广告法》的主要调整对象是传统商业广告，用现有《广告法》对网络广告进行规范，缺乏操作性。为此，应对现有《广告法》予以修改，以便更好保证消费者权益。具体而言：第一，应当明确电子商务广告的定义。通过微博、博客等网络社交载体提供宣传推广服务、评论商品或者服务并因此取得报酬的自然人、法人或其他组织，其行为亦应被认定为网络广告行为。第二，对电子商务广告活动主体的广告行为应分别进行规定，广告主体应当如实披露其广告行为的性质，避免消费者产生误解。电子商务广告活动主体应当包括广告主、广告经营者、广告发布者。为电子商务商品或服务提供推荐或证明服务的广告主体，应当对商品或服务进行查验。另外，应当明确网络平台经营者的注意义务，只要网络平台经营者能够证明自己已经作了适当检查，仍无法发现或证明广告违法或者侵权，或者在接到违法或者侵权的通知后，迅速删除或取消该广告的访问，即可说明其已尽到注意义务，否则，其应和广告主体承担连带责任。

(三)对电子格式合同进行规制

为了提高网络消费交易的效率，网络格式合同在网络消费交易中是必要的，其效力可以根据《合同法》和《消费者权益保护法》来确认，只要其符合法律的规定，没有损害消费者的合法权益，格式合同就对双方当事人具有约束力。但由于网络交易的虚拟性特征，目前电子商务经营者利用格式合同减轻或免除责任的现象十分普遍。因此，通过立法对电子商务中的电子格式合同进行规制，对于维护交易公平和发展网络交易具有重大意义。

（四）加强消费者安全权益的保护

电子商务中消费者的安全权包括财产安全和人身安全。具体到电子商务领域，消费者安全权是指消费者的生命安全、健康安全、隐私安全（即消费者的个人信息安全）、财产安全。

首先，应加强消费者生命、健康安全的保护。在电子商务中，对消费者生命权和健康权的一大侵害来自网上销售的假冒伪劣商品。由于缺乏对经营者的有效监管，其为了牟取高额利润，往往会出售一些假冒伪劣商品甚至违禁品。因此，为保证正常的交易秩序和消费者生命、健康安全，必须加强对电子商务经营主体的监管，尤其是要加强对食品安全和医药安全的监管。比如，法律可强制规定必须经过相关部门的专门审批才能允许其进入网上商城进行销售。一方面，加强对经营者经营行为的监管、提高经营者的自律性，另一方面，作为消费者更要具有维权意识，加强防范风险的能力，从多方面保障消费者的生命健康安全。

其次，应加强消费者财产安全的保护。保护消费者的财产支付安全应该从技术和法律两方面入手：第一，技术方面。消费者要熟悉计算机知识，安装正版杀毒软件，在技术层面把好关，防止病毒木马入侵；另外，消费者要加强个人账户密码的保护，设置密码时，要使用比较复杂的组合。网络平台经营者要做好监管工作。网络服务平台一方面要妥善保管消费者的各种数据，防止数据泄露；另一方面也要把那些有不良信用的经营者的信息第一时间告知消费者，使消费者在确认以后再行支付，避免消费者的支付风险。第二，法律层面。立法应明确电子商务中支付各方主体的权利、义务及其法律责任。在发生电子支付方面的纠纷时，就能明确责任主体，维护消费者的财产安全。目前我国在电子货币方面并没有成熟的立法，从各国、地区电子货币方面的法律规定来看都倾向于保护消费者。比如，我国台湾地区"中华台北电子商务消费者保护纲领"第6条规定了付款和交易安全：企业经营者应提供消费者易于使用且安全之付款机制；企业经营者应采取适当之措施保障线路交易安全，以保护于线路上传输及储存于企业经营者处之付款及个人资料。所以，我国立法应当明确第三方支付平台、银行、网络平台服务商等机构的电子支付的保障义务，规定其应采取必要的措施保障消费者的电子支付安全，因未尽到保障义务而造成消费者财产损失时，应承担损害赔偿责任。同时，应当适用举证责任倒置原则，即第三方支付平台等机构只有证明自己已经尽到保障义务时，才能免去其损害赔偿责任。

最后，应加强消费者隐私和个人信息保护。这部分内容详见本书第七章。

（五）建立经营者信用评价体系

电子商务因为其虚拟性特点，实质上是一种信用经济，为保证消费者合法权益，促使经营者正当履行义务，应当建立统一的电子商务经营者信用评价管理体系，将缺失信用的经营者的信用记录置于公众监督之下，提高其失信成本，促使其合法经营，使消费者的合法权益得到更好的保障。

目前我国有四种较为典型的电子商务信用评价模式，即中介人模式、担保人模式、网站经营模式和委托授权模式。这四种模式是商务信用评价服务的积极探索，但各自存在一定的缺陷。这些信用模式是交易平台依照商业惯例和网规建立和执行的，所依据的规则基本上都是企业性规范，缺乏必要的稳定性和权威性。因此，从法律的层面进行明确非常必要。为此，有必要借鉴工商总局《网络交易管理办法》的规定，明确"为网络商品交易提供信用评价服务的有关服务经营者，应当通过合法途径采集信用信息，及时向消费者披露，帮助消费者识别商家和交易风险。坚持中立、公正、客观原则，打击虚假信用信息和误导消费者的信息，不得将收集的信用信息用于任何非法用途"。

（六）规范物流配送服务

物流配送是电子商务中的重要环节，也是消费者权益保护的薄弱环节。规范物流配送，明确服务者在收件、投递、交付中的流程和义务是电子商务消费者权益保护的重点。规范配送服务需要明确物流配送服务在收件、投递、交付中的义务，要求实现收件验视审核身份，以及交付验收等，以确保一旦出现问题的可追溯。同时必须明确快递配送服务中的赔偿责任。快递服务中的赔偿责任一直是消费者保护的一个难点，由于很多情况下消费者难以举证，导致责任无法落实。因此，配送服务过程中，快件（邮件）发生延误、丢失、损毁和内件不符的，经营快递业务的企业应当按照与用户的约定，依法予以赔偿。没有约定的，依现行有关法律的规定予以赔偿。

（七）保护消费者的求偿权

1. 建立完善的售后服务体系

通过建立实体的售后服务站，接受消费者反馈的售后服务信息，或者该售后服务站就近上门服务；建立小型的专业团队，由其负责解决售后服务中商品质量的验证问题，如果验证商品存在问题，该小型团队直接向经营者索取新的产品并将商品配送给消费者，其费用由经营者承担；针对维权成本高的问题，立法对售后服务费用问题作出明确的规定，如果消费者收到的商品有质量问题，售后服务费用由经营者承担，如果经专家验证，商品不存在质量问题，则费用由消费者自行承担。

2. 实行举证责任倒置原则

"谁主张，谁举证"是我国民事诉讼法确立的举证原则，在电子商务中，由于消费者是分散的、独立的个体，加之其在技术和信息上的劣势，致使其受到侵害时举证困难。根据公平原则，实行举证责任倒置是合理的。经营者由于其在技术、经济、信息掌握方面占有巨大的优势，由其进行举证是相对公平的。法律应当明确经营者的举证责任，经营者必须证明其行为与损害之间不存在因果关系或者存在其他免责情形，而消费者只需证明自己受到损害即可。同时，由于交易记录一般都会存储在网络交易平台中，网络交易平台应当主动配合消费者或司法机关提交其所掌握的交易数据和经营者的身份信息，协助消费者维权。对于举证所需要的费用，实行举证责任倒置后，由经营者负担，在诉讼结束后，如果经营者败诉，那么该费用还是应该由其自身承担，而如果消费者败诉的话经营者可以要求消费者补偿其因举证而支出的费用。

3. 建立有利于消费者的司法管辖权制度

(1)确立有利于消费者的诉讼管辖原则。

根据我国诉讼管辖的规定，因侵权之债引发的诉讼由侵权行为地或被告所在地法院管辖，因合同之债引起的诉讼一般由合同履行地或者被告住所地法院管辖，但要确定电子商务中的合同履行地、侵权行为地或被告住所地都是非常困难的。所以，在电子商务中，一旦发生纠纷，消费者无论以侵权之债还是合同之债提起诉讼，都将面临着对自己不利的诉讼管辖。出于对消费者权益的保护，各国对消费者提起的诉讼一般实行的是消费者住所地专属管辖的原则，而美国更加明确规定了网络消费者合同的管辖适用消费者住所地原则。因此，我国立法可以借鉴国外立法经验，确立在电子商务中消费者因权益受到损害提起的诉讼适用消费者住所地法院管辖原则。确立该原则有利于消费者参加诉讼，消费者可以第一时间在住所地法院提起诉讼，另外适用该原则还可以节省消费者的诉讼成本，避免被告住所地管辖带来的地方保护主义，保证了公正审判。

(2)积极参与国际合作，构建电子商务国际框架。

网络和电子商务的无国界性，使得司法管辖问题变得更加复杂困难。尤其是随着我国跨境电子商务飞速发展，在国际电子商务纠纷中，如果没有公正的法律规则，我国消费者将面临非常不利的情况，为此，我国需要加强国际的合作，积极参加到国家间的双边、多边谈判和国际间法规、标准的制定，建立一个国际社会普遍接受的电子商务框架。同时在电子商务方面发达国家占据比较大的优势，我们应当坚持国家主权地位平等的原则，努力为我国消费者争取更多的权益。

(3)建立在线解决机制。

电子商务中的诉讼相对于其交易标的额和传统商务来说，诉讼时间较长、诉讼成本较高，经济上占有劣势的消费者往往会不堪重负。最后导致电子商务中的很多纠纷最后都不了了之。要解决这些问题，需要针对电子商务建立科学的纠纷在线解决机制。有关电子商务纠纷解决的具体内容参见本书第十章。

☞ **案例讨论**

2014年4月，魏则西检查出滑膜肉瘤，这是一种恶性软组织肿瘤，五年生存率是20%～50%。2015年8月，魏则西在知乎上发帖提问："二十一岁癌症晚期，自杀是否是更好的选择?"那时候，他在武警北京二院做完4次生物免疫疗法，没有达到预期效果。这个疗法曾被他和父母视为救命稻草。2016 年 2 月，知乎上有人提问："你认为人性最大的'恶'是什么?"魏则西将这根"救命稻草"的故事作为回答。医院，是在百度上搜的，排名领先，疗法"说得特别好"。他在文中还提到，当时武警北京二院的医生曾经对他说该院与国外大学合作，"有效率达到百分之八九十，看着我的报告单，给我爸妈说保我 20 年没问题"。结果却被网友告知，生物免疫疗法是被国外临床淘汰的技术。2016 年 4 月 12 日，魏则西去世。4 月 28 日，针对自媒体曝出的"魏则西"之死事件中，存在的涉事医院外包诊所给民营机构、百度竞价排名等问题，百度回应称，魏则西生前通过电视媒体报道和百度搜索选择的武警北京二院，百度第一时间进行了搜索结果审查，该医院是一家公立三甲医院，资质齐全。5 月 1 日，百度再次回应称，针对网友对魏则西所选择的武警北京二院的治疗效果及其内部管理问题的质疑，百度正积极向发证单位及武警总部主管该院的相关部门递交审查申请函，希望相关部门能高度重视，立即展开调查。

问题

1. 百度是否属于电子商务经营者?
2. 竞价排名行为是否属于广告行为?
3. 竞价排名是否合理?

☞ **思考题**

1. 简述电子商务消费者和经营者。
2. 电子商务消费者的权利有哪些?
3. 电子商务经营者的义务有哪些?
4. 简述电子商务消费者权益保护的基本原则。
5. 简述我国电子商务消费者权益保护存在的问题。

第七章　电子商务中的个人信息保护制度

随着电子商务的迅猛发展，人们在网上的活动越来越频繁。从网上交流到网上购物、网上支付，用户在享受网络快捷的同时，个人信息安全问题也越来越突出。大量的用户信息被电子商务企业收集和分析，用以改善自身产品的用户体验或进行产品的开发和精准营销。尤其是随着移动电子商务以及云计算和大数据的发展，个人信息远离个人终端，个人对信息的控制能力逐步削弱；大数据通过数据关联整合挖掘，轻易恢复数据的身份属性。商家对个人信息的利用与个人信息安全是电子商务的主要矛盾之一，如何既充分利用个人信息的商业价值，又有效地保护个人的信息安全成为电子商务发展中必须解决的问题。

第一节　个人信息概述

一、个人信息的概念

个人信息，有的也称为"个人数据""个人资料"或"个人隐私"，其中，日本、韩国等国主要用"个人信息"；美国等普通法系国家多采用"个人隐私"；我国台湾地区多用"个人资料"；欧盟多用"个人数据"的概念。比如，欧盟1995年《数据保护指令》规定，个人数据是指与一个身份已被识别的或可以识别的自然人有关的任何信息，这里身份可被识别是指通过身份证号或者其他与其身份相关的经济、文化因素直接或者间接确认自然人的身份。

个人信息、个人数据、个人资料、个人隐私这些概念交织在一起，在内涵和外延上既有相似之处也有一定的区别。一般认为，个人数据是个人信息的下位概念，偏重于个人在计算机或网络中的信息。个人资料可被视为个人信息的别称，只是称谓不同，没有本质区别。个人隐私和个人信息属于不同的范畴。通常个人不愿被披露或认为披露会带来不良影响的信息才可称为隐私，而隐私也不仅仅指信息，还包括行为的保密、私人空间的私密、个人生活不被打扰等广泛的内容。所以，个人信息和个人隐私是两个互为交叉的概念。个人信息除了属于隐私的部分，其他的信息是可以被有效利用的，只要信息的收集遵循一定的规则。

在我国目前的理论界，倾向于使用"个人信息"的概念，因为个人信息具有技术和载体上的中立性。关于个人信息,我国没有形成统一的概念和定义,学者们对个人信息的理解存在一定的差异。比如,我国学者齐爱民教授认为,个人信息是指一切可以识别本人的信息的总和,这些信息包括了一个人的生理的、心理的、智力的、人体的、社会的、经济的、文化的、家庭的各个方面。周汉华教授在《中华人民共和国个人信息保护法(专家建议稿)及立法研究报告》中认为,个人信息是指与一个身份已经被识别或者身份可以被识别的自然人相关的任何信息,包括个人姓名、住址、出生日期、身份证号码、医疗记录、人事记录、照片等单独或与其他信息对照可以识别的特定的个人信息。此外,我国2012年发布的《信息安全技术公共及商用服务信息系统个人信息保护指南》规定:"个人信息是指可为信息系统所处理、与特定自然人相关、能够单独或通过与其他信息结合识别该特定自然人的计算机数据。"2013年《电信和互联网用户个人信息保护规定》第4条规定:"用户个人信息是指电信业务经营者和互联网信息服务提供者在提供服务的过程中收集的用户姓名、出生日期、身份证件号码、住址、电话号码、账号和密码等能够单独或者与其他信息结合识别用户的信息以及用户使用服务的时间、地点等信息。"

总体而言,尽管措辞和语言表述不同,我国主要采用"识别说"来对个人信息下定义,即个人信息,是指与个人相关的,能够直接或间接识别特定自然人的信息。

二、个人信息的分类

(一)直接个人信息和间接个人信息

根据能否直接识别特定的个人为标准,个人信息可分为直接个人信息和间接个人信息。

直接个人信息,是指可以直接识别特定个人的数据信息,比如,信息主体的姓名、住址、身份证号码、肖像、指纹等。间接个人信息,是指仅拥有这些数据信息还不能直接识别出特定个人,需要通过与其他数据信息组合分析,才可以勾勒出特定个人的某种形象的信息。对直接个人信息的侵害后果一般会比间接个人信息的后果严重,因此,通常来说,间接个人信息的商业利用价值较大,对其正当合理的利用可以为社会创造出更大的价值。

(二)个人敏感信息和个人一般信息

根据信息的敏感程度,个人信息可分为个人敏感信息和个人一般信息。

个人敏感信息,主要是指关涉个人隐私核心领域、具有高度私密性、对其公开或利用将会对个人造成重大影响的个人信息,各行业个人敏感信息的具体内容根据接受服务的个人信息主体意愿和各自业务特点确定。比如,有关性生活、基因信息、遗传信息、医疗记录、财务信息、宗教信仰、指纹等个人信息。个人一般信息,则是指除个人敏感信息以外的个人信息。一般来说,主张此种分类的意义在于对个人敏感隐私信息和个人一般信息采取不同的保护力度，对于个人敏感信息，强化保护，而对于个人一般信息，则强化利用。

(三) 个人基本信息、个人网络活动信息和个人储存信息

根据信息涵盖的内容不同，个人信息可分为三类：个人基本信息；个人网络活动信息；个人储存的信息。

个人的基本信息，主要是指姓名、性别、电话号码、出生日期、身份证号、家庭住址、电子邮箱地址，以及消费者的银行账号和交易密码等重要财务信息；个人网络活动的信息，是指消费者在网络交易过程中浏览过的网页，关注过的产品，做出的产品评论，发布的有关信息等内容，通过对这些信息的追踪和分析，可以准确判断网民的消费倾向、购买习惯、个人喜好等信息，从而为商家下一步实施精准营销收集数据。个人储存的信息，是指网民存储在电脑上、移动存储设备上的信息，包括电子邮箱、网络硬盘等虚拟空间存储的各类信息。无论以何种方式存储，消费者的个人信息均可能含有隐私的内容，比如个人日记、照片或视频等。

三、个人信息的价值

(一) 人格尊严价值

个人信息是"可以识别个人身份的信息"，作为个人人身、行为状态的数据化表示，是个人自然痕迹和社会痕迹的记录。个人信息指向信息主体，能够显现个人的生活轨迹，勾勒出个人人格形象，作为信息主体的外在标志，形成个人"信息化形象"。现代信息技术之下，每个人都会留下信息痕迹，现代化信息技术可以将碎片化的信息整合，勾勒出个人的形象图，因此，一旦信息累积到一定程度，被他人掌握的个人信息越来越多，个人被他人操纵的恐慌和疑虑就会增加，所以，保有自己的个人信息，防止被别人利用是人作为主体的人格尊严和自由价值的体现，个人信息保护应首先考虑这一价值。①

(二) 商业价值

个人信息的本质是一种无形财产，具有财产的属性。从某种意义上说，只要有市场需求，信息就有价值。市场的研发和决策离不开对个人信息的收集和利用。通过对消费者个人信息的大量收集和累积，经营者可以精准地了解消费者的需求和购买倾向，进行产品和服务开发，大大提高效率。消费者个人信息具有重要的商业价值。在电子商务中，网络用户个人信息所蕴含的经济价值被激发并被开发利用，极具商业市场价值。网站经营者设立网站的目的是通过提供用户需要的信息或者其他服务以实现赢利。赢利多少，很大程度上取决于网站的点击率。提供点击率的办法

---

① 张新宝. 从隐私到个人信息：利益再衡量的理论与制度安排[J]. 中国法学，2015(3)：45.

就是根据用户的不同需求推出个性化的服务，以吸引更多用户。网站经营者可以对用户的年龄段、消费需求、个人偏好、浏览记录等数据信息进行分析，掌握用户的需求特点，从而改善网络服务。用户个人的数据信息可以为网站经营者带来反馈，带来经济价值，网站经营者可以利用个人信息有选择地开展宣传和促销活动。个人信息正当收集与合理利用并不被社会所排斥，必要合理的个人信息收集与利用可以促进行业健康发展，比如医疗机构或保险等。

(三)公共管理价值

公共秩序维护、公共安全和公共福利的推进都离不开以个人信息为基本单位的数据库的支撑，通过对个人信息的处理和利用，政府可以实现科学和理性的决策，更好地推进公共管理和公共服务。此外，与犯罪有关的个人信息对于提高政府执法效率，有效打击犯罪和保障人权具有重要的价值。我国公安部门掌握了大量的个人信息数据库，包括人口信息管理、出入境信息、DNA 数据信息等，此外，国家统计、税务等管理部门也掌握着大量的个人信息。我国电子政府建设都离不开对个人信息资源的正当利用。

第二节　个人信息权

一、个人信息权的界定

个人信息权，是指信息主体依法对能够识别个人的信息所具有的支配、控制并排除他人侵害的权利。个人信息不是有体物，不能对其进行物理上的占有和支配，赋予信息主体个人信息权，体现了法律对个人信息的控制力，是法律对其进行保护的最有利的方式，充分体现了对人格尊严和意思自治的尊重，这种尊重体现在"个人有权决定何人在何时何地收集、处理和利用其个人信息。"①个人信息权本质上是对个人信息的控制②，是一种对世权，即信息主体对个人信息享有绝对的支配、控制和排除他人干涉的权利，并在权利受到侵害时可以请求予以救济和赔偿的权利。

二、个人信息权的权利属性

关于个人信息权的权利属性，存在各种不同的学说，其中有四种较为典型。

(一)财产权

财产权说认为，信息主体对个人信息的财产利益享有支配权，像其他财产权一样，个人信息权可以自由转让、继承而且保护期限不受限制。个人信息是一种财产

---

① 齐爱民. 美德个人资料保护立法之比较[J]. 甘肃社会科学，2004(3)：139.
② 王利明. 论个人信息权在人格权法中的地位[J]. 苏州大学学报，2012(6)：74.

利益。在市场经济条件下，个人资料采集者采集个体个人资料的目的不是为了了解个体，而是要把整个具有共同特征的主体的个人资料按一定的方式组成资料库，以资料库反映的共性来满足其自身或其他资料库使用人的需要，是建立一种扩展财源的途径。因此，只要不与法律和公共利益相抵触，信息所有权人均享有对个人资料的占有、使用、收益和处分权。无论他人对主体个人资料的获取方式与知悉程度如何，都不能改变个人资料的所有权归属。①

这种学说的弊端是混淆了人格利益和财产利益、信息主体的权利和信息处理者的权利。信息有多种，既有含财产性因素的信息，也有含人格性因素的信息。有些信息是可以用来交换的，法律保护这些信息的财产性因素。有些信息是与自然人相关的，具有人格性因素。个人信息不是直接的财产利益，个人信息具有人格属性，不能仅因为个人信息具有财产利益就将个人信息纳入所有权的客体。人格权的客体同样具有财产利益，比如隐私、姓名、肖像等。各国信息保护法主要是保护信息主体的人格利益。而且，个人信息并不具备所有权的客体，即物的一般特性。

(二) 人格权

人格权说认为，从属性上看，个人信息属于人格利益。个人信息所体现的是公民的人格利益，个人信息的收集、处理和利用关系到个人信息主体的人格尊严。个人信息权在本质上属于一般人格权。人格权是指主体对自己的人格要素，如生命、健康、姓名、肖像、隐私等所享有的一种不可分割的非财产性权利。人格权是主体固有的、不可剥夺、不可抛弃、不可转让，且没有财产属性的消极性或防御性的权利。由于个人信息是一种内在于主体的人格要素，其主要功能是维护主体的个人尊严和精神利益，是不能放弃、不能转让的。姓名、肖像、隐私等人格权的客体只能内在于主体，且与主体不可分离。如果承认这些个人信息主体享有财产权，将会产生一系列的问题。首先，会导致内在于主体的人格因素财产化，这有悖于人权保护的观念。其次，财产具有可自由转让性。如果承认个人信息商品化、财产化，则可能导致信息的二次开发利用，阻碍信息主体限制其个人信息数据的使用或转移，不利于信息主体对个人信息流通的控制。最后，随着个人信息价值的增加，将会刺激企业获取更多个人信息，从而导致更广泛的信息侵权。因此，个人信息体现的是个人的一般人格利益。个人信息的保护应该采取人格权的保护模式，个人信息权从其内容和特征来看，应该属于人格权的范畴。个人信息的收集、处理和利用直接关系到个人信息主体的人格尊严。该说以王利明教授为代表，目前也是我国法学界的主流观点。

(三) 隐私权

隐私权说认为，个人信息是一种隐私利益，我国的个人信息保护立法应借鉴美

---

① 齐爱民. 论个人信息的法律属性与构成要素[J]. 理论与探索, 2009(10).

国的做法，采取隐私权保护模式。比如，杨立新教授认为，公民个人信息不属于财产权利，公民个人信息应概括在隐私权之中，隐私权是公民个人信息的权利基础。具体而言，公民个人信息虽具有财产利益属性，但不是所有权。所有权是对特定物的排他的、独占的支配权，个人信息的首要特性并非财产属性，其客体不是一般的物，而是体现人格特征，具有人格的可识别性。① 其次，从学者对隐私权的定义来看，个人信息是包含在隐私之中的，属于隐私权的一部分，是自然人享有的对其个人与公共利益无关的私人信息、私人活动和私人空间等私生活安宁利益自主进行支配和控制，不受他人侵扰的具体人格权。私人信息概括在隐私权保护范围之中，隐私权包含个人信息权。该说将个人信息认定为隐私权的客体，充分肯定人格属性，使得受侵害者在精神上所受损害能得到有效弥补，但混淆了个人信息与隐私的概念，两者并非同一，而是存在着互相交叉的关系。

（四）人格权和财产权双重属性

该说法认为，个人信息除了具有人格利益之外，也具有财产利益。个人信息具有财产利益并不妨碍个人信息权属于人格权。个人信息首先是具有人格属性的，因为个人信息指向某个具体的个人，和个人的社会身份、个体存在密切相关，这些信息体现一定的人格价值，是具有人格利益的。其次，个人信息也具有财产属性。个人可以将自己的个人信息出售以获取经济价值，可以进行交易。所以，个人信息同时具有人格属性和财产利益，其中人格属性居于主导地位。因为个人信息的财产价值往往是基于这些信息与某个特定的个人相联系，因此，个人的财产价值在很大程度上依附于其人格属性，是以人格属性为基础的。

比如，刘德良教授认为，个人信息的保护应分为两类：一类是与人格利益有直接关系的，比如肖像、姓名、隐私等；一类是与人格利益没有关系的，这些信息可以被正常利用，只要不被滥用或非法买卖，不会对人格权造成损害。信息时代，任何个人信息都有潜在的商业价值，其商业价值应该独立于人格权。② 再如，刁胜先教授认为，个人信息权是兼具精神与物质利益双重性的人格权。在人格识别意义上，个人信息的精神利益具原始性、第一性，是信息主体内在的构成部分；物质利益来源于并依附于精神利益指向的主体本身，是尊重和维护主体精神利益的物化形式，具附属性、第二性。将个人信息权定性为人格权，既可保护其精神利益与物质利益，又可避免立法上将其分插入人格权与财产权两个体系，以维护个人信息的统一性并节约立法资源，还可针对性设计其特有权能，以摆脱既有财产权与传统人格权权能单一的限制。③

---

① 杨立新，陶盈. 公民个人电子信息保护的法理基础[J]. 法律适用，2013(8).
② 刘德良. 确认个人信息的财产属性，抑制垃圾信息泛滥[J]. 世界电信，2010(3).
③ 刁胜先. 论个人信息的民法保护基础[J]. 内蒙古社会科学(汉文版)，2011(5)：58.

三、个人信息权的内容

个人信息权是一种新型的人格权，其目的在于使个人能够以自己的积极行为支配其个人信息，保护其精神和人格利益。个人信息权一般应包含以下内容：

（一）信息的知情权

知情权，是指个人信息的权利人有权知道自己的哪些信息被收集，谁收集了自己的个人信息，收集这些信息的用途以及信息将会以怎样的方式表现出来。知情权，意味着用户有权了解自己向网站提交和填写的个人信息是否是必需的，网站对个人信息是否具有相关的保护以及保护的具体措施，网站是否会将其收集的个人信息提供给他人，网站收集信息的目的和保留信息的时间等。

在电子商务实践中，网络用户要享受网络服务，通常会被要求填写自己的个人信息进行注册。消费者将自己的个人信息提供给商家，只是无偿转让个人信息有限的使用权，而没有让渡所有权。因此，原则上，没有消费者的授权，商家无权使用个人信息。但如果要求商家每次在使用个人信息前都取得消费者的明确授权又将大大增加电子商务的协商和交易成本，因此，商家应该履行告知义务，如果消费者在明知提供的个人信息可能被商家利用仍没有任何说明，则可默认为消费授权商家使用。当然，这种默认使用，仅限于个人可以预见到的范围。在当前电子商务环境下，大量的个人信息在信息所有人不知情的情况下被收集，且用于何种用途消费者完全不知，这种行为侵犯了信息主体的知情权。

（二）信息的控制权

信息的控制权，是指个人信息的权利人对自己的个人信息具有自我控制和自行管理的权利。信息主体有权决定是否允许经营者收集个人信息，决定收集个人信息的范围以及信息收集后的使用方式，决定自己的个人信息是否公开，是否可以转让给他人。比如，2016年欧盟《一般数据保护条例》规定了"个人数据可携权"，赋予用户对自己的信息严格的控制权，允许用户无障碍地将其个人数据以及其他数据资料从一个信息服务提供者处转移至另一个信息服务提供者。信息控制者不仅无权干涉信息主体的此项权利，还需要配合用户提供数据文本。

（三）信息的查询和更正权

针对经营者收集和处理个人信息的行为，信息所有人有权访问、查阅，并要求经营者提供个人信息复制本。此外，信息权利人也有权对自己的个人信息进行整理和修改。如果经营者保存的个人信息不充分或不完整，信息权利人有权要求更正。信息权利人有请求信息处理者采取合理措施，确保个人信息正确与完整状态的权利。信息的使用人不能拒绝提供查询，也无权修改网络用户提供的个人信息，除非用户委托授权。比如，2011年商务部《第三方电子商务交易平台服务规范》规定了第三方电子商务交易平台的数据存储与查询："平台经营者应当妥善保存在平台上发布的交易及服务的全部信息，采取相应的技术手段保证上述资料的完整性、准确性和安全性。站内经营者和交易相对人的身份信息的保存时间自其最后一次登录之日起不少于两年；交易信息保存时间自发生之日起不少于两年。站内经营者有权在保存期限内自助查询、下载或打印自己的交易信息。鼓励第三方交易平台通过独立的数据服务机构对其信息进行异地备份及提供对外查询、下载或打印服务。"

（四）信息的删除权

信息的删除权，也称为"被遗忘权"（right to be forgotten），是指个人信息的权利人有权要求拥有、处理其个人信息的机构将其信息永久删除的权利，除非信息保留有合法的理由。这意味着，只要用户想终止或避免自己的个人数据在互联网或其他领域被使用、传播或泄露，就有权要求数据收集方和使用方彻底删除其数据，只要不影响言论自由和损害到公共利益。

在欧盟，个人数据权利被视为一项基本人权。出于二战期间纳粹大规模侵犯人权的教训，欧盟国家对个人数据实行严格保护。2016年欧盟《一般数据保护条例》规定了"被遗忘权"，根据该条例第17条的规定，当个人数据已和收集处理的目的无关、数据主体不希望其数据被处理或数据控制者已没有正当理由保存该数据时，数据主体可以随时要求收集其数据的企业或个人删除其个人数据。如果该数据被传递给了任何第三方（或第三方网站），数据控制者应通知该第三方删除该数据。一旦数据所有者撤回自己向企业或组织授予的个人数据使用权时，不希望自己的数据由某公司进行处理，并且"只要没有保留该数据的合法理由"，相关企业或组织必须立即无条件删除所有的个人数据，不得保留其他备份或者快照索引，不管个人数据位于哪个系统哪个历史时期哪个文件。

我国立法目前没有规定个人对信息的删除权，鉴于大数据发展的特点，越来越多的学者建议，我国立法应借鉴欧盟数据保护条例规定信息主体的删除权，企业没有主动删除的义务，但如果信息的权利人主动提出删除要求，收集者应该满足。

（五）申诉权

作为个人信息的收集者，电子商务经营者负有保障消费者个人信息安全的义务。申诉权，是指如果经营者违法使用个人信息或因外部原因造成信息泄露，信息所有人有权要求采取必要措施保障个人信息安全。如果经营者拒绝采取必要措施或技术手段，则信息所有人有权提起诉讼或者以其他方式救济自己的权利。

第三节　电子商务中的个人信息侵权

一、电子商务中个人信息侵权的主体

在电子商务交易的过程中，消费者的个人信息被非法收集、利用或披露将对消费者的隐私和财产等造成安全危险。有可能涉及消费者个人信息侵权的主体主要有：互联网服务提供商、电子商务交易平台、电子商务经营者、第三方支付平台、物流服务提供商、身份认证服务提供商、恶意软件发布者或黑客等。

二、电子商务中个人信息侵权的主要表现

(一)任意收集个人信息

1. 利用 Cookies 收集个人信息

在用户打开并浏览网页的过程中，网站都会产生一定数量的 Cookies，这是由 Web 服务器置于用户计算机硬盘上的一个非常小的文本文件。Cookies 可以记录用户的 ID、密码、电子邮件地址、浏览过的页面，甚至是停留的时间。当用户登录网页时，网站通过读取 Cookies，确认用户的身份信息。Cookies 技术为电子商务经营者掌握用户的消费需求和购物习惯提供了最为便捷的手段，只要用户未拒绝接受 Cookies，电子商务平台的经营者就会在消费者用户的计算机上设定或取用 Cookies，用户的个人信息也就逐渐被累积和利用。由于知识的局限性以及自我保护意识的薄弱，大多数消费者对 Cookies 都采取不抵抗政策。Cookies 记录下用户的每一次行为，继而分析出用户的生活习惯和消费倾向，从而有针对性地对该用户发送营销广告和推广服务，为其提供个性化的服务。比如，购物网站上的"购物车"，就是经营者用以记录用户购买商品和习惯的工具。个性化服务的实质是经营者对网络用户大量个人信息分析和利用的结果。

2. 利用会员注册收集个人信息

几乎各种经营性的网站都规定，用户要想在网上购物，就必须首先注册登录成为该网站的会员。为了能够在网上购物，消费者只能申请成为会员。在申请会员的过程中，消费者不仅需要签署一份内容冗长的服务协议，而且还得进行账户验证，填写个人的电话号码或电子邮箱以及其他信息来进行验证，这种信息必须是真实的，否则没法进行验证，因而就无法网上购物。所以，在成为会员的过程中，消费者无形中将自己与网站进行了绑定，网站则可以收集消费者的个人基本信息，记录其购物习惯并与其他信息叠加在一起。

3. 利用订单生成和物流配送收集个人信息

每一次网上购物，消费者在进行注册、浏览环节之后，还需要确认订单和在线支付。在确认订单的过程中，消费者需要填写配送地址、收货人姓名、联系电话等信息。为了购买，消费者需要填写自己的银行卡号或密码等信息。为了收到货物或商品，消费者还不得不填写真实的地址或姓名以及联系电话等。这些信息都被购物网站记录或保存下来，而且现在几乎所有的网上购物都通过专业物流来进行，物流快递企业流动性强，从业人员繁杂，由于每件配送货物上都标明了消费者的真实信息，有些快递人员也就借此机会大量收集用户的个人信息，用以买卖或其他违法犯

罪活动。此外，一般的购物网站上还设有用户评价服务，网站经常会以成功评价将回报相应奖励为由诱使消费者再次主动暴露个人信息等。

(二) 利用系统或程序漏洞盗取个人信息

一些网络黑客通过技术手段恶意非法入侵计算机系统获取个人数据信息，比如，将"木马"程序植入计算机，如果买方未设置安全保护措施，在买方进行网上支付，输入银行账号及密码时，木马程序就会记录这些银行信息，或者直接攻击网络以盗取客户的银行信息。或者通过设置"钓鱼网站"，仿冒真实网站的 URL 地址和页面内容，诱使网络用户提供银行信息，直接导致网络用户的财产损失。目前，大多数电商企业的安全保障系统安保级别较低，数据库缺乏严密的加密过程，有些网站甚至没有采取任何技术防范措施，将用户的隐私信息暴露在网络中，电商网站的后台也没有对访问权限严格限制，对数据库信息访问、调取和管理不到位，从而使网络黑客有机可乘。比如，2011 年淘宝、京东、当当网和美团等购物网发生的用户账号被盗和余额丢失事件等。

(三) 二次加工个人信息

个人信息的二次加工，是指网络经营者利用自身掌握的个人信息建立综合的数据库，然后对数据进行加工和挖掘，通过利用碰撞、比对等方法从中分析出一些个人并未透露且具有商业价值的信息，获取消费者的全部身份特征或消费特征，从而引导企业的营销策略。比如，消费者在电子商务平台购买衣服，商家通过对衣服样式、颜色、大小等商品特征的挖掘，总结出消费者的年龄、消费爱好或需求，从而向其推销其可能购买的商品。对消费者个人信息的挖掘和二次利用不仅可以提高经营者的营销效率，节约成本，同时也使消费者降低了搜寻成本，享受了个性化的定制服务。但是，由于目前我国对个人数据二次加工行为缺乏指导规范，行为合法性边界模糊，未经消费者本人许可的个人信息二次加工使用易引起侵权纠纷，妨碍该技术推广应用。

(四) 交换或买卖个人信息

1. 个人信息交换

个人信息交换，是指掌握个人信息和消费记录的主体直接与另一主体相互交换各自所掌握的个人信息，各取所需。为了获得更多利润或经营便利，在运营的过程中，许多电商企业在未经用户同意或授权的情况下，直接将其掌握的个人信息和消费记录与合作伙伴共享，与其他电商、物流公司、广告公司等关联单位或某些调查机构或商业机构互换各自掌握的客户信息。

2. 个人信息买卖

个人信息买卖是指直接将收集和存储的用户个人信息作为自己的私有财产，明码标价公开出售，以获取利润。比如，2012 年的多家快递公司快递员倒卖快递单事件。目前，个人信息买卖形成了一种产业，有些专门从事个人信息买卖的公司从电子商务企业、第三方技术支持公司等处购买信息，然后高价转让给其他需要个人信息的企业和个人，牟取差价。这类公司通过多方面的渠道广泛收集并精确掌握特定消费者的详细信息，使购买这些信息的企业在激烈的市场中占有先机。这些公司对个人信息的收集往往未经个人同意，从而导致网络用户的个人信息与隐私数据无限扩散，影响消费者的正常生活。

(五) 泄露个人信息

在电子商务交易的过程中，除了交易本身，还会涉及物流、保险、银行支付、商业广告等诸多服务内容，这些过程中都会收集和处理用户的个人信息和隐私数据，每一个环节都面临数据隐私泄露的风险。造成用户个人信息和隐私泄露的原因，一方面是因为企业没有尽到足够的安全保障义务，过失造成用户隐私数据泄露，另一方面则可能来自于外来的攻击和不法行为。目前，我国的电商行业已颇具规模，但针对用户个人信息保护的措施却没有统一标准。即使是一些国内知名的大型电商企业，在安全保护系统设置方面都比较薄弱，安全系统等级较低，数据库缺少完善的加密过程，从而导致用户信息很容易被盗取和泄露。比如，2009年的开心网系统安全漏洞导致用户信息泄露事件、2012年的中国人寿80万份保单的个人信息泄露事件以及2016年的唯品会和网易考拉海购客户信息大量泄露事件等。

三、个人信息侵权的危害

随着信息技术的发展，电商企业收集和处理个人信息的能力大大提高，信息收集对象和数量远远超出了消费者授权和知晓的范围。一方面，商家对个人信息的收集为个性化服务提供了数据支持，提高了电子商务的便利性和针对性。另一方面，电商企业信息收集能力滥用，不当的信息处理行为，也造成了极大的危害。

(一) 侵犯个人隐私和财产安全

个人信息体现了权利人的人格利益和财产利益。不当收集和处理消费者的个人信息，会暴露消费者的隐私或降低其社会评价，使其人格利益受损，直接给消费者带来巨大的精神困扰。同时，个人信息在电子商务环境下体现出较高的商业价值，滥用或盗卖消费者的个人信息会造成消费者的财产风险。尤其是近年来发生的电子商务企业内部监守自盗和信息泄露现象，不仅导致用户个人信息和隐私数据大范围扩散，直接侵害用户隐私权，还使消费者的财产利益蒙受重大损失。

(二) 阻碍电子商务健康发展

电子商务的蓬勃发展建立在个人信息保护和个人信息利用平衡的基础上，电子商务经营者必须依赖消费者的个人信息才能与之进行交易，但如果消费者对经营者缺乏信任就会拒绝提供个人信息，从而阻碍电子商务的发展。这种信任一方面缘于对经营者资质的认可，另一方面，是消费者的个人信息得到有效保护。电子商务发展初期的最大困境在于人们对电子商务这种商业模式交易的信任和认可，其最大的障碍就是对卖家诚信度的怀疑。如果信息安全问题得不到解决，电子商务企业的信誉度下降，则会大大影响消费者对电子商务的参与程度，造成电子商务行业的信任危机，对企业经营和利润带来直接影响。

(三)危害国家经济秩序和信息安全

目前，在市场上形成了将消费者个人信息作为商品进行买卖的地下产业，商家通过非法获得的个人信息向消费者发布垃圾商业信息，不仅扰乱了人们的正常生活，也对市场公平竞争的秩序带来影响。现代信息社会中，国家安全与网络安全紧密相关，电子商务作为战略新兴产业，其交易信息安全直接影响到整个国家经济体系的健康与发展。随着大数据技术和跨境电子商务的发展，大量的个人信息被挖掘并被二次分析和利用，尤其是涉及我国宏观经济交易的数据等向境外流通，极易引发国家网络安全问题，损害国家利益。

第四节　电子商务个人信息的法律保护

一、个人信息保护的基本原则

个人信息保护的基本原则，是指在个人信息收集、利用和处理的过程中，必须遵循的基本原则或规范，是指导个人信息保护立法、司法的根本，也是贯穿整个个人信息保护法律制度的根本。确立个人信息保护的基本原则，有助于明确个人信息收集、使用行为合法抑或非法的边界。

1980年，世界经济合作发展组织(OECD)颁布了《隐私保护和个人数据跨国流通指导原则》(以下简称《指导原则》)，并确立了个人信息保护的八项基本原则：(1)收集限制原则；(2)信息质量原则；(3)目的明确化原则；(4)使用限制原则；(5)安全保护原则；(6)公开原则；(7)个人参与原则；(8)责任原则。该《指导原则》是目前世界上较有影响力的立法，不少国家和国际组织立法对此予以借鉴。

2005年，《APEC隐私保护纲领》以1980年OECD确立的原则为基础，确立了APEC信息隐私保护的九项原则：(1)预防伤害原则；(2)通知原则；(3)收集限制原则；(4)信息使用原则；(5)选择原则；(6)信息完整性原则；(7)安全保障原则；(8)可及性和纠正原则；(9)负责性原则。

1995年，欧盟《关于涉及个人数据处理的个人保护及此类数据自由流动的指令》(简称《个人数据保护指令》)以此为基础确立了欧盟个人数据保护的基本原则，其中关于个人信息管理者的义务原则是：数据质量原则；数据处理合法化原则；告知原则；特殊类型数据处理原则。关于个人信息主体权利的原则包括：查询权利；不符合指令规则的个人信息处理，特别是数据不完善、不准确，应适当更正、删除或封存；数据主体拒绝的权利。

　　此后，针对成员国个人数据保护碎片化问题以及云计算和大数据带来的法律适用挑战，欧盟对 1995 年《个人数据保护指令》进行改革。2016 年 4 月 27 日，欧盟议会和理事会通过了《关于在个人数据处理方面对自然人保护和此类数据自由流动的第 2016/679 号条例》(简称 GDRP)，新条例第 5 条对处理个人数据的原则进行规定："处理个人数据应当：(1)合法、正当、透明；(2)处理数据的目的是有限的；(3)仅处理为达到目的的最少数据；(4)确保数据准确、时新；(5)储存数据的期限不得长于为达到目的所需的时间；(6)采取技术和管理措施以保护数据的安全；(7)数据控制者有责任并应能够证明其做到了以上几点。"新条例还在第 6 条对合法处理数据应满足的条件进行规定："合法处理数据至少满足以下中的一项，处理数据才是合法的：(1)数据主体同意了为特定目的处理其数据；(2)处理数据是为签订或履行合同所需的；(3)处理数据是为遵守法定义务所需的；(4)处理数据是为了保护数据主体或其他自然人的至关重要的利益；(5)处理数据是为了公共利益或行使政府授予的权力；(6)处理数据是为追求数据控制者的合理利益，但不得损害数据主体的利益。"

　　2013 年 2 月 1 日，中国首个个人信息保护国家标准《信息安全技术公共及商用服务信息系统个人信息保护指南》(以下简称《指南》)正式实施。《指南》通过"八大基本原则"，即个人信息管理者在对个人信息进行处理时需把握目的明确原则、最少够用原则、公开告知原则、个人同意原则、质量保证原则、安全保障原则、诚信履行原则和责任明确原则；《指南》中的基本原则是对《关于加强网络信息保护的决定》的细化和补充。

　　对于个人信息保护的基本原则，世界各国和国际组织的规定大致相同。主要包括以下几项原则：

(一)目的明确原则

　　目的明确原则，是指收集个人信息的目的，必须在收集前加以确定，确定的目的必须通过一定方式明确化，发生目的变更时，变更后的目的也必须及时予以明确，以此保证信息主体和社会对个人信息处理的可预见性。收集个人信息需要具有特定、明确、合法的目的。

(二)知情同意原则

　　知情同意原则，是指信息管理者在收集个人信息时，应当充分告知信息主体有关个人信息被收集、处理和利用的情况，并征得信息主体同意。不得收集未满 16 周岁的未成年人的个人敏感信息，确需收集其个人敏感信息需要征得其法定监护人的明示同意。

　　比如，我国《征信业管理条例》第 13 条规定："采集个人信息应当经信息主体本人同意，未经本人同意不得采集。但是，依照法律、行政法规规定公开的信息除外。"该条例明确规定了信息采集需遵守知情同意原则，在一定程度上保护了信息主体的权利，防止信息被滥用。2014 年国家工商行政总局发布的《网络交易管理办法》第 18 条第 1 款规定："网络商品经营者、有关服务经营者在经营活动中收集、使用消费者或者经营者信息，应当遵循合法、正当、必要的原则，明示收集、使用信息的目的、方式和范围，并经被收集者同意。网络商品经营者、有关服务经营者收集、使用消费者或者经营者信息，应当公开其收集、使用规则，不得违反法律、法规的规定和双方的约定收集、使用信息。"2014 年新修订的《消费者权益保护法》第 29 条规定："经营者收集、使用消费者个人信息，应当遵守合法、正当、必要的原则，明示收集、使用信息的目的、方式和范围，并经消费者同意。经营者收集、使用消费者个人信息，应当公开其收集、使用规则，不得违反法律、法规的规定和双方的约定收集、使用信息。"

随着大数据技术的飞速发展，大数据要求对大规模的数据进行收集、分析，已经不适合有事前的约束。尽管"知情同意"原则在很多场合下仍然需要，但显然已不能满足大数据应用的场景。在大数据时代，告知同意的原则已经很难实现，至少已经不适用于大数据的二次利用。很多数据在收集时并无意作其他用途，数据的收集者自己也无法预知，更无法告知用户并征求其同意，但在未来，这些经过大数据处理的个人信息却有可能被发现并产生很多新的用途。正如美国白宫发布的《大数据：抓住机遇、坚守价值》报告所说；"告知与同意框架已经被大数据所带来的正面效益打败，大数据所带来的是新的、并非显而易见但十分强大的使用价值。"所以，大数据时代，仅仅停留在个人数据的收集阶段，坚持知情同意原则已不能有效地保护个人信息。

在当前的大数据背景下，知情同意原则可以适当弱化。个人信息保护应当朝更有意义、更切实可行、更有效的方向进行改革。比如，让个人对数据控制有更广泛的认识，个人从被动的消费者变成数据的生产者。要求企业以更加简洁易懂的方式告知用户个人数据利用带来的好处和弊端，而不仅仅是提供一个冗长复杂的隐私政策或者告知用户数据流转的每一个细节；要求企业遵循"隐私保护设计"原则，在产品的设计、研发、推广、使用、市场退出的每一个环节考虑用户信息保护要求，为用户提供数据的全生命周期保护等。

(三) 目的限制原则

早在 1980 年 OECD 发布的《指导原则》中就规定了目的限制原则。目的限制原则，是指个人信息的收集和利用应限于最初确立的目的，并采取公平合理的方式收集，后续使用和传输不得违背数据传输的目的。个人信息的收集应当遵循一定的规则，受到一定限制。通常来说，收集的目的和种类、收集的方法和手段应该是合法、公正的。

随着大数据技术的发展，企业收集信息的动机更加强烈。信息成为重要的战略资源。但是，个人信息保护的基本原则之一，目的限制原则在实践中不断被突破。

企业不仅收集实现业务目的所必需的信息，也会收集无关的信息。在云计算技术的支撑下，企业可以更长久地保存这些信息，它所蕴含的价值还可以留待未来发掘。大量的个人信息不仅可能在今天被滥用，在几年甚至几十年后仍然可能被滥用。参与个人信息收集、使用的利益方众多，个人信息收集的目的无法在事前穷尽或预知。与知情同意原则一样，简化目的限制原则成为当前平衡产业发展与个人信息保护的重要手段之一。

(四) 最少够用原则

最少够用原则是指只处理与处理目的有关的最少信息，收集阶段告知的个人信息使用目的达到后，应在最短时间内立即删除个人信息。网络经营者只能收集经营和交易必要的信息，如果超出了交易必要的信息，则违背了最少够用原则。

(五) 信息品质原则

信息品质原则，也称信息质量原则，是指信息管理者应保障个人信息在其处理目的范围内完整、正确和时新。信息应当准确，且保证必要的更新，就信息传输或者后续处理的目的而言，信息应当恰当且相关。

(六) 安全原则

安全原则，是指对个人信息应采取合理的安全保护措施以防止个人信息丢失、非法访问、毁损、利用、修改和泄露等风险。比如，2014年国家工商行政总局发布的《网络交易管理办法》第18条第1款规定："网络商品经营者、有关服务经营者及其工作人员对收集的消费者个人信息或者经营者商业秘密的数据信息必须严格保密，不得泄露、出售或者非法向他人提供。网络商品经营者、有关服务经营者应当采取技术措施和其他必要措施，确保信息安全，防止信息泄露、丢失。在发生或者可能发生信息泄露、丢失的情况时，应当立即采取补救措施。"

有学者认为，危险性较大的项目，管理者必须设立规章，规定数据使用者应如何评估风险，如何规避或者减轻潜在伤害。经过评测的大数据使用，可以不用经过用户同意，可以对个人数据进行二次利用。所有的利益相关者均应该采取必要的安全保障措施，安全保障是法律应当重点规范的制度。法律应当确立主要责任人，即首次面对个人的数据控制者，对个人承担主要安全保障责任，相关参与者应当与数据控制者以合同方式约定安全保障责任，数据控制者拥有追索权。监管部门对安全责任合同制定统一的标准格式，明确主要的责任条款。

当前的个人信息保护法注重于用户在个人信息收集环节的控制力。然而在大数据环境下，随着信息收集的日益普遍，以及信息收集与业务使用之间的紧密依赖关系，事前的控制力相对来说已经不再那么重要。更重要的是用户信息在被使用的过程中，如何防止被滥用。因此，安全原则要求，企业要分析数据使用过程中的安全风险并提出与之匹配的保护措施，逐步实现从注重事前知情同意到事后安全保障的转换。

(七) 自由流通和合理限制原则

自由流通和合理限制原则，是指应在保证信息主体合法权利的基础上促进个人信息跨国流通，但应该限制个人信息流向那些缺乏实质性个人信息保护立法或者不能对个人信息提供合理保护的国家，除非信息的接受国达到了恰当的保护水平，否则，信息的最初接受人不得向第三人再次转移信息。

(八) 责任明确原则

由于大数据技术的冲击，个人对个人信息的事前控制力减弱，因此，个人信息的保护应该更加强调事前到事中和事后环节的转变，将关注重点从数据收集环节转向数据使用环节，更加注重事后责任的追究，使数据的采集者和使用者对数据的管理及其可能产生的危害负责。加强对大数据应用中获益企业的问责，不仅可以通过个人信息保护法律本身来追究，还可以通过合同机制进行引导，通过合同来约束相关方的数据处理行为。

二、个人信息保护的模式

目前，对个人信息的保护主要形成了两种模式，一是自律模式，一是立法模式。自律是由相关公司企业或产业实体联合制定该行业的行为规范或行为指引，在行业内部遵循的保护个人信息权利的机制。自律模式分为企业自律和行业自律两种。

(一) 自律模式

1. 企业自律

(1) 制定隐私保护政策。

为了消除消费者对隐私泄露的担忧，增强信任度，刺激消费，目前，电子商务网站主要通过技术措施加上内部管理方式对用户个人信息进行保护，即在其经营的网站上发布在线隐私声明表明其对隐私保护的重视，尽管各自采用的措辞不同，但目的主要在于强调其能保证消费者的个人隐私不被泄露。

具体的做法是，用户在网站注册个人信息时，通常会被提示阅读该网发布的隐私政策声明，同意接受该声明后方可注册为网站用户，从而在网络服务商与用户之间就个人信息收集达成电子协定。用户可将自己的个人隐私偏好设定在该软件的选项中，设定在任何网站收集个人信息的时候，禁止进入该站点或者提醒用户，一旦设定，该软件将同用户的浏览器程序一同运行。如果信息收集行为与设定的标准符合，则隐私协定自动缔结，用户就可自由浏览该站点，如果不符，用户必须迅速决定是否进入该网站，提示通常以对话框形式出现，以便用户选择。隐私政策声明的应用旨在实现用户与网站收集使用个人信息的知情权和选择权，从而达到保护用户隐私数据的目的。

实践中，许多电子商务网站都发布了隐私保护政策。比如，阿里巴巴在隐私声明中强调："我们网站有相应的安全措施来确保我们掌握的信息不丢失，不被滥用和变造。这些安全措施包括向其他服务器备份数据和对用户密码加密。"此外，360在为网民提供隐私保护的同时发布了《隐私保护白皮书》，欢迎网民监督和政府监管，并宣布将旗下所有产品的源代码托管给中国信息安全测评中心，任何个人和机构都可以查看360产品的源代码，只要发现360产品中有侵犯用户隐私的可疑之处，都可以向相关部门举报。

（2）设立个人信息保护专员制度。

在企业内部设立个人信息保护专员制度是德国首创的，1977年德国《数据保护法》就明确了这一制度。此后，欧盟1995年《数据保护指令》采纳这一做法。个人信息保护专员制度是指，挑选具有一定专业知识与经验的人担任个人信息专员，由其负责监督个人信息保护法律规范在企业的实施，监督企业内部的个人信息处理行为，避免企业侵害个人信息主体的权利，确保企业对个人信息的处理不对个人信息主体权利和自由造成不利影响。

实践中，有些电子商务企业或网站设立了这一制度。比如，2012年，360公司宣布任命首席隐私官负责处理360软件产品可能涉及用户数据的各项事务，包括规划和制定公司的隐私政策、审核各产品的用户使用协议、监督各产品的工作原理和信息处理机制等，保证公司各软件产品的行为符合国家相关的法律法规，并通过与国际企业和各隐私保护组织的交流，进一步提高和完善公司现行的隐私保护制度。此外，2016年通过的欧盟《一般数据保护条例》规定，雇员在250人以上的大型企业必须设立数据保护官，在企业违法情况下，数据保护官将被追究法律责任。

个人信息专员制度的优势在于专员能够直接了解信息控制者实施的个人信息处理行为的具体情况，可针对性地提出指导建议，从而有效监督企业的个人信息处理行为。缺点在于这种监督往往受制于企业内部高层管理者及管理部门，可能存在失灵或虚设问题。

2. 行业自律

行业自律是指由多数企业公认的，在特定行业领域具有广泛权威性的组织制定行业的行为规章或指引以保护个人信息的一种方式。从各国或地区的个人信息救济制度看，行业自律模式受到了普遍重视，尤其是美国。美国特别强调行业自律在个人信息保护中的主导地位。除了少量涉及公共领域的个人信息以立法模式，其他很多私人领域都采取行业自律机制。1997年，美国发布《全球电子商务框架报告》，明确指出政府应尽量避免对电子商务活动过多地干预，而应采取市场主导的原则。

个人信息保护的行业自律主要有四种类型：（1）技术性选择保护。（2）在线隐私（认证）标识计划。（3）建设性行业指引。（4）行业自律规范。在我国，个人信息保护的行业自律模式同样受到重视。比如，周汉华教授在2006年《个人信息保护法专家建议稿》中提议，应建立行业自律组织。该稿第53条规定："国家鼓励其他个人信息处理者在自愿的基础上成立行业自律组织，并创造条件，逐步向行业自律组织转移政府职能。行业自律组织的设立条件和要求由国务院信息资源主管部门具体制定。"

我国近年来在个人信息保护方面形成了一些有影响力的行业自律组织。

（1）中国互联网协会。

中国的互联网行业协会是随着网络企业的崛起而发展的。互联网协会既是信用评价中心，又是网络诚信联盟。协会推行信用评级机制和网信认证机制，通过评估企业的"用户隐私信息保护"颁发电子证书。只有在隐私保护方面认真负责且积极保护用户隐私的网站才能通过中国互联网协会的信用评价认证，被认为是可以信赖的网站。中国互联网协会制定了《中国互联网行业自律公约》，其第 8 条规定："自觉维护消费者的合法权益，保守用户信息秘密；不利用用户提供的信息从事任何与向用户作出的承诺无关的活动，不利用技术或其他优势侵犯消费者或用户的合法权益。"该公约没有强制约束力，电子商务企业是否签署公约，或签署之后是否遵照执行，完全由企业自己选择，没有相应的法律后果。

（2）中国电子商务协会。

电商行业有自己专门的行业组织——中国电子商务协会，中国电子商务协会设立了诚信评价中心，该中心是国内唯一的电子商务信用服务评价权威机构。该机构建立了电子商务诚信基础标准及评价体系，符合要求的企业可以与其签署"诚信许可协议书"，允许企业在自己的网站粘贴由机构授予的红色或蓝色诚信标识，点击该标志，消费者就可以获取该企业的诚信评价结构。不过，该评价机构也存在一定的问题，例如，认证机构众多，标准不统一，此外，由于认证需要交纳一定的费用，因此缺乏一定的权威性，有花钱买诚信的嫌疑。

2004 年，中国电子商务协会发布了诚信联盟公约，其第 2 条和第 4 条规定："加强消费者隐私权管理，确保消费者各种信息得到安全保护；即时处理消费者的问询和投诉，建立消费者和企业间的信赖关系。"该规定为电商行业用户个人信息和隐私提供了参考，但过于简单缺乏可操作性。

（3）数据中心联盟。

数据中心联盟是在工业和信息化部通信发展司指导下成立、由中国通信标准化协会（CCSA）管理的非营利性第三方组织。联盟成立于 2014 年 1 月 16 日，主要从事数据中心、云计算、大数据等方面的标准预研、推广和评估等工作，旨在促进我国数据中心行业的技术及服务模式创新，推动完善数据中心行业的法律、政策、知识产权和标准，倡导数据中心行业自律，促进数据中心行业健康发展。为了解决数据流通领域长期缺乏行业规范的问题，2016 年 7 月 1 日，数据中心联盟发布了《数据流通行业自律公约》2.0 版，内容主要包括"数据权益""数据流通""数据应用"三大部分，共 15 条。公约规定了数据流通的定义、企业对数据的权益、个人与企业的权益协调、数据流通环节的风险评估、第三方平台责任义务、企业社会责任等内容。作为一个有力平台，《公约》对维护良好的数据流通生态环境，推动大数据产业和促进行业规范发展、加强企业自律有重要的意义。

电子商务行业自律组织具有专业性、独立性、市场性。行业自律是管理电子商务的有效手段，能够避免政府对市场的过度干预，发挥市场的自我调整功能。尽管如此，我国的电子商务在行业自律方面，并未形成真正的自律机制。由于具有官方背景，行业组织成为政府监管的代言人，行业组织和行业成员之间具有天然的利益鸿沟。比如，中国互联网协会是在工信部指导和监督下建立的。加上公约的建议性质，身份的特殊性与约束力疲弱共同造成行业自律的尴尬。[①] 我国缺少行业自律的传统和文化，仅仅通过行业自律很难达到严格监管的效果，因此，更多的学者主张将行业自律与法律规制相结合，既发扬法律规范的强制力优势，又兼顾行业自律的专业化优势。

(二)立法规制模式

通过立法对个人信息进行保护的典型代表是欧盟。目前主要形成了以欧盟为代表的统一立法模式和以美国为代表的分散立法模式。统一立法模式是指，国家制定一部专门的个人信息保护基本法，将公共部门和私营机构的个人信息处理行为统一调整。其优势在于可以统一一国内部的个人信息保护标准，保证法律适用的统一性，避免出现行业自律中的各行其是的弊端。分散立法模式是指，对不同领域的个人信息分别立法，尤其是区分公私领域分别立法。一方面，对政府机关收集、处理和利用个人信息的公共领域采取分散立法，区分不同领域或事项分别制定单行法。另一方面，对私人机构收集、处理和利用个人信息的领域实行行业自律。由于各个领域个人信息收集和处理有所不同，针对不同领域单独立法，能够更好结合各领域特点，达到更好的效果。

目前，我国关于个人信息保护的立法，大多分散规定在各个法律规范中。我国还没有建立专门的监管执行机构，对个人信息和隐私保护主要依靠行政部门监管，如工信部、公安部、安全部、国新办、广电部门等。职能部门权力交叉，管理混乱，用户缺乏救济渠道。我国没有出台专门的《个人信息保护法》，但已经形成《个人信息保护法》(学者建议稿)的两种版本，这两种版本都主张我国个人信息保护采取统一立法模式，比如，齐爱民教授的建议稿认为，我国应借鉴德国统一立法模式制定个人信息保护法，在个案中承认自律规范的效力，以促进商业机构对个人信息的自律保护。多数学者认为，建立综合性立体化的权利保护体系，将国家层面与行业层面有机结合，实行全面保护，是我国个人信息保护的最佳方案。不过，也有学者认为，直接采用统一立法模式实质上是加强了国家机关尤其是行政机关对整个社

---

① 米铁男. 中国电子商务领域隐私数据保护研究[J]. 学术交流, 2013(7).

会的控制能力，为公权力扩张提供更大的空间，将构成对公民个人私权利的极大威胁。①

三、个人信息保护的立法

(一)个人信息保护的国际立法

1. 欧盟的个人数据保护立法

(1)1995 年《关于涉及个人数据处理的个人保护及此类数据自由流动的指令》

在个人信息保护和数据安全立法方面，欧盟是走在世界前列的。早在 20 世纪 90 年代，欧盟就开始了数据保护的立法。1995 年，欧盟发布了《关于涉及个人数据处理的个人保护及此类数据自由流动的指令》(以下简称 95《指令》)，为欧盟成员国个人数据立法设立了最低标准，不仅确定了个人数据保护的基本原则，对个人数据的收集、记录、储存、修改、使用或销毁以及网上个人数据的收集、记录和利用等进行规定，而且规定欧盟成员国的个人数据资料不得流入缺少妥善保护个人数据的国家。该规定一方面促使欧盟国家制定各国自己的个人数据保护法，使得个人数据资料在相关国家流通中起到桥梁和督促作用，另一方面，也使得个人数据在欧盟以外国家难以得到便利传播。《指令》(95)只是欧盟向成员国发布的指导性文件，本身并没有强制约束力，它的实施有赖于各成员国通过国内立法予以采纳，在具体案件中只根据各国国内法来保护个人数据。

此后，1996 年，欧盟通过了《电子通信数据保护指令》作为对《指令》(95)的补充。1998 年，通过了有关电子商务的《私有数据保护法》，严格限定了传递和使用个人数据时必须遵守的规则。1999 年，欧盟制定《信息高速公路上个人数据收集、处理过程中个人权利保护指南》，为用户和网络服务商建立起明确的隐私权保护原则，尤其强调网络服务商的责任和用户个人权利自我保护意识的培养等。

(2)2002 年《隐私与电子通信指令》

随着互联网技术的飞速发展，《指令》(95)以及以其为基础通过的一系列立法开始表现出不足。《指令》(95)中包含的访问权(即用户有权访问他们的信息并且修改不当的地方，目的是确保信息的正确性)，已经不能满足用户的需求，用户转而寻求对个人数据的控制权。以《指令》(95)为代表的传统数据保护框架亟待更新。

1997 年，欧盟通过《隐私与电子通信指令》并于 2002 年修订。2002 年《隐私与电子通信指令》允许各会员国立法强制要求网络服务业者保留民众电话、网络与电子邮件通信的详细记录长达一段不确定的时间，详细规定了通信和互联网服务商需要采取适当的措施，保证通信和互联网服务的安全性；禁止在未征得用户同意的情况下存储和使用用户的数据；服务提供商应该保障用户的知情权，如告知用户所收

---

① 谢天，邹平学. 我国个人信息保护的立法模式探析[J]. 岭南学刊，2011(2)：83.

集的数据及进一步处理此类数据的意图和用户有权不同意等，确定了互联网个人数据保护的基本原则，但是在具体操作层面还较为粗略，也缺乏明确的违规惩罚措施。

（3）2009 年《欧洲 Cookie 指令》

2002 年《隐私与电子通信指令》对网站利用 Cookie 收集信息进行了规定，但只是要求网站告知用户启用 cookie 及如何删除或作废 Cookie，实践中，绝大多数网站都把这部分内容放置在用户注册时必须"同意"的用户协议中，常常被用户所忽略。在此背景之下，2009 年，欧盟再次修正个人数据保护措施，通过了《欧洲 Cookie 指令》，对电子商务中 Cookie 的使用加以规范和必要的信息披露管理。《欧洲 Cookie 指令》要求网站在用户初始使用时网站必须关闭 Cookie 的使用，直到用户明确同意启用 Cookie 时才能开启此功能。作为对《隐私与电子通信指令》的重要补充，《欧洲 Cookie 指令》不仅强化了用户的知情权，让用户对网站收集、存储和跟踪用户信息有了清晰的了解，而且对网站生成、使用和管理以 Cookie 为核心的用户个人数据提出了完整规范的管控要求，有效地避免了网站滥用或以不够安全的方式操作与存储用户个人数据。

（4）2016 年《一般数据保护条例》（General Data Protection Regulation，GDPR）

尽管欧盟各国的个人数据保护立法一直以来都是参照《指令》(95)的规定，但各成员国在立法和执法上仍然存在一定的差别。针对成员国个人数据保护碎片化问题以及云计算和大数据带来的法律适用挑战，欧盟开始了数据保护立法的改革。2016 年 4 月 27 日，欧盟通过了《关于在个人数据处理方面对自然人保护和此类数据自由流动的第 2016/679 号条例》（以下简称《条例》），根据规定，新《条例》将从 2018 年 5 月 25 日起在 28 个成员国正式实施生效。与《指令》(95)不同，GDRP 直接对所有的欧盟成员国生效，除了在国家安全、新闻及表达自由以及劳动法等领域外，无须再通过各国制定国内法，从而使欧盟境内的个人数据保护立法得到统一。

新条例由 11 章共 99 条组成，其改革内容主要包括以下几个方面：

第一，将适用范围扩展到境外。新条例规定即使数据控制者在欧盟境内没有设立机构，但其在跨境提供商品或服务的过程中，收集处理欧盟居民个人数据，则应当适用欧盟数据保护法律，并需要在欧盟境内指派特定代表负责合规事宜，从而使其适用范围不仅限于欧盟内成立或经营的公司，也包括境外的企业，其中包括美国、中国等互联网公司。

第二，开创性地引入了"被遗忘权"和"可携带权"，并针对大数据背景下的数据分析进行严格规定，以增强用户的个人数据控制力。信息控制者不仅无权干涉信息主体的权利，还需要配合用户提供数据文本。

第三，大大提升了违法处罚力度。新条例规定，违法处罚额度以企业全球营业总额为基准，如果没有为用户访问、获取个人数据提供相应机制，最高将被处以全球营业总额的 0.5%；如果没有合法理由，拒绝用户删除个人数据的请求；没有建立对用户数据保护的文档化管理，最高将被处以全球营业总额的 1%；如果非法处理个人数据；没有合法理由，拒绝用户关于停止处理个人数据的请求；在数据泄漏事故发生之后，没有及时通知监管机构；没有执行隐私风险评估；没有任命数据保护官；违法向第三国传输个人数据；最高将被处以全球营业总额的 2%。

根据新条例，欧盟将设立"一站式"投诉服务，以便于消费者在欧盟内跨境投诉。新条例禁止将欧盟市民的姓名、信息、信用卡信息、照片等个人数据转移到境外。数据要转移到境外有两种方法：欧盟承认的 SCC 标准契约条例、或者制定如公司内部章程样的跨国企业章程，再经欧盟监督机构认证。此外，新条例还增加了透明原则、最少够用原则等一般性保护原则；规定雇员在 250 人以上的大型企业必须设立数据保护官，在企业违法情况下，数据保护官将被追究法律责任；用户的同意必须是明示的，可撤销的，一个有效合法的同意，其要件包括：用户必须被告知充分的相关信息，自由地做出明确同意的意思表示，不得附带任何条件，且用户有权撤销同意。

该条例被认为具有里程碑意义，是当今全球个人信息保护领域最为严格、管辖范围最宽、处罚最严厉以及立法水平最高的一部法律。欧盟是个人数据保护水平最高的区域，欧盟对个人数据严格的规定，一定程度上阻碍了数据自由流动，影响到对个人数据充分高效的利用。欧盟本土互联网产业相对落后，尽管严格的个人信息保护政策会束缚本土企业的发展，但目前面临市场被美国企业牢牢控制的严峻局面，欧盟似乎更希望通过严格的个人信息保护政策来约束和打压美国企业。

2. 美国的个人隐私保护立法

美国早就意识到电子商务环境下个人隐私保护的重要性。1997 年，美国发布了《全球电子商务政策框架》，该框架特别强化了网络环境下个人隐私的保护力度，并提出了保护网络隐私权的两项基本原则：告知原则和选择权原则。

1998 年，欧盟《数据保护指令》生效，指令关于国际数据传输中规定的"充分性"标准禁止将欧盟成员国的个人数据传送到对数据保护不足的国家，除非传输目的国提供相同水平的数据保护。这一规定对美国产生了不小的压力。由于美国的隐私保护一直是以行业自律为主，这种松散的模式显然与欧盟数据保护的要求存在很大的落差。于是，考虑到美国对数据传输活动的高依赖性以及欧美双边贸易中不得不伴生的大量数据转移需求和对美欧贸易造成的严重影响，美国开始重新审视其个人信息保护体制。美国商业部在广泛听取业界的意见后，提出《安全港协议》，作为将个人信息从欧盟国家传送到美国时所遵循的准则。美国企业自愿加入安全港，接受欧盟个人信息保护政策的约束。获得安全港认证的美国企业将被认为提供了"充分"的隐私保护，欧盟对其在转移个人数据方面的行政管理会进行相应的简化，例如，欧盟成员国对于数据转移的事前许可可以取消或者以自动授权方式进行。总的来说，尽管《安全港协议》本身存在一些争议，但它为美国公司从欧盟转移数据转移提供了一种便利。①

2010年，美国联邦贸易委员会公布了《急速改变时代中的消费者隐私保护报告》，明确规定消费者信息选择权的内容与行使方式，特别强调消费者信息保护透明度要求，并公布了"禁止追踪计划"。2012年2月23日，奥巴马政府公布了《全球数字经济下隐私保护的创新推动的框架》，重点阐明了政府将敦促国会通过消费者在线隐私保护法案，大力推进电子商务环境下消费者个人信息保护制度实施。

在立法形式和制度宽严方面，美国主张分散和宽松的立法。美国采取了公共领域与私营行业区分的立法模式，除了对金融、医疗、儿童等敏感信息有专门的立法规制外，其他行业的个人信息保护更多依赖于行业自律。在行政部门的介入程度方面，主张政府的有限干预。美国的联邦贸易委员会（FTC）仅能从禁止商业不公平行为和欺诈行为角度，对个人信息保护行使有限的监管权。美国对于个人信息的保护是建立在隐私权的基础上，隐私权更倾向于防御性的保护，注重个人权利和商业利益之间的平衡，注重隐私保护与表达自由之间的平衡。除了法律保护之外，美国采取了三种行业自律的模式来保护网络交易中消费者个人信息。一是通过非强制性的商业指引，为电子商务企业保护消费者个人信息提供示范性指导；二是利用技术保护，比如，互联网协会提出的个人隐私偏好性平台技术；三是网络隐私认证机制。这三种模式形成了美国富有特色的个人信息保护制度体系。

实践证明，对于已占据互联网产业绝对优势的美国而言，推行宽松的个人信息保护政策，似乎更有利于降低美国企业的政策负担与风险，继续依托从全球各地收集的海量用户信息获取市场利益。近年来，美国更加积极地在全球推行符合其价值利益的个人信息保护政策，力争在APEC、联合国互联网治理论坛等国际舞台最大限度地提升其对个人信息保护政策的话语权。

3. APEC跨境商业个人数据隐私保护立法

APEC很早就认识到建立统一的个人信息跨境传输规则对推动区域贸易一体化的重要意义。早在2003年2月，APEC电子商务组就成立了个人数据隐私分组，目的在于保护电子商务消费者的隐私权，推进电子商务的环境建设。

2004年，《APEC隐私保护纲领》在韩国签订，为亚太地区的个人隐私保护提供了指导性原则和标准，其中包括避免伤害、通知、收集限制、合理使用、选择性、完整性、安全保障、查询及更正、问责制，共九大原则，APEC希望各国以此

① 王融. 欧美个人信息保护政策的分歧与妥协以及对我国的启示[J]. 现代电信科技，2014(10)：20.

为标准制定本国的数据隐私保护法律，但该规则只具有参考意义，不具有强制力。①

2007年，为了落实《APEC隐私保护纲领》，APEC在澳大利亚悉尼签署《APEC数据隐私探路者倡议》，首次提出建立透明的《APEC跨境隐私保护规则体系》，用以落实数据隐私权的保护，加强消费者的信心和促进跨境数据的交流；2008年，成立跨境隐私规则研究小组。中国在第14次会议被吸收为成员。该研究小组负责隐私保护和操作程序调研、跨境隐私规则指定、数据隐私探路者项目。

2009年，新加坡部长会议批准实施了《APEC跨境隐私执行合作安排》，旨在通过建立APEC区域法律合作框架体系保护网上个人数据信息，加强APEC各经济体在保护跨境个人信息流动方面的合作程度，促进跨境电子商务数据流动，规范企业和处理个人数据行为。

2011年，APEC开始实施《跨境商业个人隐私权保护规则体系》，该体系的实施是国际个人信息保护史上的重要里程碑，该规则被APEC组织定义为"规范APEC成员经济体企业个人信息跨境传输活动的自愿的多边数据隐私保护计划"。从隐私执法机构、问责代理机构和企业三方面进行机制设计，有效保证成员的企业隐私保护水平合乎标准。

该规则体系是一项自愿认证体系，目的在于实现APEC框架内无障碍跨境信息交换，推动APEC参加该体系的成员保护数据隐私的常规惯例达成一致，加入该体系需要相关机构就跨境隐私程序制定符合该体系的内部业务规则，主要包括自我评估、合规审查、认可或接受、争议解决和执行等。美国第一个参加，2013年，墨西哥第二个参加。目前，澳大利亚也在推进加入。② 该规则实施能增强消费者参与电子商务的信心，提高电子商务交易的效率。消费者在进行电子商务交易时，可访问这些网站，选择参加里面的商业机构，使自己的个人数据得到保护。如果个人数据受到侵犯，消费者就可以向隐私权保护执行机构投诉。隐私保护执行机构首先对双方进行调解，调解无效，则隐私保护执行机构可做出正式调查，如发现一方违反条例，则向其发出执行通知，指导其采取补救措施或予以起诉。违反通知属于违法，可以被罚款或监禁，同时，也将被APEC代理机构剔除出认证目录。

(二)我国的个人信息保护立法

我国没有出台专门的个人信息保护法。但是，制定了若干直接针对个人信息和隐私保护的条款，这些条款主要出现在宪法、刑法、民法、侵权责任法、行政法以

---

① 弓永钦，王健. APEC与欧盟个人数据跨境流动规则的研究[J]. 亚太经济，2015(5)：9.

② 徐磊. APEC跨境商业个人数据隐私保护规则与实施[J]. 商业经济时代，2014(30)：102-103.

及各种部门规章、条例和司法解释中。

2000年，信息产业部颁布了《互联网电子公告服务管理规定》，其中第12条规定，"电子公告服务提供者应当对上网用户的个人信息保密，未经上网用户同意不得向他人泄露。"第19条规定了侵犯他人个人信息的法律责任。2007年，商务部印发《商务部关于促进电子商务规范发展的意见》指出："引导电子商务企业建立健全网络与信息安全保障制度，采取有效的网站安全保障措施、企业信息保密措施和用户信息安全措施，防范和制止利用互联网盗取商业秘密和提供用户信息给第三方以谋取利益的行为。"2012年11月，工信部联合其他部门发布《信息安全技术公共及商用服务信息系统个人信息保护指南》，这是我国出台的首个个人信息保护标准。2012年《全国人大常委会关于加强网络信息保护的决定》的出台，确立了我国个人信息保护政策的基础，以此为依据，2013年工信部制定了《电信和互联网用户个人信息保护规定》，至此，我国形成了个人信息保护政策的初步框架。①

总体而言，我国虽出台了一些有针对性的规范性文件，但普遍效力不高，立法主体分散，权利保护意识低，管制色彩强烈。当前分散立法的模式难以满足个人信息保护的现实需要，从个人信息权利的保护和产业发展的实际需求来看，许多规定还需要进一步具体和细化，我国个人信息保护政策仍有很大的提升空间。

四、个人信息侵权的法律责任

当前个人信息侵权泛滥的一个重要原因在于对侵权行为缺乏法律追究。单一的责任模式不能有效地发挥作用。为了提高个人信息侵权的违法成本，增强法律的威慑力，同时起到教育和预防作用，有必要规定行政责任和刑事责任作为民事责任的补充，即民事、行政与刑事责任配套的法律责任体系。

(一)民事责任

如前所述，作为一种人格权，个人信息不仅具有一定的人格利益，也具有潜在的商业价值，侵权人往往为了一定的经济利益而侵害信息权利人的个人信息权。一般来说，未经个人授权或同意，不得基于商业目的收集或利用个人信息，否则就是一种侵权行为，应该承担赔偿责任。所以，规定侵权人承担民事责任，加大侵权成本，客观上可以减少个人信息侵权现象的发生。比如，新修订的《消费者权益保护法》第50条规定："经营者侵害消费者的人格尊严、侵犯消费者人身自由或者侵害消费者个人信息依法得到保护的权利的，应当停止侵害、恢复名誉、消除影响、赔礼道歉，并赔偿损失。"该条规定了经营者侵犯消费者个人信息的民事责任。

---

① 王融. 欧美个人信息保护政策的分歧与妥协以及对我国的启示[J]. 现代电信科技，2014(10).

（二）行政责任

目前，我国一些部门法或规章中，有专门针对个人信息侵权行政责任的分散规定。比如，《全国人民代表大会常务委员会关于加强网络信息保护的决定》第 11 条规定："对有违反本决定行为的，依法给予警告、罚款、没收违法所得、吊销许可证或者取消备案、关闭网站、禁止有关责任人员从事网络服务业务等处罚，记入社会信用档案并予以公布；构成违反治安管理行为的，依法给予治安管理处罚。"此外，我国《消费者权益保护法》第 56 条规定了侵权消费者个人信息的行政责任，通过记入信用档案、向社会公布的方式增强对不法经营者的震慑力，有助于个人信息的更好保护。《最高人民法院、最高人民检察院、公安部关于依法惩处侵害公民个人信息犯罪活动的通知》专门针对个人信息及网络安全问题，规定了实施侵权行为主体的行政处罚等。

关于个人信息侵权的行政责任，2016 年通过的欧盟《一般数据保护条例》具有一定的借鉴意义。针对网络经营者侵权个人信息通常具有隐蔽性的特点，欧盟建立专门的监督机构，设立专门的部门负责调查和取证。条例规定，个人信息违法处罚的额度以企业全球营业总额为基准，如果没有为用户访问、获取个人数据提供相应机制，最高将被处以全球营业总额的 0.5%；如果没有合法理由，拒绝用户删除个人数据的请求；没有建立对用户数据保护的文档化管理，最高将被处以全球营业总额的 1%；如果非法处理个人数据；没有合法理由，拒绝用户关于停止处理个人数据的请求；在数据泄漏事故发生之后，没有及时通知监管机构；没有执行隐私风险评估；没有任命数据保护官；违法向第三国传输个人数据；最高将被处以全球营业总额的 2%。这些措施对打击个人信息侵权违法行为有积极意义，从而确保相关制度措施更有实效。

（三）刑事责任

2015 年 8 月，全国人大常委会通过了《中华人民共和国刑法修正案》（九），其中第 253 条规定了出售或者非法提供公民个人信息情节严重的承担刑事责任。该条规定："违反国家有关规定，向他人出售或者提供公民个人信息，情节严重的，处三年以下有期徒刑或者拘役，并处或者单处罚金；情节特别严重的，处三年以上七年以下有期徒刑，并处罚金。违反国家有关规定，将在履行职责或者提供服务过程中获得的公民个人信息，出售或者提供给他人的，依照前款的规定从重处罚。窃取或者以其他方法非法获取公民个人信息的，依照第一款的规定处罚。单位犯前三款罪的，对单位判处罚金，并对其直接负责的主管人员和其他直接责任人员，依照各该款的规定处罚。"

在原《刑法修正案》（七）的基础上，《修正案》（九）加大了个人信息保护的力度，进一步扩大了个人信息侵权行为的打击范围，对我国公民信息及网络安全免受非法侵害起了积极作用。具体表现在以下几点：

（1）个人信息犯罪的主体不仅仅限于国家机关、金融、电信、交通、教育、医疗等单位及其工作人员，而是包括所有的主体及单位，规定凡是达到法定形式责任年龄的个人及任何单位均可以本罪追究刑事责任。

（2）无论以何种方式取得信息，只要违反国家有关规定，向他人出售或提供公民个人信息，情节严重的，都可以构成犯罪。如果是在履行职责或者提供服务过程中获得的公民个人信息，出售或者提供给他人的，则构成从重处罚的情形。

（3）在处罚力度上，由原《刑法修正案》（七）规定的三年以下有期徒刑或者拘役，并处或者单处罚金，改为最高刑期为七年，从而增加了量刑级别。

此外，还增加了网络服务提供者的犯罪行为，加强了对网络信息安全维护的力度。规定网络服务提供者如果不履行网络安全管理义务，经监管部门通知采取改正措施而拒绝执行，致使违法信息大量传播的，致使用户信息泄露，造成严重后果的，或者致使刑事犯罪证据灭失，严重妨害司法机关追究犯罪的，追究刑事责任。而且，除了网络服务提供者直接实施犯罪外，对于明知他人利用信息网络实施犯罪，为其犯罪提供互联网接入、服务器托管、网络存储、通信传输等技术支持或者提供广告推广、支付结算等帮助，情节严重的，追究刑事责任。

《刑法修正案》（九）第286条规定："网络服务提供者不履行法律、行政法规规定的信息网络安全管理义务，经监管部门责令采取改正措施而拒不改正，有下列情形之一的，处三年以下有期徒刑、拘役或者管制，并处或者单处罚金：（一）致使违法信息大量传播的；（二）致使用户信息泄露，造成严重后果的；（三）致使刑事案件证据灭失，情节严重的；（四）有其他严重情节的。单位犯前款罪的，对单位判处罚金，并对其直接负责的主管人员和其他直接责任人员，依照前款的规定处罚。有前两款行为，同时构成其他犯罪的，依照处罚较重的规定定罪处罚。"第287条第2款规定："明知他人利用信息网络实施犯罪，为其犯罪提供互联网接入、服务器托管、网络存储、通信传输等技术支持，或者提供广告推广、支付结算等帮助，情节严重的，处三年以下有期徒刑或者拘役，并处或者单处罚金。单位犯前款罪的，对单位判处罚金，并对其直接负责的主管人员和其他直接责任人员，依照第一款的规定处罚。"

☞ **案例讨论**

北京百度网讯科技公司（以下简称"百度"）与朱某隐私权纠纷案

（也被称为"Cookie 隐私第一案"）

据原告朱某诉称，2013 年，原告在上网浏览相关网站的过程中，发现利用"百度搜索引擎"搜索相关关键词后，会在特定网站上出现与关键词相关的广告。在此之后，朱某通过南京市钟山公证处对这一过程进行公证并出具了公证书，证明其在通过百度网站搜索"减肥""人工流产""隆胸"关键字后，再进入"4816"网站和"500

看影视"网站时，就会分别出现有关减肥、流产和隆胸的广告。朱某认为，百度公司未经其知情和选择，利用网络技术记录和跟踪朱某所搜索的关键词，将其兴趣爱好、生活学习工作特点等显露在相关网站上，并利用记录的关键词，对其浏览的网页进行广告投放，侵害了其隐私权，使其感到恐惧，精神高度紧张，影响了正常的工作和生活。

2013 年 5 月 6 日，朱某向南京市鼓楼区人民法院起诉百度公司，请求判令立即停止侵害，赔偿精神损害抚慰金 10 000 元，承担公证费 1 000 元。2014 年 10 月 13 日，南京市鼓楼区人民法院对本案作出判决，认定百度公司利用 Cookie 技术收集朱某信息，并在朱某不知情和不愿意的情形下进行商业利用，侵犯了其隐私权，对朱某要求百度公司停止侵权的诉讼请求予以支持；由于朱某未能证明严重后果，法院对其要求赔偿精神抚慰金的诉讼请求不予支持。

一审宣判后，百度公司不服原审判决，向南京市中级人民法院提起上诉。关于百度公司利用 Cookie 技术为用户提供个性化推荐服务的行为是否构成侵犯用户隐私权的问题，二审法院在判决中做出了界定。首先，百度公司收集、利用的是未能与网络用户个人身份对应识别的数据信息，该数据信息的匿名化特征不符合"个人信息"的可识别性要求。百度个性化推荐服务收集和推送的信息终端是浏览器，没有定向识别该浏览器的网络用户身份。其次，百度公司并未直接将数据向第三方或向公众展示，没有任何的公开行为。百度利用 Cookie 等网络技术向朱某使用的浏览器提供个性化推荐服务不属于《最高人民法院关于审理利用信息网络侵害人身权益民事纠纷案件使用法律若干规定》第 12 条规定的侵权行为。同时，个性化推荐服务客观上存在帮助网络用户过滤海量信息的便捷功能，网络用户在免费享受该服务便利性的公式，应对该服务的不便性持有一定的宽容度。再次，针对原审法院认为百度公司没有尽到显著提醒说明义务的问题，二审法院认为，Cookie 技术是当前互联网领域普遍采用的一种信息技术，基于此而产生的个性化推荐服务仅涉及匿名信息的收集、利用，网络服务提供者对此依法明示告知即可。百度在《使用百度前必读》中已经予以说明并为用户提供了退出机制，在此情况下，朱某仍然使用百度搜索引擎服务，应视默认许可。

综上，南京市中级人民法院最终判定百度网讯公司的个性化推荐行为不构成侵犯朱某的隐私权，并在判决书中指出，"判断百度网讯公司是否侵犯隐私权，应严格遵循网络侵权责任的构成要件，正确把握互联网技术的特征，妥善处理好民事权益保护与信息自由利用之间的关系，既规范互联网秩序又保障互联网发展"。

问题

1. 在本案中，原告所主张的信息，即 Cookie 关键词信息是否属于个人隐私？
2. 被告北京百度网讯科技公司利用 Cookie 技术所收集的信息和数据对原告进

行个性化推荐是否合法，为什么？

    3. 被告百度公司是否保障了网络用户的知情权和选择权？

☞ **思考题**

    1. 什么是个人信息？个人信息与个人隐私、个人数据有哪些区别？

    2. 关于个人信息的权利属性有哪几种学说，如何认识和评价？

    3. 什么是个人信息权？个人信息权具有哪些内容？

    4. 在电子商务运营的过程中存在哪些侵害个人信息权的行为？

    5. 个人信息保护的基本原则有哪些？

    6. 个人信息保护主要有哪几种模式？如何评价？

    7. 目前世界各国有哪些具有代表性的个人信息保护立法，这些立法对我国有哪些启示？

第八章　电子商务的监管制度

第一节　电子商务监管概述

一、市场监管的一般理论

市场监管是涉及政府、商家、市场等多方因素的技术性活动，即市场监管主体对市场活动主体及其行为进行限制、约束等直接干预活动的总和。市场监管一方面是为了充分发挥市场在资源配置、经济运行中的独特作用，另一方面，是借助国家的干预克服市场的缺陷，防止市场失灵。

市场监管是一直被经济学、法学、行政学共同关注的领域。先后经历了五个理论时期：公共利益论、俘获理论、组织理论与制度理论、公共选择理论、综合管理理论。

公共利益论认为市场失灵形成了对监管的需求，通过监管可以矫正市场失灵，从而解决市场机制在资源配置中的效率损失，它是最早出现的监管理论。俘获理论是在公共利益论的基础上提出的。在社会公共利益论的影响下，政府监管常常是以维护公共利益的形式来服务于某个特定的利益集团，研究者们发现这一问题后提出了新的监管理论：部门利益论和捕获论。即具有特殊影响力的利益集团，在被管制的过程中，通过贿赂政府官员等寻租活动，使管制者成为被管制者的"俘虏"，并参与其共同分享垄断利润的活动。组织与制度理论是主要研究组织结构、职能和运转以及组织中管理主体的行为，并揭示其规律性的逻辑知识体系。它认为，制度决定了行政机关的机构设置、活动能力以及激励其有效行为的机制，行政机关例行公事的惯例、官僚文化、职业培训以及机构体系对行政机关的监管决策具有决定性影响。公共选择理论认为公共政策的生成是社会中不同利益集团之间利益矛盾折中、平衡的结果。当用公共选择理论解释政府对市场的监管时，就是在把政府监管政策的形成看做一个类似于市场交易的过程，那些需求监管的人与那些被监管的人经过讨价还价达成了协议。综合管理理论认为政府对市场的监管是一个涉及行政机关、立法机关与司法机关相互作用的、十分复杂的政治过程，行政机关对经济与社会的监管权来源于立法机关的授权。

二、电子商务监管的概念及特点

(一)电子商务监管的概念

电子商务监管是指拥有电子商务监管权的主体,为了确保电子商务市场秩序的规范运行,在法律法规的指导下对电子商务活动给予监督和管理的行为。目前我国的《电子商务法》还没有出台,在这种情况下,监管权依据的法律法规来源于经济法、民法、反不正当竞争法、消费者权益保护法、合同法、行政许可法、行政处罚法、行政强制法等多个法律部门的相关规定。电子商务不同于传统的商事活动,对电子商务监管也就不能等同于传统意义上的行政监管。

(二)电子商务监管的特点

电子商务的出现给人类生活带来前所未有的冲击,极大地改变了人类的生活方式,同时也是对行政权运用的一大挑战。如何有效地运用行政手段使网络世界和现实生活一样协调发展,这是目前迫切需要解决的问题。网络已经涉及人类生活的方方面面,这是以往的人类社会从未经历过的体验。网络世界与现实世界也正在趋于统一,尤其是经济活动,它必须遵守现实世界的规则。但网络世界又因其自身特点,也必须具有与现实世界不同的规则,而这些不同的规则,就是监管中需要特别注意和遵守的。不能将现实世界经济活动的所有规则适用到电子商务的特有活动中,必须清楚地区分一般经济活动和电子商务活动应该适用的规则和准则。目前我国的电子商务监管活动中所暴露的诸多问题,根本原因在于不加区别地对待线上和线下的商务活动,所以呈现出各种社会问题,引发多样的社会矛盾。电子商务监管作为新型的监管制度,与传统的行政监管法律制度相比较应具有以下特征:

1. 技术性

电子商务活动本身就具有很强的技术性,它是电子技术与商务活动的结合。它是通过网络完成交易,全程的无纸化流程。对于电子签名、电子认证、电子合同、在线支付等可以产生现实法律效果的行为,必须有一套专业化并且技术性极强的监管系统保证其运作的顺畅。电子商务的监管系统的技术性必须高于电子商务本身。

2. 安全性

电子商务铸造了一个虚拟的互联网交易环境。但电子商务的运行和发展必须以计算机网络技术为载体,计算机网络虽然便捷但是也有自身的缺陷。技术总是与漏洞同时产生的,技术的完善也是无止境的。电子商务监管的根本目的就在于对电子商务的安全性保护。监管系统的技术性建立在安全性的基础之上。没有安全性,技术性无从谈起。

3. 多元性

电子商务涉及的主体、内容、形式都呈现多元化的趋势。监管面临的任务复杂而艰巨,对电子商务的监管也应该多元化,表现在:监管主体的多元化,不仅包括政府监管主体也包括相关的自治以及合作主体；监管方式的多元化，事前监管、事中监管、事后监管等多种形式并用。

三、电子商务监管面临的挑战

(一)对监管正当性的挑战

行政监管权是公权力的代表，也是现代社会治理的主要形式，对于其合法性的探讨一直是学界关注的焦点。首先，行政监管的公法基础是法律的授权或依法律所制定的规则所许可。通过议会立法授予行政监管权是西方法治国家的主要模式。我国的监管权力主要来源于特定法律、法规的授权以及权力机关或上级行政机关专门决议或文件的授权。其次，行政监管权力的设立主要是对市场失灵问题进行监督、调节和干预，通过政府的行政监管维护市场秩序的正常运转和矫正市场失灵。由此，可以看出维护公共利益是行政监管权正当性和合理性的基础。

网络空间是人们追求自由和快速发展的产物。和任何带动人类历史发展的事物一样，网络空间有其固有的特点和规律。网络空间在范围上看似不受任何地域的限制，但从国家主权的角度来看，它也是属于一国领域的一部分。未来的网络世界愈发达，存在的危机也就愈多。电子商务的出现，不仅加速了网络空间的发展，而且加强了网络世界和现实世界的联系，它横扫人类的经济、社会、文化领域，快速地融入并渗透到人们的生活当中。对电子商务进行监管是一国实现其治理方式的体现。电子商务监管是监管主体为纠正市场失灵，维护电子商务市场秩序，依据法律对电子商务活动的全过程进行的监督管理。网络时代是迄今为止人类社会经历的最为广泛的一次社会变革，它以缓慢的但是确能为人感知的速度悄悄地进化。它无疑会推动生产力的大幅度提高和生产关系的变革，它甚至会改变人类的生产和生活方式。而作为生产力发展的前段产物——经济，则会首先完成它的进化。网络时代的经济以电子商务的形式为主要代表，电子商务是网络时代的主要经济形式，它以洪水般的迅猛渗入到人们生活中的方方面面。对电子商务的监管实质上就是防止网络时代经济异化的可能，任何事物的进化过程都不可能会完全安全并且不发生突变。电子商务这一新兴的经济形式也不例外。为了让它在新时代中更好地为人类利用，对它进行监管是非常必要的，也是行政监管权合法性的体现。

(二)对治理模式的挑战

互联网改变了人类的商业交往模式，同时也无形中改变了人类的治理规则。电子商务为世界上的每个政府出了一道问答题，也是对各个国家政府治理能力的考验。传统的治理模式基于政治行政分离的二元思维，以封闭的、单一的政府官僚组织作为权威治理中心，以命令与控制的手段管理公民和社会事务。随着人们民主意识的逐渐提高，人们不再满足于传统的官僚式的治理模式，以互动、协商、理解为特征的民主治理模式进入人们视线，并被广为接受。电子商务时代，对民主治理的呼声更高，它更渴望的是基于辩证的、多元的、开放的，由政府、社会、公民通过对话、沟通、互动和参与的形式构筑的治理模式。

电子商务具有跨时空性和跨地域性的特征，对其的治理必须符合以下要求才能与之相适应：第一，去中心化。政府不再作为唯一的权威角色出现，任何被认可的公共的或者私人的机构都有可能成为执行事务的某一个权力中心。第二，治理主体多元化。政府不再是唯一的治理主体，会有更多种形态的主体参与到公共事务治理的活动中来。第三，合作广泛化。改变传统自上而下的命令控制的方式，而会更多采取主动寻求合作的方式应对市场变化。第四，对话平等化。管理组织形式向扁平化的方向发展，会形成实现公共利益最大化的和谐的社会状态。

电子商务的多种经营模式，使其渗入社会各个行业和领域。传统的监管模式在市场发展的影响下不断进化，我国对金融系统的分业监管模式就是在证监会、保监会、银监会的相继成立之后形成的。目前我国对电子商务的监管主要依旧附属于各个监管系统的共同视野下，但实际监管效果却不尽理想。如何构建一个新型的监管模式，既不与传统监管模式相抵触，又能有效地解决电子商务交易活动面临的各项问题，这无疑是对当代治理能力的一大挑战。

第二节　电子商务监管的基本原则

电子商务监管，在行政法上的解释就是行政主体对行政相对人的行为所作的监督和管理，目的在于维护行政秩序、保障社会秩序的稳定。电子商务监管是行政监管中的一种特殊形式，其目的在于维护网络平台上的交易行为以及其他衍生行为，以保证网络平台的正常运转和商事网络秩序的稳定。由此可知，电子商务监管的基本原则不仅要具有行政法上的一般的基本原则，还要具有自身特有的基本原则。

一、合作治理原则

现代政府的治理越来越呈现出服务化的趋势。公共服务的复杂性和多元化，使得政府不得不在公共服务的资源配置上作出新的优化。网络商事活动的发达，为网络监管带来多重的监管困境，也将网络监管的困难程度提高到了一个新的台阶上。合作治理原则是现代政府治理发展的必然趋势。电子商务监管合作治理的根本是要把政府的统治性功能剥离部分出来，赋予给有监管权能资格的政府以外的组织或者法人。在合作治理领域主要体现为合作监管。

(一)合作治理的产生

传统的行政建立在精英统治的基础上。由于一般民众的知识匮乏与非理性等因素，需要构筑一个决策系统来指导人们的活动。人们自我意识的萌发与不断增长，迫使统治阶层不断地调整治理手段和探索新的治理方法。民主就是在这一阶段产生的，民主是人们对自由的向往和追求。孟德斯鸠对于民主统治的特性在《法的精神》里做了比较全面的阐述，民主制度具有其他制度所具有的优越性：更多地赋予人们权利以及自由。但是民主制度也具有自身局限性，这也是在实践中应改进和优化的地方。

互联网的出现改变了人类的历史进程，它的便捷性有效地解决了民主制度所需要面对的决策效率低下问题，同时也对治理提出了新的挑战。它要求行政管理者必须从以往的封闭的、以自我为中心的统治状态中走出来，转变为开放的、以公共利益为中心的治理形态。互联网时代不仅将民主提高到了一个新的台阶，也赋予了民主新的意义。

行政理念的转变是当下治理政策调整的根本所在，合作治理就是在此种革新诉求下催生出来的。合作治理的理论根源始于民主，它是人们追求自由的一种外在表现形式。它要求对政府之于社会、政府之于公民做出新的解读。在电子商务监管的范围内，合作治理要求政府所扮演的角色态度应从干涉转变为合作，尝试"小政府大社会"的治理模式。"小政府大社会"是我国政治体制提出的改革理念之一。我们需要从微观方面开始改革的探索。电子商务的发展自发形成了很多拥有自身特色的制度构建，合作治理可以以此为开端。就监管行为本身，形成以政府集中监管与市场分散监管的结合，建立多元化主体的合作监管模式。

(二) 合作治理的原因

治理应与社会发展保持一致性。工业时代，信息的封闭性以及人们思想的保守性，行政治理以自上而下的统治方式维持社会机器的运转。互联网时代，信息的开放性使市场多元化，人们思想的开放对制度有了新的诉求：从传统的权力中心主义到分散的合作管理主义。治理理念要求将治理实现从官僚等级组织结构向扁平化组织形式的转变。

治理体系的多元化有利于政府职能的效果发挥。目前的政府已经如同细胞中的分子一样融入了市场内部。政府职能从统治作用到调节作用的转变，是人们反思历史得出的经验。但未来社会里，市场政府对于社会的发展的诉求是远远不够的。这就需要发掘政府的其他职能。彼得斯提出的参与型政府是一个很好的设想。它以扁平化的组织结构，以咨询、谈判、协调、磋商的决策形式，引导公众进入管理系统内部。它有利于保证公民的参与权与监督权，能够使政府管理过程透明化、公开化。

在电子商务活动中，合作监管主体的多元化弥补了政府统一管理的盲点和僵化。一方面，合作监管填补了政府统一监管的空白，政府对于被监管主体内部的脉络绝对不会比其本身更熟悉。互联网经济时代也是大数据时代，面对数以万千计的数据，非专业操作人员不可能将隐藏其后的各种问题挖掘出来。盲目配备过多的人才用以处理数据也是对资源的一种浪费。

另一方面，放权于社会，既可以有效地实现资源配置，又可以使各种潜在的新的问题浮现出来。传统的监督体系已经暴露了很多不适应互联网经济的弊端，及时地清理新的问题，有利于整个社会机器的持续运转。

(三)合作治理的方式

"怎样找到某种形式的结合，使这种结合能够动用全部成员的集体力量来保护其结合者的人身和利益；而且在这种结合下，每个人在和别人结合的时候并不是使自己服从于其他的人，而是仅仅服从于他自己，并且仍然像从前一样自由。"洛克称此为社会契约所要解决的根本问题。分析可行性的关键主要是把握电子商务监管中的效果，除此以外，也要考虑现在的法律体系确定的规则。如何将两者有效地结合起来，是合作治理能否成功的关键。就目前的法律体系和市场环境而言，合作治理可实现的途径主要有以下三个方面：

1. 合同授权

这是合作治理最普遍也是各个国家较多采用的一种方式。面对形形色色在社会管理过程中所凸显的问题，总的法律框架下总是有难以捕捉到的微小细节。合同授权即是，通过设立一个可以针对具体性问题的解决的合同，以委托代理的形式赋予具有问题解决能力的除政府以外的组织或个人。政府需要具备的能力是界定合同的权限范围、甄别被赋权的参加者、设计竞争流程、合同谈判、合同执行监督以及合同效果评价。这一模式可以用于解决各类管理过程中的问题，不仅缩短了管理流程，而且提高了管理效率。

2. 法律赋权

这是针对在特定条件下形成的治理规则。由于历史原因养成的习惯或者由于合同授权积累到一定程度，需要将此种规则提高到法律的层面，并且这种规则也是有利于社会发展的，法律就会在条文中直接赋权。此种权力源于法律，政府不能剥夺。除非法律修改或者法律条文废止，被赋予的权力会一直存续。法律赋权可以给公民提供更多的安全感和责任感，也可以有效地牵制政府权力，防止行政权的盲目扩大。

3. 市场自发

这是在政府非万能论角度的基础上提出的。经济规律自有其平衡，社会运转也不例外。公权力和私权力构成了整个社会的权力分布，总有一些私权力是不能为公权力所控制的。总结人类历史发展的教训，强行要求私权力为公权力所控制，对社会机器的运转总是起到反的效果。私权力在社会市场的催生下，会以各式各样的形态萌芽并生长于公权力中。合作治理的根本目的就是寻找公权力与私权力之间的有效平衡点。把握好度，才能更好地发挥合作治理的作用。

(四)合作治理的风险

任何一种治理方式都有其潜在的危险。制度因为人所创设，所以不可避免地会带着其固有的缺陷一起诞生。世界上没有完美的人，也就没有完美的制度，合作治理的先进性亦不能弥补其内在的固有缺陷。分析合作治理的危险性，可以在制度设计的时候将其作为考量因素加入制衡的环节，也有利于治理工作的开展。

1. 腐败滋生

国际透明组织将腐败描述为公共部门中从事政治事务或者行政管理的人员，错误地使用公众委托给他们的权力，使自己或亲近他们的人不当地和非法地富裕起来。理性人治理社会，在权力流转的过程中，权力往往和利益相辅相成，人性很容易为利益的流向所异化。腐败会以多种形式出现，不仅会扩大限度，而且会以制度化的方式加速腐败的效果。合作治理中权力流转时有发生，腐败也极易滋生。腐败容易使政府的合法性招致质疑，尤其是在经济低迷的情况下，腐败的后挫力可能会导致民众大规模的游行，严重的情况下，可以动摇政府的统治。当今时代，反腐已经是一个国际性的话题，各国都在努力寻求防止腐败的有效办法。联合国于 2003 年 10 月 31 日在第 58 届联合国大会上通过《联合国反腐败公约》，该公约通过建立预防、刑事定罪和执法、国际合作、资产追回、履约监督等五种机制反对腐败行为。我国于 2005 年 10 月 27 日加入该公约。除了对《公约》第 66 条第 2 款保留外，我国受《公约》的约束，这也表明我国已经认识到反腐的重要性以及我国反腐的决心。

2. 政府资源流失

腐败的必然后果会导致国有资产的流失。腐败会使社会财产分散化。国有财产流失对社会经济的发展也是不利的。经济上会导致通货膨胀，严重情况下甚至会引发经济危机。加大社会贫富差距，政府的管理职能也会逐渐弱化。政府资源流失的另一个方面表现在政府雇员的流失。从个人发展角度，精英阶层愿意存在于机会成本较低、发展前景较好的空间工作。一个具有良好运转机能的政府内部应该存在着大量的精英人才。当腐败滋生，财产日趋分化，未因此得利的政府雇员总会考虑其他的有利于自身发展的机会（腐败不会导致政府所有人员都变得富有）。精英人才的丧失直接影响的就是政府统治和管理能力的下降。合作治理过程中，民营化的经营和管理模式有时候会赋予管理人员极大的自由和权力，同时也会衍生出巨大的财富。有效杜绝政府精英人才向民营企业流失，这是合作治理中必须注意的事项。

3. 权力倾斜

合作治理的首要前提就是分解权力。在这个过程中，政府首先需要关注的重点在于被分解权力的性质，即何种可以被赋权何种不行。其次，要关注被分解权力的范围，即被分解权力的分解程度。最后，考虑权力回收的方式，即经过赋权有效期或者环境已经改变为不需要赋权的状态，权力回收过程和赋权一样需要完整的程序设计。

二、有效监管原则

(一)监管速度的及时性

电子商务时代数据携载信息流动的速度是决定一个电商企业存活时间长短的关键。曾经占有全球市场份额 3/4 的诺基亚公司如巨龙倒下，而被现在的苹果公司取而代之的事实就表明，技术以及其更新速度是企业成败的关键。面对风云多变的电商战场，监管同样也需要具有新理念和新要求。及时性要求的是监管方的回应性与快速反应性。

我国传统的行政监督模式"官本位"气息浓厚，监督效率低下并且流于形式，电子商务市场必须采取不同于传统的监管方式。监督方必须主动积极地进入到市场进程中，互联网经济的快速运转模式有可能导致需要被监管的问题也如昙花一现般消失，而如果不及时跟进，就会导致监管无效，久而久之监管就形同虚设，市场也会陷入混乱。

(二)监管流程的高效性

行政机构部门繁多臃肿是行政管理上容易出现的一个问题。在电子商务监管领域，尤其要避免此类问题的发生，但现实中这种监管不当的行为依旧存在。我们随便点击开任何一个大型的门户网站就能发现其存在多个许可证。多机构监管容易引发的问题就是监管主体不明，监管界线不清。坚持"一个窗口对外"，设立一个专门的电商监管机构或者归属于某一单独的机构行使监管权，才能有效提高政府的监管能力。

(三)监管决策的可行性

网络把整个地球变成了一个村落，实现了人们远在千里之外也即时交流的可能。对于电子商务活动而言这是促进其发展的有利因素。但是对于监管而言，却不能无边界，必须要明确网络监管的管辖范围。任何一个决策作出的目的都是针对一定问题的解决。跨域监管不仅为执行带来了难度，而且也会使问题得不到解决，更容易引起争夺监管权的现象发生。

三、适度监管原则

电子商务如雨后春笋般诞生，新生儿总是脆弱的。盲目地加强监管力度和幅度会抑制其生长。适度监管原则要求在给予充分发展自由的前提下，引导电子商务市场朝着合理、健康、有序的方向前进。

(一)监管的有限性

要求明确监管范围的边界。监管范围过宽或者过于狭窄都会影响监管的实施效果。监管范围过宽，会导致电子商务市场僵化。发展中的市场是渴望自由的，监管的目的是为了促进市场的繁荣和经济的发展，监管范围过宽会导致市场主体丧失主动性，影响市场潜力的开发。监管范围过窄，会引起市场的盲目竞争和垄断的发生，市场利益会为少数垄断集团所独占，不但不能形成健康的秩序，还会引起市场的混乱。总之，监管的有限性主要体现在监管范围的度的把握上，不仅体现在立法方面也需要表现在执法方面。

(二) 监管的比例性

行政法上的比例原则的一般含义是指，行政机关在执行公务的过程中，应选择对行政相对人损害最小的方式达成行政目的，且应达成的行政目的与执行成本应存在一定的比例关系。政府监管成本有以下三种：第一，行政成本，即政府在制定监管政策和执行监管决策时所消耗的人力、财力、物力；第二，服从成本，即被监管主体为了适应监管行为进行的调整而承担的损失；第三，潜在成本，政府为了维护市场秩序进行监管而造成的潜在的社会经济的间接损失。任何一种保护行为都可能存在一定程度的伤害，所以任何严密的监管的设计也不可避免地会对市场造成一定程度的损害。这就需要我们在制定相关政策行使监管权时充分地考虑比例原则。

(三) 监管的适当性

监管的适当性主要在于对被监管对象的监管程度的把握上。明确了监管的范围并不代表可以随意地行使监管权限，尤其在电子商务的领域。就电子商务的特性而言，它除了具有商事活动的特点之外，还具有更多的灵活性和多样性。监管的目的是引导电子商务良性发展，监管行为本身就应遵循经济活动的基本规律，而不能为了保证行政权的行使而凌驾于电子商务行为之上。电子商务的开放性，决定了电子商务监管的复杂性和不确定性，具体问题只能具体分析，而不能统一用一种方式一种规则一概而论。监管的适当性是监管行为弹性的保证，是防止电商主体和相关权利人产生不可挽回的损失的保障。

四、安全保障原则

(一) 网络信息的安全保障

互联网时代使人类存在的行为更具体化，与此同时海量的信息也如潮水一样呈次方式递增。电子商务其实质就是以信息为载体的商务表达，其本质上也是一种数据形态。电子商务又与人类社会生活息息相关，因此对承载其内容的信息就必须有标准化的要求。

作为商事交往的根本，诚信应是贯穿始终的。电子商务中的信息有时候就是一种作为合同的要约，其信息必须具有真实性。然而现实中，商家往往不会真实表达其信息，或为追求利益最大化多销售商品，或为逃避责任的追究。保证信息的真实性，是电子商务监管的重点，也是维护电子商务市场秩序并保证其顺利发展的关键。

电子商务涉及的行业方方面面，对于关乎民生等具有重大影响的行业，电子商务所体现的信息更要突出具有正确性。例如销售医药制品等内容，应在一般民众所理解范围之内客观表述，而不能有意误导使民众做出错误判断而错过最佳的治疗时机。

(二) 网络消费者权益的保障

电子商务交易离不开网络，网络消费者应该与线下消费者享受同等的权利，甚至在某些方面还应该具有一些保护特权。

信息不对称是电子商务领域交易的特点。电子商务中的销售者在信息占有方面较消费者具有更多的优势地位。在分工化的社会关系中，消费者的知识总是有限的，做出正确判断在有限的知识内总是困难的。信息不对称的后果可能引起制假造假泛滥、交易纠纷增多，也可能导致市场秩序失衡。保护消费者的知情权，也应当是监管的重要内容。

消费者通过购物平台在商家处选择商品，之后通过支付平台完成付款行为，最后通过物流公司将商品送达消费者。在这一整套流程之中，消费者的信息不停地在各个交易环节处流转，消费者的信息很容易为不法人员掌握。现代社会，信息已经成为一种商业资源。网络交易能够暴露出很多消费者的个人信息，被不法人员掌握很有可能还会涉及侵犯隐私权以及犯罪的危险。可电子商务的交易模式又必须支持交易者的信息提供，所以保护消费者的隐私权不被侵犯也应当是监管的重要方面。

(三) 网络产品质量的保障

目前的网络商品售后服务流于形式的非常多。国家虽然制定了"三包"政策，但各个生产商家会在政策之上设定较为复杂的隐形程序，使购买者望而却步。以数码产品为例，在保修期限范围内应是可以享受一切服务，但对于售后服务站的设立，一般只实际存在于大中型城市，有的品牌服务可能仅存于北京、上海、深圳等经济发达城市，购买者若遇到产品质量问题只能选择邮寄。虽然《合同法》规定了因维修等服务产生的运费为经营者所负担，但现实中商家会以各种理由规避掉或者变相向消费收取因此产生的本不属于消费者负担的服务费。

存在于大城市中的这些售后服务站多设立于城市的边缘或者交通不便捷的地区。诚然，生产者从商家的角度会追求利益最大化，但缩减服务成本的代价只会引起消费者对产品本身信任度的降低。服务效率低下也是服务站存在的比较严重的问题，它的表现形式是维修时间较长或者多次返修仍不能修复。国家虽然对这些有质量问题的产品有过规定，但实际操作过程很多商家并未将此条文贯彻，反之则是一个"拖"了得，似乎售后服务目的不在于维修而在如何使购买者自动放弃服务或者自主承担损失。

网络交易的特性决定了购买者在合同订立以前是不能接触到商品的。消费者对于商品的了解只能通过网站对商品的描述、购买记录、前消费者对商品的评价做出判断。但商业规则决定了能够呈现在消费者面前的信息一定是经过修饰并且距离真实情况有一定距离的，网店对产品的描述不能保持客观。购买记录可以反映网店一定时期内商品的交易量，但电子商务离不开技术，技术的主导权仍然在人的手中，购买记录也不能正确表明商品质量。前消费者的评价在电子商务早期发展阶段有一定的参考价值，但随着电子商务的深入发展，职业的评价者①也诞生了，前消费者的评价记录也不能客观反映商品质量。对于网络商品质量的保护应以《产品质量保护法》的相关内容为基础，对网络商品质量的监管也应是监管的一个重要方面。

第三节 电子商务监管的措施

一、电子商务监管措施的性质

电子商务监管措施是指政府基于市场良性发展对电子商务主体实施的监督和管理手段。电子商务监管措施可以有效地维护市场平衡，保护网络经营者和网络消费者的合法权益。无论是合作治理或者协同监管，都必须采取一定的表现形式施加到被监管的对象上来。电子商务监管措施是政府监管的最终体现，它是政府监管的主要手段。

电子商务监管措施是政府行使监管权的主要手段，它不同于第三方交易平台的自治管理所采取的措施，它具有公定力、确定力、执行力，它本质上就是一种行政行为。首先，它的产生是以宪法、法律、行政法规、规章等规范性法律文件的相关内容为指导依据；其次，它由国家强制力保证实施，一旦生效就发挥作用；最后，电子商务监管措施行为具有可诉性。

二、电子商务监管措施的类型

(一)许可证制度

许可证制度是在电子商务监管领域被广泛采取的一种监管措施，它属于典型的事前监管。只有具备特定的资质，并且通过政府相关部门的审核，颁发许可证书后，才能从事相关电子商务活动。如我国《电子签名法》第 18 条规定："从事电子认证服务，应当向国务院信息产业主管部门提出申请，并提交符合本法第 17 条规定条件的相关材料。国务院信息产业主管部门接到申请后经依法审查，征求国务院

---

① 所谓职业评价者指以获得商品的评价资格为目的在互网联上购买商品的买者。有两种功能：一种是专门给出好评，通过好评数可以增加商家在交易网站中的信用，也是所谓的"刷信用"。另一种是专业给出差评，目的是通过商家给付一定程度的金钱后将差评消除，也就是所谓的"职业差评师"。他们通过网络建立有组织有规模的评价活动，是严重影响电子商务正常交易秩序的行为。

商务主管部门等有关部门的意见后，自接到申请之日起四十五日内作出许可或者不予许可的决定。予以许可的，颁发电子认证许可证书；不予许可的，应当书面通知申请人并告知理由。"

(二) 工商登记管理制度

工商登记是政府对市场主体的前置资格审查，通过审核确认市场主体的适格性。它是对商事主体活动监管的主要措施。电子商务领域工商登记作为一项监管措施依旧是必不可缺，但是形式上可以采取更多的方式来替代旧有的模式以适应市场的发展。我国目前对于自然人从事电子商务经营，采用的是非强制工商登记的措施，但对于非自然人经营者，则必须依法办理工商登记。

(三) 备案登记制度

备案登记是由监管部门事前对相关信息进行记录存档，以用于事后进行违法责任追究的监管措施。① 它的登记主体不限于工商行政机关，登记只是进行形式审查。它要求记载经营者的具体经营性等细节信息，主要用于对某些特殊领域的电子商务监管。如商务部发布的《电子商务模式规范》规定："网上商务的经营者必须通过合法的途径取得独立的固定网址，网站必须按照 IP 地址备案的要求以电子形式报备 IP 地址信息，并将备案信息刊登在网站首页下方。"

(四) 强制信息披露制度

电子商务活动自身的隐蔽性和匿名性，容易引起网络欺诈和交易纠纷，而信息不对称是主要的原因。政府为了保护消费者的利益，维护市场的有序发展，要求电子商务的经营者们必须完善相关交易信息，以保证网络消费者能够作出正确判断，减少欺诈行为的发生。《网络交易管理办法》第 8 条规定："已经在工商行政管理部门登记注册并领取营业执照的法人、其他经济组织或者个体工商户，从事网络商品交易及有关服务的，应当在其网站首页或者从事经营活动的主页面醒目位置公开营业执照登载的信息或者其营业执照的电子链接标识。"第 11 条规定："网络商品经营者向消费者销售商品或者提供服务，应当向消费者提供经营地址、联系方式、商品或者服务的数量和质量、价款或者费用、履行期限和方式、支付形式、退换货方式、安全注意事项和风险警示、售后服务、民事责任等信息。"第 23 条规定："第三方交易平台经营者应当对申请进入平台销售商品或者提供服务的法人、其他经济组织或者个体工商户的经营主体身份进行审查和登记，建立登记档案并定期核实更新，在其从事经营活动的主页面醒目位置公开营业执照登载的信息或者其营业执照的电子链接标识。"

(五) 政府统一标准制度

政府制定统一的标准，保证商事活动在不低于标准的要求下开展贸易活动。制

---

① 沈岿，付宇程，刘权.电子商务监管导论[M].北京：法律出版社，2015：166.

定标准是监管措施常用的方式之一，在传统的商事活动中，制定统一标准也是主要的监管措施。它是所有商事活动的底线，也是行业标准和电子商务企业标准的制定依据。典型的如对于电子商务行业的衍生行业快递服务业，就是以制定标准的方式进行监管。2007 年国家邮政局发布的《快递服务行业标准》第 1 条规定："本标准规定了快递服务组织、服务环节、服务改进的基本要求。本标准适用于从事快递服务的组织和人员。"

（六）实名制

2014 年国家工商总局发布的《网络交易管理办法》第 7 条规定："从事网络商品交易的自然人，应当通过第三方交易平台开展经营活动，并向第三方交易平台提供其姓名、地址、有效身份证明、有效联系方式等真实身份信息。具备登记注册条件的，依法办理工商登记。"第 23 条规定："第三方交易平台经营者应当对申请进入平台销售商品或者提供服务的法人、其他经济组织或者个体工商户的经营主体身份进行审查和登记，建立登记档案并定期核实更新，在其从事经营活动的主页面醒目位置公开营业执照登载的信息或者其营业执照的电子链接标识。第三方交易平台经营者应当对尚不具备工商登记注册条件、申请进入平台销售商品或者提供服务的自然人的真实身份信息进行审查和登记，建立登记档案并定期核实更新，核发证明个人身份信息真实合法的标记，加载在其从事经营活动的主页面醒目位置。"实名制是保障交易安全的有效手段，这也是随着电子商务活动的不断发展，管理者逐渐探索出的监管措施之一。实名制间接地赋予了第三方平台等电子商务经营主体一定的监管权力，也为个人隐私和信息的保护埋下安全隐患。

电子商务监管措施不限于以上列举的种类，还有更多如信用管理、黑名单、监管谈话、出具警示函、价格控制、保证金、违法通告等多种措施，监管措施的种类繁多也证明了当前监管存在困境以及监管措施有效性低下等监管问题的存在。

第四节　电子商务监管体系

一、电子商务监管体系概述

一般认为，监管主体主要是指行使监管权的行政机关或者被法律赋予监管权利的组织。但无论是行政机关还是被赋权的组织，其行政的监管权都是以国家公权力的形式体现出来的。界定电子商务监管主体的范围首先就是要明确由谁来监管的问题。电子商务领域有其固有的特殊性，监管行为和方式也要遵循其规律。关于监管主体的设定，应该也具有不同于普通商事活动的特征。

电子商务监管的主体应该不限于政府自身。由于电子商务也是商事活动的一种形式，对于它的监管应该更多地依赖于商事规则、惯例和传统，甚至考虑电子商务活动主体中的一些"软法"与"自治规则"。追求利益最大化的商事团体总会为自身设计一些高于制度本身的更严苛的条件，目的是为了商事活动更快速更有效地开展。从这个角度考虑商事团体内部成员之间、行业之间的一些有效的监督手段和方法，应该为政府部门尊重并且可以有选择地吸收和利用。

高富平教授认为："无论电子商务还是网络商务均不构成一种行业，因此无法像保险、金融那样建立网络商务或网络监管法，更不可能确定某一个政府部门作为网络商务的监管机构……网络商务准入和监管也许是个伪命题……"①就我国监管行为本身来分析，已经呈现的问题不仅仅体现在电子商务领域，在电子商务没有快速发展以前，这些问题就已经存在并搁置很久。互联网时代的来临，使得电子商务得到快速发展，它加快了问题暴露的速度。也就是说，想要真正解决电子商务监管的问题，仍旧要回到行政各部门之间对于监管的职责分工清晰和管理制度完善上来。

数字化时代，政府需要尽快完成从管理型政府向服务型政府转变，政府监管的职能在收缩，服务功能在扩大，应更多地服务于市场。电子商务本质上就是商事活动在网络世界的延伸，市场监管的主体不能仅仅局限于政府行政机关，政府行政机关应将其监管的部分职能授权其他行业组织来承担，或者放权于商业自治团体本身。电子商务市场监管的主体不能仅限于政府治理体系。

二、政府治理监管体系

(一) 电子商务的监管主体

国家主权包括一国的领土、领海、领空，但随着网络时代的来临，似乎"地球村"的概念愈发地深入人心。诚然，某些领域如艺术领域等，我们可以称为无国界，即使在当下即时通信工具可以连接世界上任何一个角落的人，跟世界上任何国家的人无障碍地交流，这也不能表示网络空间就是无分界线的自由王国。在当今社会，网络空间应是一国主权的延伸。对其监管的必要性是显而易见的，尤其是体现在商业交往上。网络监管的主要主体依旧是国家，公权力应该占大部分的比重。

传统的行政监管主体几乎都是以命令式、控制式的方式来实现行政监管流程。由于行政权力形式的多样化加之行政主体执行能力的良莠不齐，即使在传统监管模式中也存在监管失灵和监管不当的情况。市场监管机构依据法定职责对市场主体准入资格进行审查、对商业交易行为进行监督管理，具体到各部门涉及工商、税务、质监、卫生、文化、药监、城管、物价等多个行政部门。我国的行政部门划分呈"条块"状，所谓"条"状，指的是从中央到区县实现垂直领导的监管部门，如海关、国税等，或者是在省级政府以下实行垂直领导，如工商行政管理部门、质量技术监

① 高富平. 中国电子商务立法研究[M]. 北京：法律出版社，2015：23.

督管理部门、食品药品监督管理部门等；所谓"块"指的是由地方政府按行政区划分层领导，如卫生、环保、文化、安全、农业等行政管理部门。我国幅员辽阔，人口众多，此种制度设计使各个部门在市场监管工作中分别承担了不同的职责任务，但涉及具体监管行为时，行政机关拥有充分的自由裁量权，这就不可避免地会产生操作上的问题。

1. 电子商务监管权的分布

电子商务是经济发展的产物，是商务活动在网络领域的延伸。我国目前对电子商务的监管权分布在众多行政监管部门当中。就电子商务交易行为而言，对于电子商务中商品出售者的监管权由工商和税务部门行使；对于消费者的保护，由工商部门行使监管权；对于产品质量，由质检部门、食品和药监部门以及海关行使监管权；对于服务类产品，由商务部、知识产权局和版权局行使监管权。就电子商务中平台的管理，归属于工商部门和商务部管辖。就电子商务的衍生行业：物流业属交通部和邮政局管辖；支付服务由人民银行和银监会管辖；数据维护由工信部管辖；信息安全由工信部和公安部管辖；保障和救济方面属司法部、各级法院、公安部管辖。还有一些未明确具体管辖范围但从传统管辖角度仍具有管辖权的部门如税务、财政、统计等部门，也会在具体的电子商务活动中行使管辖权。

2. 电子商务监管主体与行政监管主体

电子商务监管主体与行政监管主体在一定程度上是重合的。也可以这样认为，所谓电子商务监管就是行政商事监管主体在网络世界职权的延伸。之所以在电子监管的过程中会呈现多样化的问题，归根结底，还是由行政监管主体一直存在的问题导致。只是在网络时代，以电子商务的超前经济形式将各种监管的问题倒逼出来，而逐渐显现。多头监管或者监管缺位、过度监管或者监管延迟等问题，在电子商务监管领域显得尤为突出，虽然它们在早期的经济活动中已经出现。

但电子商务监管主体又不能完全等同于行政监管主体。互联网发展迅速，但毕竟是建立在人类社会逐渐发展的基础之上的，它目前虽然渗入了人们生活的方方面面，但是也不能随意地将人类社会的发展跳跃式地带入到某个阶段，人类社会的发展总是渐进的，互联网也只是人类智慧凝结的工具而已。电子商务监管主体不能超越于行政监管主体而存在，它可以带有一些自身的特殊性，但始终离不开行政监管主体的范畴。

3. 电子商务监管主体与部门法监管主体

电子商务有其特殊性。它不是仅附属于某一个经济领域如证券、银行等具有鲜明经济特点的经济形式，它涵盖了几乎所有可以借助于网络流转的商事活动，而且随着互联网的发展，它也很有可能不断地创造出更多的电子商务经济模式。所以，对于电子商务监管主体的设定不能完全仿效证监会或者银监会等专门的监督机构，它的监管主体必须具有一定的专业程度但又不能局限于某一领域，这是由电子商务的特性所决定的。

(二)电子商务监管对象

电子商务的监管对象在一定程度上也可以理解为电子商务对现实生活发生实际作用的范围。它的表现形式有三种：其一，参与电子商务活动的人。其中的人包括法人也包括自然人，主要是指经营者或者以电子商务活动获得经济利益的人。其二，电子商务活动中的行为。这里不仅包括经营者的行为也包括消费者的行为，不仅包括违法行为也包括合法行为，不仅包括参与电子商务活动的直接行为也包括由电子商务活动引起的间接行为。其三，电子商务法律关系，即在电子商务活动中形成的法律关系。在电子商务活动以外的法律关系不属于电子商务监管的范围。其四，非网络犯罪行为。电子商务监管对象只限于一般违法行为，属于网络犯罪等严重破坏市场秩序和人身安全等的行为不属于电子商务监管的范围。

(三)电子商务监管模式

目前我国电子商务领域还没有统一的监管模式。监管模式也是随着市场发展的不断深化而逐渐形成的。我国根据行业的不同采取分业监管模式。保监会、银监会、证监会三大监管机构分别负责我国保险业、银行业、证券交易市场的监管，优点是保证市场稳定有序，缺点是缺乏有效沟通和协作。在金融监管方面我国以合规性监管为突出，追求的是市场的平稳和规范。但市场发展的内在要求促使电子商务领域的监管不能恪守传统的规则性监管模式，务必需要探索出更适合市场发展的新型的监管模式。

(四)政府电子商务监管权的内容和范围

行政监管应是一个微观和宏观统一的动态过程。应用于电子商务领域所要注意到的细节较一般监管行为更多。不仅需要考虑监管者与监管相对人之间的关系，也需要分析监管部门之间的从立法到执法到司法的链接内容。它不仅涉及管理学，也涉及经济学、公法学科等相关领域。

1. 政府电子商务监管权确立的重要性

一国政府对本国经济的管辖权来自于一国的主权。电子商务是一国经济领域在互联网上的延伸，监管权的确立其实也是对主权的行使。21世纪是人类进入信息新纪元的开始，人类社会的海量数据和大量信息以庞大的数据流储存下来，它超越人类历史上任何一个时代的信息量。庞大的同时也意味着无序，无序就必须有管理行为的产生。电子商务是一种特殊的信息，在商事活动发达的现代社会，它影响到人们生活的方方面面，对电子商务的监管就是保证人类社会有序发展的一种手段。

2. 确定电子商务监管范围考虑的因素

确定电子商务监管的范围首先要考虑的因素是监管对象的问题。即哪些可纳入监管的范围，哪些是不需要加以监管的。笔者认为，首先，在线下交易中明令禁止的在电子商务领域也必须禁止。电子商务监管是行政监管的一个分支，法律已经规定的部门没有必要重复立法，这是不言而喻的。其次，在电子商务领域内容易产生违法行为的一些边缘交易，是电子商务监管必须重视的监管对象。如网络上的传播色情问题、知识产权侵犯问题、变相赌博问题等，这些问题的开始往往就是以小额的、小范围形式开始的，等到人气关注度提高，曝光程度提高后，就具备走向网络犯罪的可能，都是必须给予高度重视的。最后，避免重复监管行为。重复监管行为在电子商务领域的表现形式有两种：第一，线上线下的重复监管行为。如在线下取得了合法的行政许可，在线上的正当交易行为不应再设屏障。第二，地区间、部门间的重复监管行为。这是由部门分工和立法的问题导致，此种行为对电子商务发展的制约最为严重，这是设计监管模式最应该注意的内容。

在电子商务监管领域需要考虑的另一个因素是监管程度问题。关于监管程度其实不仅仅是电子商务领域监管需要考虑的因素，在行政监管研究中也是学者们关注的热点之一。如前文所述，在经济领域设立监管行为的目的主要是为了应对市场失灵，决定监管程度的重要因素之一是如何判断市场失灵。市场有其自身的调解能力，有时即使表面上看似陷入无序的状态，而实际上经过一段自我调解时期，它可以恢复到有序的轨道上。所以决定监管程度时一定不能被虚假的市场失灵所蒙蔽，这样不仅不能促进市场的发展，反而会引起真正的市场失灵的产生。电子商务领域的市场失灵假象尤为繁多，数据化的时代为管理者带来很多判断依据，但是如何从这些数据中去伪存真、抓住有利信息，这对管理者们是一个极大的挑战，不仅要求管理者的技术能力，也要求管理者的分析和应急能力。

3. 政府对电子商务监管的内容

从经济性行政监管领域的角度分析，政府对电子商务领域的监管主要应该抓住这几个方面的内容。首先，电子商务市场主体的准入资格。因电子商务市场的特性呈现多样化，电商经营者想进入市场领域需要打交道的行政监管机关往往不止一个。这不仅有悖于繁荣电商市场的精神，而且容易造成重复监管行为，延缓监管流程，行政效率低下。其次，防止垄断行为和保持市场的公平竞争性。这是从通俗的角度来分析，电子商务是商事经济行为在网络上的延伸，所以对电子商务的监管必须参照对商事经济的监管的具体要求。电子商务是新的经济领域，尤其要防止垄断行为的发生。保持市场的公平竞争性，才能更有利于电子商务市场的繁荣。再次，信息的公开和保护。电子商务领域信息是商事战争中决胜的关键。通过数据分析，商家不仅能够把握消费者需求，而且可以通过掌握消费心理发掘二次消费的市场。政府监管的主要内容需要体现在对于属于消费者隐私方面的信息必须给予保护。"经济人"趋利性的角度出发，商家在没有监管的条件下对于消费者隐私权是视若无睹的。现实中依旧存在很多贩卖消费信息名单、物流运输名单等信息泄露的情况。而对于需要作数据化分析的不属于商业秘密的信息，政府监管部门有义务要求相关电商给予数据的公开。最后，公平交易行为。公平交易行为是保证电子商务市场有序的关键。电子商务领域里的公平交易表现有以下两个方面：第一，体现在电商和消费者之间，需要保证在线上购买的商品质量、售后服务以及消费者权利救济等同线下交易的法律效果。第二，体现在电商和非电商之间，需要保证不能利用网络低价恶意抢夺市场份额。

4. 政府对电子商务监管的程度

监管程度是行政监管中最难把握的环节，它和监管对象有着直接的关系。学者刘新少从政府与市场关系的角度，给出的定义是："为行政主体以实现其监管目标为中心而对市场经济活动进行干预时在监管手段、监管方式及监管权力的选择与使用上所确定的松严标准，范围幅度及其边界限度。"①可见，监管程度是一个动态的过程，它直接决定监管的效果。关于监管程度的划分在学界有很多标准，在研究电商监管领域，应以分级监管的方式将监管程度从松到严划分，从而形成市场调控、适度监管和严格监管三个等级。这三个等级分别形成三种不同的监管模式，而在电子商务领域笔者认为应以适度监管为原则，市场调控为主，严格监管为辅的监管模式。电商领域更具有经济开放性，从审批准入阶段已经经过了和线下经营相当的准入严格程序(经行政许可批准进入电商领域的可交易商品已是被线下贸易直接允许的)。电子商务领域是新经济形式的表现，虽然繁荣但仍然是幼年期，严格监管仅适用于电商领域关于金融贸易等易引起市场风向转变的区域，除此以外的一般交易行为，应留给市场自主调解，必要时适用适度监管模式。

另外，考虑监管程度的因素还包括监管的成本以及监管的风险，电子商务监管领域也不例外。从经济学的角度，政府也是"经济人"之一，政府行使行政权是为了社会秩序的正常运转，但管理作为一种支出也是需要消耗资本的，这其中包括人力和物力两个方面。网络交易的隐匿性有时会为政府部门的监管带来很多不必要的支出并且浪费很多资源，政府部门对于网商内部的一些潜在的规则是无法准确而具体地把握的，这给监管程度的考量带来很大的干扰。

监管行为本身也是一种行政行为，它有可能给监管相对人带来损失，电子商务领域信息的传播速度非常之快，监管不当导致的监管失灵也会引起社会舆论给予的道德风险，更严重的也会导致政府公信力的丧失。所以，综合上述分析，在电子商务领域仅仅依靠政府单方面的监管是乏力且效果不佳的，必须结合非政府治理体系中的监管要素，才能更为恰当地分配监管要素，保证对电子商务监管的效率最优化。

三、非政府治理监管体系

非政府组织一词最初是 1945 年 6 月 26 日在美国旧金山签署的联合国宪章第 71

---

① 刘新少. 公法视域内行政监管范围研究[D]. 中南大学博士学位论文，2012：56.

款使用的："为同那些与该理事会所管理的事务有关的非政府组织进行协商作出适当安排。"1952 年联合国经社理事会在其决议中把非政府组织定义为"凡不是根据政府间协议建立的国际组织都可被看做非政府组织"。非政府组织是指与政府组织相对的其他组织，我国称之为社会组织，包括社会团体、民办非企业单位、基金会三部分。这里主要分析在电子商务领域作为治理主体可以体现监管职能与政府治理体系相对的非政府组织体系。非政府治理主体在电子商务活动中起到了很大的自发性监管的作用，它们的共同点就是自主管理、自我约束。市场经济给予了市场主体一个开发和活跃的舞台，想要在电子商务领域占领优势地位，必须具备一定程度的优越性，这种优越性就体现在自我约束与自我克制上。现实中的非政府治理主要表现为以下几种形式：

（一）第三方平台的自治管理

电子商务的形式有很多，目前主要的形式还是通过第三方提供一个贸易平台的形式完成整个电子商务的过程。第三方平台提供的功能很多，网店的陈列（平台设定入驻规则吸引卖家进驻网站销售商品，消费者只需要登录平台的网站搜索就可选购相关的商品而不需要卖家的主动宣传）、第三方支付（是指具有一定实力和信誉保障的第三方独立机构提供电子商务交易的平台，网上消费者选购商品后先将货款打到第三方的账户内，待收到所选购商品后通知第三方付款给商家，再由第三方将货款打给商家的行为）、信用消费（第三方平台根据在其网站注册的消费者的消费额度划分的可透支额度，为消费者在限定的金额内垫付购买商品的费用，但消费者需要在规定时限内返还）等。① 通过以上平台功能的列举，我们不难发现，平台在制定规则的同时，也在行使着某种监管意义上的行为。具体分析有以下几个方面：

1. 设定准入规则，禁止违法交易

通过检索一些大型的交易平台不难发现，平台对参与其中的商户的监管与线下的行政监管是具有一致性的。法律规定禁止作为商品销售的物品在正当的交易平台是搜索不到的，平台在此其实起到了很大的类似于防护网的作用。大部分电子商务的参加者在平台规范的准入规则下都能够有一个良好的开端。虽然市场的目标是追求利益最大化，但为了能够获得市场准入资格，商家们会为了潜在的市场利益遵守并配合平台的合理规则。平台在一定程度上为了发展也会将规则设置得高于一般的市场标准，以保持自身的先进性。

2. 设定交易规则，防止不正当竞争

在电子商务活动过程中，平台对于内部的管理必须走在前端。商业贸易法则在网络上扩散于更多的陌生人之间，诚信交易是唯一的可持续保障。可市场的逐利性

---

① 徐雅飒. 电子商务第三方支付的法律地位、效力与立法完善[J]. 商业时代，2014(15).

决定了商家对资本的追逐，利益最大化原则会促使商家对市场规则置若罔闻。垄断和不正当竞争是在任何一种经济领域都不愿意遭遇的状态，在电子商务领域也不例外。但平台交易有其固有的特点：即交易全程的透明化。无论是卖家还是买家都可以在平台查询到商品的交易记录以及商品的评价，这对于保护正当的市场交易秩序，防止不正当竞争起到了促进的作用。这些交易数据透明化的表现，就是平台对于电商领域规则不断探索的结果。

3. 设定申诉规则，解决交易纠纷

由于平台交易的公开性，使卖家和买家之间交易达成的可能性有所提高。而在纠纷解决层面，平台可以调取买卖双方的交易记录和相关数据，作为解决交易纠纷的根据。在这个层面平台起到了准司法的作用。平台的支付功能使平台对于违约者责任的承担也具有了一定的权力。冻结不承担违约责任的商户的账户，或者划拨商家赔付款（我们先不讨论其合法性），都为纠纷的解决起到了促进的作用。

（二）行业协会治理

行业协会是成熟市场经济国家普遍存在的一种促进经济领域各类互益性活动并提供相应公共服务的社会经济组织形式，许多国家的电子商务行业协会在领域内发挥着介于政府与市场之间的协调作用，甚至代为履行了一部分政府监管职能。行业协会不同于政府部门，它维护的是行业发展的根本利益，在某些时候它还扮演对抗政府的角色；行业协会也不同于第三方平台，它不具有第三方平台的收益性。第三方平台存在的根源在于参与其中的商户的支持，其性质上依旧属于电子商务平台的销售者。行业协会具有公益属性，它是纯粹为了行业本身的存在而存在的，它是连接政府和商事主体之间的桥梁。但我国的电子商务市场领域行业协会属缺位状态，被一些大型的第三方平台所占据。

（三）认证机构治理

认证机构是当前电子商务环境中不可缺少的组成部分。无论是支付过程还是交易过程，认证机构都有着重要的地位和作用。认证机构是在电子商务交易环境的不断发展中产生的，它以中立性的地位，在买卖双方的过程中起着监督的作用。它不同于第三方平台，它以拥有更多的可信赖性而使其自身具有较高的权威性。它不仅对电子商务的参加者负责，而且对整个电子商务活动也有很大的影响力。

（四）商盟治理

商盟制度形成于 2004 年，以分享与合作为理念。商盟的性质接近于行业协会但是与行业协会还是有一些区别。商盟是借助于行业、地域等相关因素而自愿组成的维护成员利益的民间商业联盟。① 商盟的主要功能包括信用保障、经验分享和一定的惩戒监督职能。它对加入者有一定的要求，并且此要求严格于第三方平台对于

---

① 沈岿，付宇程，刘权. 电子商务监管导论[M]. 北京：法律出版社，2015：144.

经营者的要求。其组织成员通过商盟内部的活动进行信息交换，分享市场经验，也为商盟的凝聚力和权威性打造了坚实的基础。

综上，不难看出，这些主体已经或隐性或显性地履行了一定的市场监管职能。虽然主体身份的合法性在法律层面未曾得到明确的认定，但在实际的电子商务市场活动中，这些组织体已经担当并且行使着市场监管者的角色。如何有效给予其正当的监管权力，如何有效地防止其监管权力的滥用，这是下文要讨论的问题。

第五节　我国电子商务监管存在的问题及完善

一、我国电子商务监管存在的问题及原因

在 B2B、B2C、C2C、O2O 等多种模式下，我国的电子商务活动经历了从萌芽到发展的阶段。电子商务活动的自发性决定了电子商务本身较线下经济活动具有更多的灵活性。再加上经济活动本身的不可预测性和多样性，这对传统的行政监管行为来说是一个很大的挑战。监管部门之间的关系呈现出以"趋利避害"为表征的特点，在某些涉及较大经济利益的市场领域，各市场监管机构争相监管，造成市场参与者们无所适从的局面；而在另一些涉及较小经济利益或问题复杂的市场领域，各监管机构又往往互相推诿，互相扯皮，致使政府市场监管职能缺位与越位的问题严重，进而造成市场秩序的混乱和失控。

(一)我国电子商务监管存在的问题

电子商务不仅会呈现多样化的经营模式，而且在未来也会不断发展出难以预估的新型经营模式。传统的监管方式已经不能适应新型的电子商务活动，而逐渐暴露出来的问题主要体现在以下几个方面：

1. 法律法规的不完善

我国电子商务市场正式形成的时间是 1997 年，而我国第一部关于电子商务的法律《中华人民共和国电子签名法》颁布于 2004 年。无法可依的网络环境在享受充分自由的同时必会遭受混乱的冲击。电子商务的开放性和跨地域性的特点，使电子商务经济发展迅猛。从 2005 年开始，电子商务经济跨越式增长，电子商务的经营模式也层出不穷。以团购和代购促使零售业交易额的提高，以移动电子商务促进了国民消费增长，同时也极大地带动了如物流与支付平台等辅助行业的发展。我国目前仍然没有完整意义上的《电子商务法》，对于电子商务监管的立法主要体现在行政法规、部门规章以及地方性法规中。

(1)法律

2005 年 4 月 1 日开始实施的《中华人民共和国电子签名法》，是我国第一部针对电子商务领域的法律，该法已于 2015 年 4 月 24 日修正。《签名法》第 18 条第 1

款规定："从事电子认证服务，应当向国务院信息产业主管部门提出申请，并提交符合本法第 17 条规定条件的相关材料。国务院信息产业主管部门接到申请后经依法审查，征求国务院商务主管部门等有关部门的意见后，自接到申请之日起四十五日内作出许可或者不予许可的决定。予以许可的，颁发电子认证许可证书；不予许可的，应当书面通知申请人并告知理由。"全国人大常委会 2012 年发布的《关于加强网络信息保护的决定》加强了对网络信息的监管。此外，我国对于其他现有的法律也进行了修改，如我国《消费者权益保护法》的修改更新了网络交易的规范，增强了对消费者的保护；我国《合同法》承认了电子合同的法律地位，也证明我国对电子商务领域监管的重视。

（2）行政法规

国务院针对电子商务监管领域颁布的文件主要有：2000 年《中华人民共和国电信条例》、2000 年《互联网信息服务管理办法》、2005 年《关于加快电子商务发展的若干意见》、2013 年《国务院关于促进信息消费扩大内需的若干意见》、2013 年《信息网络传播权保护条例》（国务院于 2006 年 5 月 18 日颁布，2013 年 1 月 30 日修订并于 2013 年 3 月 1 日起实施）和《计算机软件保护条例》（国务院于 2001 年 12 月 20 日颁布，经过两次修订后于 2013 年 3 月 1 日实施）等。上述文件为保护电子商务法律关系主体权利、规范电子商务市场秩序起到了基础性的保障作用。

（3）部门规章

监管权的实施分散在各个部门当中，部门规章对于监管立法也作出了很大贡献。现存很多关于监管方面的规范性文件，部门规章的数量占据着大部分比重。主要有：国家工商行政管理总局制定的 2000 年《关于开展网络广告经营登记试点的通知》、2002 年《关于电子商务网站登记问题的答复》、2002 年《关于电子登记有关问题的答复》、2012 年《关于加强网络团购经营活动管理的意见》、2014 年《网络交易管理办法》；商务部 2008 年颁布的《网络购物服务规范》、2011 年《第三方电子商务交易平台服务规范》、2013 年《关于促进电子商务应用的实施意见》等；工业和信息化部制定的规范性文件主要有 2009 年《电子认证服务管理办法》、2012 年《电子商务"十二五"发展规划》、2013 年《电信和互联网用户个人信息保护规定》等；中国人民银行制定的规范性文件主要有 2005 年《电子支付指引（第一号）》、2010 年《非金融机构支付服务管理办法》、2012 年《中国金融移动支付技术标准》；国家邮政局制定的规范性文件主要包括 2007 年《快递业服务标准》《快递服务行业标准》、2011年《快递业务操作指导规范》、2012 年《快递市场管理办法》、2013 年《快递服务与电子商务信息交换标准化指南》《快递业务经营许可管理办法》等；公安部制定的规范性文件 2005 年《互联网安全保护技术措施规定》。另外，还有一些部门联合出台的规范性文件如 2005 年《互联网著作权行政保护办法》、2013 年《关于促进电子商务健康快速发展有关工作的通知》等。

（4）地方性法规

1999 年上海市人民政府办公厅《上海电子商务近期发展目标和实施计划》、2000 年上海市制定了《上海市电子商务价格管理暂行办公（数字证书部分）》、2000 年香港特别行政区颁布了《电子交易条例》、2003 年广东省制定了《广东省电子交易条例》等。经济发达地区电子商务发展较快，针对当前电子商务监管立法，地方性法规也是值得参考和借鉴的重要依据。

经济改变的不仅仅是人类的生存方式，还有人类的历史进程。法律的作用就在于有效地规范人类的行为方式以保证其行进方向的正确性。行政法上的各类法律规范性文件之间本身就易具有矛盾性和冲突性，规则繁杂但不一定能全面有效覆盖电子商务活动的各个方面，可能在某些方面反而会留有空白。我国电子商务发展蓬勃旺盛，对于《电子商务法》的需求是非常迫切的。

2. 监管职权不明确

目前我国行使监管权的机关主要分布在工商、税务、质检、海关、商务、邮政、银行、公安等部门。电子商务商事主体从市场准入到贸易行为结束都要经受各种权力机关的监督和检查，这对于高速发展的互联网经济不仅有害，而且也有悖于互联网追求自由与平等的精神。

（1）监管主体的不确定。

传统商事主体的营业场所都是有地理位置可依循的，根据地域管辖的原则，监管主体非常容易确定。即使偶尔出现跨行业或者地域的情况，也不会涉及多个监管主体。而互联网经济因其经营方式和交易方式的特殊性，往往会涉及多个地域或者一个地域的多个监管部门。监管主体之间没有明显界限不仅仅会使被监管方产生多重束缚，也给监管主体自身带来诸多不便。权力的产生意味着利益的萌芽。在互联网经济创造巨额利润的今天，拥有监管权的任何一方主体都不会愿意主动放弃监管。虽然国务院出台相关政策明确各个部门之间职权的划分，但是在现实发生的具体案例往往会呈现"公说公有理，婆说婆有理"的奇观。地域管辖、级别管辖以及部门间的管辖不明确，势必会给电子商务的发展带来不利的影响。

（2）监管职权的滥用。

电子商务不同于传统的商事活动，它具有线上和线下并存的特点，涉及的衍生部门也非常多，物流行业与电子金融行业就是在电子商务发展的影响下逐渐发展起来的。电子商务涉及监管部门之多，监管权必然会发生冲突，职权被滥用就是在多重监管下最易发生的行为。人们趋利避害的本性促使经济活动流向最易取得经济成果的方向，即使这个方向对人们本身是有害的。监管行为之所以存在，就是为了规制在经济活动中产生的不规范的行为。电子商务本身也是经济活动的一种特殊形式，它在阻碍其发展的各类监管下，必然会寻找一条最适合自己突破的监管防线。监管防线一旦突破就很容易发生监管职权被滥用，多重监管和监管盲区都会使监管本身形同虚设。

（3）监管裁量权的不统一。

信息是网络时代发展的源泉，互联经济中，信息的经济效益尤为显现。传统的监管方式的滞后性导致监管信息的不完善，在此不完全信息的基础上制定的监管标准必然会带有强烈的滞后性，现实中产生的各类监管裁量不统一也有因可循了。监管裁量权的不统一不但发生在不同监管部门之间，也会发生在同一个部门对待同类性质的电子商务活动中。这类监管行为若长期存在会使被监管方丧失对法律权威的信赖以及法律威严的束缚。

人们在历史进程中要求和提倡的民主精神在互联网时代尤为显著，电子商务发展的根本原因在于这种民主精神的发展。民主精神在当代的释义可以理解为对平等的追求和对自由的向往，用更具体的语言表达就是：公正、平等、诚信、友善。公正，要求监管主体对电子商务商事主体依法办事；平等，要求监管主体对电子商务主体一视同仁；友善，要求监管主体的监管意识的转变；诚信，要求电子商务活动的各类参加人真诚无欺，这是构成电子商务活动的基石。明确监管职权范围是保证合法行政的关键，也是实现民主治理的内在要求。

3. 监管安全性的缺乏

（1）产品质量的安全性缺乏。

产品质量问题一直是困扰消费者的主要问题之一。电子商务活动中秉承的基本原则就是交易双方的诚实信用原则，诚实信用原则是电子商务经济中的根本，但也是最容易为不良交易者所利用的。实践中，由商品质量引发的电商贸易问题不仅层出不穷，而且屡禁不止。网络的匿名性给监管行为带来很大的阻碍。各电子商务平台虽然推出各种针对产品质量的治理措施，但自己不能成为自己的法官。作为经济实体本身，这种监管起不到有效的对产品质量的监管作用，需要建立一个来自外部力量的长效监管机制，才能真正地解决产品质量的安全问题。

（2）第三方支付平台引发的危机。

第三方支付平台是以信用中介的身份，帮助持卡人消费者完成银行与商家的对接。第三方支付的出现加速了电子商务的发展，但同时也带来一些棘手的问题和交易风险。一般在任何金融机构内部都会具有一套完备和稳定的网络安全保障系统，构建此类系统需要耗费大量的人力、物力资源，只有在类似国家力量的支持下，金融机构的安全保障体系的构建才有实现的可能。我国的第三方支付平台是在电子商务经济繁荣下自发生长出来的，它从事着类似于金融机构的相关业务，在一定程度上也发挥了一些类似金融机构的作用，弥补了电子商务活动中的一些空白，但究其根本性质而言，它不具有金融机构的资格。平台本身固有的局限性使平台长期处于危险之中，安全性的缺乏会引发一系列的事故隐患。

平台应对突发事件的和处理危机的能力较差，更易给不法分子以可乘之机。光明和黑暗总是此消彼长的过程,电子商务经济的发展也促使了黑客技术等网络犯罪等事件的高发。由于网络的隐匿性,平台本身很难辨别资金的来源和去向,这就使网络洗钱、非法转移资金等活动成为可能,为线下的不法分子犯罪提供了巨大的资金支持。这不仅仅是网络世界的危机,也是现实生活的隐患。

(3)信息安全的保障性差。

电子商务活动中因涉及大量的资金流动以及网络的匿名性,需要交易双方提供真实的个人信息。实名制虽然为交易带来了极大的便利,但实名制的背后是大量的信息泄露所埋下的安全隐患。一件货物从卖方到买方的过程,需要经过交易网站、支付平台、物流服务等多个大的环节,其中任何一个大的环节项下又蕴含多个属于大环节内部的小环节,而这其中的任何一个环节都有客户信息泄露的可能。信息泄露引发的问题轻则会使消费者遭受垃圾信息的干扰,重则可能会给不法分子带来可乘之机,干扰社会秩序威胁人们的生命安全。

4. 监管措施不合理

(1)监管措施的越位与缺位。

2009年风靡全球的网络游戏《魔兽世界》运营权变更,由九成到网易,在经过了文化部的审批通过并运营之后,接到了新闻出版总署的退回审批申请,网易在经历过8个小时的停机维护之后,《魔兽世界——燃烧的远征》重新上线。网络游戏运营在电子商务领域发展非常繁荣,但对于网络游戏的管理却是混乱的。市场与政府的关系决定了政府对市场的干预程度,政府对市场的干预程度越高反而越不利于市场的竞争化机制形成。在电子商务领域越位的监管措施一方面存在于经济利益获取较多的市场区域内,而另一方面,又存在监管措施缺位的现象。

监管措施缺位一方面是由于可依据法律法规的空白,立法总是滞后于社会发展,尤其是在电子商务快速发展领域;另一方面是由于电子商务层出不穷的新模式,也为监管措施的执行带来难度。

(2)许可证的过度使用与滥用。

行政许可是我国传统行政监管的主要监管措施。针对变化多样的电子商务市场,监管主体对于行政许可的依赖程度较高。行政许可属于事前监管模式,为了避免电子商务市场产生过多的不可预计和不可控制的因素,本着行政法中法无规定即禁止原则,监管主体对于行政许可的使用设定过多。随着电子商务市场的发展,需要行政许可的市场主体愈来愈多,在行政许可使用设定过多的前提下,许可证的发放也就越来越多。许可证的滥用既有可能造成重复监管,也有可能造成行政成本的增加和行政资源的浪费。

(3)对传统监管措施的套用。

电子商务虚拟性、跨地域性等特点,决定了对其监管要求不能完全套用传统的监管模式。传统的监管措施从设立到执行监管主体方一直处于主动的监控地位,从市场准入到违规行为的产生，监管主体在整个监管过程中发挥着主导地位。然而对于电子商务监管，传统的监管主体并不能做到全局掌控。电子商务活动的灵活性使得大量的违规行为或可能违规行为隐藏在网络中，传统的监管措施在某些方面逐渐显现出疲态。电子商务发展迅速而新型的监管形式并未出现，现实中往往是对传统监管模式的套用或者变形，导致监管失灵的现象产生。

（4）监管措施安全效果和效率缺乏。

安全性是网络监管的重点和难点，电子商务领域也不例外。电子商务综合性的特点决定了电子商务涉及的行业多、种类繁，安全性是监管的首要任务。但从目前的监管措施的实施效果上看，在安全性监管方面还是不尽如人意。首先是对信息的监管方面，信息安全保障性差，这里不仅指消费者的信息还包括经营者的信息。这些信息一般都具有真实性，并且商业价值很高。不法分子通过反复倒卖信息赚取高额利润，这对电子商务的参加者都是非常不利的。它一方面干扰了经营者正常的经营秩序，另一方也增加了泄露消费者隐私的隐患。其次，在关系到民生的网络商品的监管方面，监管措施也没有真正发挥作用。目前在网络上能够售卖的商品种类繁多，从食品到医药，从保险到理财，从培训到社交，跨越各类行业。电子商务门槛低，准入者多，对于关乎民生的网络商品销售，必须给予高度的监控。但电子商务交易形式多样，一些不法商家为了获取高额利润利用网络低价吸引消费者，虽然消费者对于购买低价商品也需承担一些责任，但是监管的疏忽也是导致这些不合格商品进入市场的原因。民生方面的网络产品一旦出问题就会影响整个经济的发展，所以，无论线上还是线下，对民生类的网络商品必须给予高标准的监管要求。

互联网经济时代首位的要求就是效率优先。效率意味着一个企业的兴衰、一个行业的盛衰，电子商务对效率的渴求度不逊于对利益的追求。可在不完备的法律体系下，监管措施就无可避免地具有强烈的滞后性。从监管能力的角度来说，监管部门人才匮乏、监管手段落后。制度本身总会保持一定的惯性。即使在电子商务活动的猛烈冲击下，监管制度本身有所革新，也会保持一些原有制度的惯性，从而致使监管效率低下。

（二）我国电子商务监管问题存在的原因

电子商务监管主体与行政监管主体在实际执法过程中有很高的重合度，监管过程中暴露出的问题在电子商务活动中体现得尤为突出。这其中不仅包括行政监管行为本身固有的问题，还包括电子商务活动特有的表现。本章概述部分对问题做了全面的表述，现就电子商务监管部分的问题分析其存在的根本原因。

1. 监管利益冲突

电子商务市场发展目前仍然处于初级阶段。一个市场的真正成熟需要经过一段漫长的时期，在这个过程中，政府会不断地调整和修正政策以指导市场的发展。但这种指导行为不一定是完全有利于市场本身的，很有可能的情况是政府会制定出有利于政府一方的政策和方针，在地方政府尤为明显。权力寻租在这种情况下极易发生，而最终形成的规则仅有利于倾向政府利益的少数人，这对市场的发展是极为不利的。市场的规则不会因为政策的出台而发生根本变化，最终的局面是市场畸形发展，而最后为这些冲突的买单者还是会转回到政府自身上来。

这种监管问题存在的根本原因是政府部门间利益冲突，这种利益冲突不仅体现在横向方面也体现在纵向方面。政府是国家行政权力的执行者，政府执行国家权力是通过部门的具体执法行为落实的。在计划经济时期，政府部门仅是作为传达上级到下级间指令的工具，统一部署，统一执行。随着市场经济来临，部门之间在贯彻政策的过程中逐步分化，逐渐形成以部门利益而不是以国家利益为目的的态势，偏离了公共利益的导向。各个部门形成较为独立的利益主体，导致监管行为碎片化、监管权力分散。电子商务领域是经济的聚集地，争夺部门利益的现象就更为突出和严重。

2. 监管权力边界不清

监管权力边界不清的直接表现就是监管对象难以确定。我国政府于 2010 年颁布施行了《网络商品交易及有关服务行为管理暂行办法》，该《办法》对于互联网交易起到了指明灯的作用。但互联网来势汹汹的态势在经济领域显得尤为突出，在法律的实际应用过程中，监管对象的不确定就是遭遇到的难题。不确定因素之一是监管对象的范围，互联网的开放性决定了互联网经济形式的多样化。按照传统的观点，一些属于个人行为的小额交易行为如在网上出售二手物品、自制品、或者物物交换等，可不纳入监管范围，可往往就是在这些看似无害的交易行为，暗暗地破坏着电子商务市场的交易秩序。可能在疏于监管后这些交易行为会发生异变，转化成纯粹的市场贸易行为甚至诈骗行为。监管执行者在事前很难花费大量的精力去跟踪，而事后亦又需要花费大力气才能找到肇事者。这就是不确定因素之二，监管对象的商品经营者不确定。《办法》第 3 条规定："网络商品经营者是指通过网络销售商品的法人、其他经济组织或者自然人；网络服务经营者是指通过网络提供有关经营性服务的法人、其他经济组织或者自然人，以及提供网络交易平台服务的网站经营者。"消费者通过网络得到商品信息，通过信息联系到了商家，以线下的方式购买商品的可能性也不能排除，这在网络上是看不出来的。而消费者了解商家只能通过网站或平台给出的信息，不能确切分析出商家的真实水平和资质。网络销售的门槛较现实低，这就为恶意销售和诈骗提供了很好的舞台。平台虽然给进驻的商家设定了一些准入资格，但对于目的明确的恶意销售者或诈骗者，通过预留信息找寻的结果往往是否定的。事后监管的执法人员即使搜寻到相关人员，也必然要耗费大量的人力和物力。监管对象难以确定就不能确定监管的管辖范围，从而形成多重或者无人管辖的空白区。

市场监管需要各个部门的合力作为。虽然我国行政机关以"条块"管辖的形式对行政管理作出了明确的分工，但现实中由于社会的复杂性和多样性，往往会出现权力边界不清的情况。这些不仅仅体现在部门和部门之间，有时候部门内部也会产生执法冲突的情形，其结果就会造成执法权力竞合。执法权力竞合也不仅限于执行上，有时候也会体现在立法上，在电子商务领域等法律尚无明确规定的领域最为突出。地方政府或者部门为了局部利益争夺立法权、强占立法优势的行为屡禁不止，其结果就造成了法律竞合。法律竞合现象在市场监管的实施中时有发生，尽管国务院在"三定规定"中已经对各个电子商务监管部门的职能有所规范，但在实际的执行中，仍然存在多头监管、争夺监管权的现象。

权力边界不清在电子商务领域带来的危害后果还体现在地域监管管辖权的冲突上。首先，传统行政管辖规则与电子商务活动的行政管辖规则存在冲突。传统的行政管辖规则无论在适用的时间还是空间上都较电子商务活动规则更具优势，因其有相关法律支撑。而电子商务领域因不具有一部完整的法律，其治理依靠的是部门规章以及地方政府出台的政府规章，在法律位阶上不占有优势地位，而由于电子商务活动的特殊性，传统的规则已不能适应，这就会使问题搁置得不到解决。其次，部门规章和地方政府规章对于管辖归属也都未必清晰。从立法技术的角度分析，各地方发展不同，立法技术水平也是参差不齐的。电子商务跨地域性的特点，也给立法带来很大的困难。现实中电商企业线上或者线下行为存在交叉，按照传统立法的习惯出发，很有可能会使多个地区的管辖机关都具有管辖权，部门间、地区间由于经济利益，本着有利于部门利益的目的，必然会争夺管辖权。

3. 组织体制不畅

组织体制不畅造成的直接后果就是监管的回应延迟。我国目前对于电子商务的监管有三种模式：事前监管、事中监管和事后监管。事前监管主要是对市场准入的主体资格进行审查，我国对于电子商务的准入门槛设定标准较低。事中监管主要是针对经营主体在经营过程中有无违规现象，较多地体现在对平台的管理和监控上，而对于平台内商家的经营行为，只要不涉及违法犯罪等行为，一般都不作为主要的监管对象。事后监管发生于纠纷产生后，目的在于调整市场的某些错误机制防止类似纠纷再次发生。但现实中事后监管往往起不到这样的作用，有的监管行为甚至连纠纷本身问题都未曾妥善地处理。监管回应延迟在以上三种模式中都存在，三种监管模式是互相联系的整体，它们的有机连接为市场监管搭建了贯通的网络，任何一种监管模式存在瑕疵都会对整体的监管网络系统造成影响。

我国当前行政管理体制存在一定的问题。每个成员有固定的职责范围，权力结构自上而下排列成等级层级分明的结构体系，成员之前按层级的高低形成命令与服从的关系，构成严格的层级控制。这样的制度设计具有高效和一体化的优越性，但在电子商务领域中传统的制度设计已经不能满足当下发展的要求。首先，职能分工的细化延长了工作流程。职能分工细化必然使工作流程被分割成若干不同的环节，会使运作流程耗时且效率低下，也容易形成多头指挥的局面。其次，多层制等级结构有造成机构膨胀臃肿的风险，在电子商务监管领域这种风险会提高。用传统的监管模式来处理电子商务活动的问题必然造成部门的不断扩大、机构层次繁多，从而错过治理电子商务问题的最佳时机。最后，部门分工的增多使部门间形成了壁垒，出现互相推诿和争夺利益的情况。传统的条块分割制使得资源共享程度差，信息和资源零散地分布在不同部门不同人员的手中，而电子商务领域中需要通过把握完整的信息才能有效地应对各种突发问题。

4. 技术手段滞后

庞大的市场是我国政府监管的难点。在传统监管模式中，政府监管方面已经显现出人力、物力不足，执法能力不强的现象，电子商务领域中这些问题尤为突出。我国传统监管模式中本身就存在部门沟通不畅、信息交流匮乏、协作能力不高等特点，各个政府部门的办公系统自成一体，各自为政，这对于需要流程化的协作监管是非常不利的。电子商务是对技术性要求非常高的经济形式，它依赖于电子计算机和互联网的普及，传统的监管模式想要成功转型必须依赖技术手段的更新。技术手段的缺失，使各自记录的有效信息难以共享，协同执法未能形成，进而影响到部门间合作，制约了各市场监管执法部门的行政执法作为。电子商务是商事经济在网络上的延伸，对电子商务的监管过程中产生的问题，根本上来说还是由市场监管部门间存在的问题造成的。市场监管一直以来就是政府、学界、商界等领域被困扰并且争论的话题。它涉及经济、政治法律、管理等多个研究领域，并且准确把握监管的平衡点和尺度也是非常困难的，仅仅依靠政府单方面的监管是远远不够的。电子商务的发展不仅需要依靠政府的监管体制改革，也需要形成内部的自监管系统。

二、我国电子商务监管制度的完善

(一)创造有利于电子商务监管的制度环境

1. 推进电子政务，实行协同监管制度

电子商务监管的主要困难之处来自于部门与部门之间的障碍，这些障碍的形成有一定的自发性，也有历史的原因。中国自上而下的治理传统使研究者们的焦点主要集中于中央和地方的关系上，同等级部门间的关系研究得较少，但这并不意味着不存在问题与矛盾。同等级的部门间最易形成信息孤岛和职权停滞，信息孤岛导致各个部门只能局限于有限的数据而不能对整体的市场运行状态做出正确的判断，从而得出错误的分析，采取错误的执行措施。职权停滞会导致执行措施无效甚至会引起职权行为失灵，电子政务是能够有效解决和应对这一监管难题的方法。

(1)电子政务与电子商务监管。

电子政务的普及可以推进行政流程的再造。所谓行政流程再造，就是要运用信息技术的力量构造适应信息化发展要求的政务形态，就是要对传统的组织结构模式、管理模式、业务流程和服务提供方式进行优化和重新设计，就是要基于信息技术和系统观点，以首尾相接的、完整连贯的整合性业务流程来取代以往被各政府部门割裂的破碎性流程，以提高政府公共服务的质量和公共管理的效能。① 对于电子商务监管方面此功能显得尤为重要。

电子政务可以优化部门间的关系。监管需要各部门高度配合的流程式管理行为，部门间关系的优化就意味着监管的高效和精确。首先，电子政务因有强大的技术支持，可以打破部门间的制度壁垒，实现监管部门之间的监管协同。其次，电子政务因其扁平化的管理模式，可以有效地调动各个部门之间的积极性，促使部门监管职能最大化发挥，有效地应对市场的突发情况。再次，电子政务使部门之间的信息传递快速和准确，可以促使部门之间的信息共享，避免信息孤岛的出现，杜绝重复监管和空白监管。最后，电子政务增强了部门之间的互动性，同时也给予了部门一定的自主性，可以实现部分+部分>整体的监管效果。

（2）协同监管。

市场监管是部门间合力的效果。它不仅需要上下级部门之间的协同，也需要同等级跨部门之间的协同。在行政管理中，协同是指针对某一事件把各个不同的政府机关、部门统一组织，以便使其围绕同一任务、目标进行高效的业务操作，通常包括制度协同、技术协同、流程协同和资源协同等几个方面。电子政务最大的优点就是可以将部门间的协同性有效地统一起来，从而形成一种新型的管理模式。

首先，电子政务标准化的要求可以促使协同监管的实现。业务技术标准不统一，流程不规范，是造成监管协同乏力的根本原因。监管要求标准化，也更有利于电子政务的普及。其次，协同监管可以明确责任归属，防止监管缺位。传统的监管方式也是需要监管部门之间的协同才能完成的，但现实往往是"有利争着管，无利无人问"的局面，市场经济的趋利性也体现在了政府的管理上。电子政务中的协同监管，由于信息资源的共享性，管理模式和流程具备更多的开放性，监管职权划分清晰，监管责任也就较为明确。最后，协同监管可以实现监管合力，监管主体发挥主观能动性，监管效果最大化。电子政务避开了传统体制中职能的交叉性和职能的层级性对监管主体的制约，有利于调动监管主体的积极性，监管过程中监管人员的成就感会促使监管行为由结果导向，而不会形成慵懒乏力的流程式工作状态。

2. 建立合作监管制度

（1）合作监管。

---

① 刘利人. 基于电子政务的市场监管部门间关系优化研究[D]. 中山大学博士学位论文，2009：26.

合作监管是指为了实现公共管理的目标而采取的监管的合作形式，即由多方主体采用多种手段在监管领域互相作用的一种监管模式，是政府、市场、第三部门等众多行动主体相互合作、分享监管权力、共同管理监管事项、实现监管目的的活动。① 传统的监管模式以国家监管为主体，从制定监管政策、到执行监管规则以及对监管行为的处罚都是国家主导。但随着社会的发展尤其是在商业领域，传统的监管模式已经逐渐显现出疲态，不足以应对日益变化的市场规则。作为新型的监管模式，合作监管具有不同于传统监管的更适应市场变化的特点：

首先，合作监管的监管手段灵活多样。市场经济的监管是一个多层次的体系，合作监管通过自我监管、市场数据分析、经济激励等多种手段进行监管，能够有效地应对市场的多样性。其次，合作监管的监管主体多元化。合作监管的主体不仅包括政府，也包括各类非政府自治主体，监管规则的制定、执行、责任承担由众多组织共同分担，既保证了监管的有效性，也降低了政府监管的成本。再次，合作监管具有一定的公益性。自愿性是合作监管的基础，合作监管在一定程度上是自发形成的，它是为了维护某种公共利益的实现而由相关组织自觉形成的监管。最后，合作监管有利于监管目的的达成。合作监管在某些情况可以跨越公、私的概念，在监管过程中，各监管方只作为监管合作对象而存在，有利于排除干扰因素，形成监管合力，实现监管目的。

（2）合作监管在电子商务监管中的作用。

在电子商务监管中要体现合作治理原则。合作治理不同于合作监管，监管是治理的一种特殊形式。电子商务监管是监管面临的新挑战，合作监管是有效应对这一挑战的工具之一，表现在：第一，合作监管的监管范围广泛可以应变电子商务市场中多样化的贸易形态。电子商务不受地域限制，交易形态多样化，传统监管模式很难渗透到电子商务的内在机理去解决问题，合作监管的主体多样化，监管形式多样，可以应对电子商务市场多变的复杂性。第二，合作监管的流程顺畅，有利于电子商务的开展。合作监管从监管协议的达成到监管执行的完成的整个监管制度都是合作监管各方自愿合意的结果，再具体到规范的遵守上，各方也会发挥更多的主观能动性自觉配合促进监管目的的实现。第三，合作监管更能满足电子商务开放性的要求。电子商务的开放性将监管的难度和要求提高到了新的阶段。合作监管能够吸引公众参与从而增进决策的科学性，使监管更公平合理，并且在一定程度上增强民意的表达，提高治理的民主性。

3. 引入无缝隙对接监管制度

所谓制度对接，是指以监管目的为基础，以充分发挥监管各方的监管优势、提高监管的效能为根本，采取连接、联合、资源优化和整合的方式，为形成监管合力

---

① 朱宝丽. 合作监管的兴起与法律挑战[J]. 政法论丛，2015(4).

体制机制、发挥各监管系统功能而构建的新型监管系统。这是针对当前的监管实践面临的问题所提出的构想，也是当前各非政府方自治体系的诉求。现实中，造成电子商务活动屡屡受挫的主要因素就是"软法治理"（平台自治）与政府规则不一致，这不仅常常会使电子商务参加者感到无所适从，也加大了政府监管的难度。

所谓的"无缝隙组织"，是可以用流动的、灵活的、弹性的、完整的、透明的、连贯的等词语来形容的组织形态。① 它可以使处于同一工作进程中的人而不是执行同样职能的人共事，围绕目标进行工作，超越局部利益，面向整个过程和整体利益，让每一个人都直接面对顾客，同时展开工作，并要求按照预定的时间提出阶段性的成果，形成以结果为导向的管理体制。"无缝隙"的理念应适用于政府监管和非政府监管两方体系，有利于制度对接的形成。

（二）完善我国的电子商务政府监管体系

1. 监管主体的权属完善

根据电子商务的属性不同将电子商务监管主体划分归类，电子商务具有四大属性：媒体属性、产业属性、基础设施属性和公共服务属性。需要根据这四种不同的属性，明确现有的监管主体的责任的归属。对媒体类监管的要点集中体现在信息的安全性与合法性上，对产业类监管的要点集中在产业的运作和规范管理等方面，对基础设施类和公共服务类的监管主要体现在服务的安全性和可持续性方面。

互联网时代虽然铸就了电子商务的发展，但是也并不意味着电子商务可以代替所有的经济形式。网商是时代发展的产物，可以代表一个时代，但不能代表所有的经济体形态，传统企业依然有其固守的阵营。线上监管的手段多样化、方式多元化是线下监管不能比拟的，但线下监管的稳定性和实在性也是线上监管所欠缺的。区分线上线下监管不仅有利于归属监管主体，也更有利于明确监管主体的监管范围。

电子商务监管的主要内容包括主体监管、客体监管和行为监管。主体监管主要是针对买卖资格合法性、衍生服务者的主体地位、产品生产者的合法地位等电子商务主体的适格性给予关注，客体监管主要针对的是交易产品的合法性和提供的服务有无违规等方面，行为监管针对的是第三方平台、支撑服务、代购服务、网络服务等方面的行为过程有无违法违规的情况发生。内部监管与外部监管同时存在于以上三种监管形式之中。

内部监管主要是指电商企业对内部的监管以及行业对行业内部的监管。主要包括：交易规则的设立、交易规则的维护、违规行为的合理惩治措施、交易纠纷的解决等自治性管理。内部监管对于电子商务的发展是必须且必要的，它不仅可以提高监管效率，也可以扩大监管的范围，它具有高度的灵活性和变通性，是电子商务监

———————

① 付耀华."无缝隙政府"理论视角下我国服务型政府的构建[J].云南行政学院学报，2011(3).

管必不可少的组成部分。

外部监管主要是指政府对于电商企业、平台经营者、各方服务商等主体资格、电子商务交易活动的合法合规性、电子商务纠纷解决等方面的监管。外部监管类似于传统的监管，但在电子商务发展如此迅速的浪潮下，外部监管已经被倒逼到必须更新思路和方法的层面上。外部监管应该采取多放少管、多予少取的原则，尽量地给予电子商务活动发展的空间，建立以"宽进、服务、共治"为核心的监管体系。外部监管的主体主要是政府但是不限于政府，它可以吸收内部监管的主要监管主体，完成对接，使整个监管体系形成一个完整的闭合回路。

2. 监管方式的完善

(1)行政立法的改进与完善。

在立法筹备期应充分听取公众、学者、电子商务各类参与人的意见和建议，通过网络提高政府电子商务监管立法的民众参与程度。政府监管立法的原则应是促进电子商务市场的发展与社会秩序的稳定相互平衡，结合实际问题和专家论证实现线上线下、纵向与横向的立法统一。在立法的同时，也要建立电子商务监管救济机制。政府对电子商务监管的根本目的是保证电子商务市场的良性发展，但管理也是一种双向行为，无论立法多么严谨，在现实的执法行为中也不可避免地会有侵犯合法权益的事件发生。建立监管救济机制是非常必要的，不仅可以保护监管相对人的救济权，而且可以减少违法执法行为的发生。

(2)技术手段的更新。

电子商务是依靠互联网和计算机为载体发展起来的市场形式，对电子商务的监管仅从硬件上更新是远远不够的，更主要的在于技术手段的更新。技术手段的更新一方面是整个监管系统需要形成如渔网状的监管脉络——个别监管区域的失灵不会影响到整体，另一方面则是人才的训练和培养。计算机的发明是在人脑的基础之上，计算机的控制也需要人脑的最终决策，电子商务虽然是通过计算机表现，但最终的操作者还是隐藏在显示屏后面的人，而监管的最终体现还是人与人之间的较量。培养精通计算机技术的复合监管人才是技术手段更新的重点。

(3)建立"激励型"监管模式。

激励型监管是同传统行政法上命令型监管相对的概念。它是为解决市场失灵，弥补传统控制型监管的不足，行政主体通过采取经济诱因的方式，正面激励，引导市场主体自愿按照政府意图作出或不作出一定的行为，以实现其既定政策目标的非强制性行政活动方式。① 在电子商务领域政府不应该成为监管的主要角色，更多的是起到类似"守夜人"一样的服务行政的作用。激励型监管属于服务行政的范畴，

---

① 李沫. 服务行政视野下的激励型监管法制化研究[D]. 中南大学博士学位论文，2010：18.

它以行政民主、行政效率为基本价值取向，体现了行政的民本思想和人文关怀理念。电子商务监管需要行政理念的转变，而激励型监管模式就是其要转变的方向所在，并且可以更好地促进电子商务市场的繁荣。

（4）重视市场内部的监管作用。

互联网是人类对自由渴望的象征，但自由并非会一直停留在互联网上，随着互联网的发展，自由的性质已经逐渐改变。匿名性如同一个显微镜，放大了网民潜藏在心灵深处的黑暗，人们在网络上谩骂、攻击，多手法的网络诈骗、网络盗窃等犯罪活动层出不穷。这样的网络环境对于渴求信任、平等、安宁的电子商务活动是没有存活的土壤的。在监管环境不理想的情况下，各类电子商务主体、行业协会等自发组成联盟，净化网络市场环境。在这一点，行业自律组织对于电子商务市场的监管方向与政府的监管方向是一致的。政府不是万灵的，并不能解决所有问题，尤其是市场内部的问题，所以留给市场一些监管的空间，重视市场内部的监管作用，能够更快地实现政府监管的目的。

3. 监管方法的完善

（1）建立统一监管机构的设想。

目前参与电子商务市场监管的机构很多，政出多门，监管管辖界限不明确，反而不利于监管目的的实现。建立统一监管机构，有利于协调监管部门间关系，高效利用监管资源。按照我国行政机构的建制，统一监管机构应该是直属于国务院的事业单位，行使相对集中的行政监管权。所谓相对集中的监管权，是指能够适应监管时势，调整政府部门设置，建立大部制的思维方式，突破现有行政体制的条块框架，将若干行政机关分散行使的行政职能集中由一个行政机关行使。①

（2）综合性的监管方式。

综合性监管应不限于监管执法行为的转变，还应该包括行业自律和市场主体自发等多样化的因素。电子商务市场在自发形成的过程中已经形成了一个大体上井然有序的市场，它之所以能够不断地发展和扩张，就在于电子商务主体对自身的高标准要求。对于一些可能出现的问题，他们会想在政府前面着手去改善，因为市场环境一旦混乱直接的受害者依旧是市场主体本身。法律并非万能，内心的良善才是最终的驱动力。

（3）监管分级制度。

监管分级制度是将监管客体或者对象细化，采取不同的监管思路和措施。电子商务客体种类繁多，以信息为载体，可以在网络信息监管的基础上将各类客体分类监管。从市场准入的分类许可到监管过程中的监管强度，再到处罚阶段依据对电子商务监管客体的分类决定监管措施的种类和强度。

---

① 沈岿，付宇程，刘权. 电子商务监管导论[M]. 北京：法律出版社，2015：128.

（三）完善我国的电子商务非政府监管体系

非政府治理体系是在电子商务活动发展过程中自发形成的，它的成长土壤虽然丰富，但是成长环境却是不容乐观的。市场总是机遇和挑战并存，风险时时刻刻存在。非政府治理主体的监管的合法性来源就是首先被质疑的问题，法律亦不能改变市场规律，应该给非政府治理主体一定的生存空间。同时，也应该限制这些自发成立的组织体的权力滥用行为，任何权力都不应该凌驾于法律之上，无论其出发点和归宿是什么。我们要完善非政府治理主体的相关管理制度和组织建设，只有制定出明确的制度，才能有效地规范市场的行为。

1. 以信任为前提的制度构建

信任是一切组织体得以存在的基础。无论是对内部的管理组织功能的运作，还是对外部的扩张发展的协调，信任都起着不可忽视的巨大作用。信任有利于组织体商事活动的开展和政府管理职能的展开。以信任作为根本的出发点和落脚点建构起来的制度，即使不完美也是良善的，它具有可持续和自我完善的功能。以信任为前提的电子商务市场非政府治理主体制度框架，应该具有以下几个方面的特点：

（1）完备的机制建设与组织体系。

完备的机制建设是任何一个组织体可持续发展的根本。它应该包括组织的立意、执行、监督三个部分，通过相关的机构建设，将这三种职能分别归属不同的部门行使具体的职能。它必须具有完整的组织体系，以保证职能行使的衔接性和有效性。

（2）稳定持续的社会资本输入。

政府应当允许非政府自治主体具有一定的吸收资本的功能，必要时也应当为其提供一定程度的资金支持。非政府自治主体在对自身进行管理和监督的同时，在一定范围内也发挥了若干公益性质的服务功能，这和政府的初衷有相似之处。政府应该甄别出具有此种功能的非政府自治主体，必要时给予资金支持。对于不具有此种公益服务功能仅维护企业自身存在而行使自治权力的主体，政府应该给予其适当的生存空间，在法律允许的范围内准予其吸收社会资金以维持其生存。

（3）强大的人才储备和发展前景。

任何一种形态的商事主体都离不开人和人的发展，人才储备是未来发展的可能。电子商务领域需要大量的专业人才，监管方面更为迫切，不仅需要精通法律、经济、管理等方面的专业知识，还需要精通计算机相关领域知识的专业复合型人才。政府不应该也不可能把所有精英人才留在系统内部，精英人才分散于各个自治主体才有利于监管功能发挥，为合作监管、协同监管打下基础。

2. 以良善为贯穿的体制统一

良善是人类应该保持的品德。以良善为原则的商业交往活动往往具有很强的生命力与可持续性，但人性固有的弱点使得良善不容易维持，尤其是在互联网时代。互联网时代的信息传播速度非常之快，获取信息对于大多人来说相对比较容易。分辨真伪信息就变得比较困难，这是监管的盲点，也是监管的重中之重。因为正常的一般人员对于信息的甄别能力是不高的，所以这就需要相关的监管部门承担起这部分的责任。所谓体制统一，要求自治主体具有一个完整的监管体系构建，它表现在：

(1)健康公平的外部竞争机制。

互联网是市场经济向着更大规模发展的契机，它就像一个工具：利用得好有利于市场经济的发展并使其加速，利用得不好则会负面影响市场经济的发展，也可能引起新的形式的经济危机。良善必须贯穿在电子商务活动领域的始终。电子商务涉及更多的是非面对面交易，交易双方从达成协议到完成货物输送(或者接受服务)很有可能都是非直接接触的。中间又涉及各种互联网贸易衍生的第三方如物流、支付平台等的介入，没有良善为根基，一切无法完成。

有良善为基础的电子商务市场才能形成健康公平的外部竞争机制。这种机制表现在：不恶意阻碍任何新加入市场者的参与；不恶意设置限制新生市场主体发展的障碍；不隐瞒欺骗消费者；建立高效的纠纷解决机制，使交易纠纷能够及时得到解决；遵守相关法规，配合相关部门执法。

(2)资源共享的对接端口。

资源共享是信息时代所应具备的基本公德。除了涉及国家秘密、商业秘密、个人隐私的信息，相关的资源都应该属于能够共享的范畴。资源共享对于政府和企业是双赢的。首先，资源共享有利于政府制定相关的政策更好地服务于市场。自由竞争虽然是市场发展的基本条件，但是它也是导致市场崩坏的可能性因素之一。西方的经济学家已经不把理论局限于亚当·斯密的"无形的手"之上了，市场是需要政府给予一定程度的调控的。市场资源是政府制定合理调控政策的最佳参考。资源共享可能会给一些企业带来一定程度和一定范围的损失，但是从整个社会层面的市场发展角度考虑，它的推动性是巨大的。互联网时代对于商业道德会有新的定义和标准，资源共享应该会成为最为突出的道德品质特征。

其次，资源共享有利于企业对于自身的规划并能影响未来的发展。商场如战场，企业在市场中生存的艰难程度有时候类似于荒岛求生。单个企业尤其是新生企业如果想在残酷的商场中存活是非常困难的。互联网时代不仅会影响旧有的商事规则，甚至还会创造新的规则。协作、合力、共赢是互联网时代的主要话题。协作就意味着分享，资源共享是协作发展的表现之一，它不仅有利于减少企业之间不必要的商业竞争损耗，而且更大的作用是引导企业寻找潜在的市场，发展潜在市场，这无论对于新生企业都还是老牌企业是必不可少的。

最后，资源共享有利于社会的稳定，为市场的发展营造良好环境。资源共享可以为企业创造一个良好的商业环境，同时也会给消费者创造一个诚信的消费空间。消费者可以根据自身的需求，参考共享的数据信息选择最优的消费对象，这也为交易纠纷的减少和解决创造了条件。总之，资源共享无论是在政府层面、企业层面、还是消费者层面，都会起到一种良性互动的作用。

（3）开放有序的市场准入规则。

未来互联网商业经营模式的要素之一：门槛低。换言之，商人可能会成为任何一个人的副业，而商人的概念也应该不同于今日之解读。开放性是市场的主要特征，具有开放性的市场才会更具有活力和发展前景。有序是指市场规则的合理性和公开性。资源共享的时代一切信息都是透明化的，潜规则会犹如过街老鼠无处躲藏。只有规则公开透明，监管才能到位有效。

3. 以共赢为目的的发展理想

共赢不仅是互联网时代商事规则追逐的最高目标，也是监管设立的根本目的。无论是政府监管还是自治团体的监管，最终的理想就是形成健康有序稳定的市场秩序。共赢要求的重点在于协作。电子商务时代是讲究合力的时代，电子商务经济范围广，影响的人层面多，有序才能保障合力，合力才能达成协作，协作才能产生共赢。企业生存发展方面需要协作，监管方面也离不开协作。非政府自治监管之所以是达到共赢的不可缺少的条件，主要在于以下几个方面：

（1）政府监管的必要补充。

政府不仅仅只具备监管一项职能。政府是一个多功能的职能融合体，它管理的内容从内政到外交，从文化到卫生，从教育到医疗等，涉及人们生活的方方面面。监管职能仅仅是庞大政府体系职能的一角。政府亦不可能以细致到毛孔，深入到每一个企业内部去履行监管职责，它只能确立宏观的目标，把握总体的方向。企业或者行业对其自身都有更为清晰的认知，对于发展方向也有明确的规划。所以，企业对自身的监管或者行业对行业内部的监管是政府监管的必要补充。

（2）市场运行的稳定保障。

企业会制定高于社会一般标准的规则以保证企业具有竞争力，行业则会制定平行于社会一般标准的规则以保证给企业足够的活动空间，这两项都是维护市场稳定运行的保障。监管针对的其实只是为了谋求不正当利益的少数，大部分电子商务企业还是能够在既定的规则中自由活动，它为了保证自身的顺利发展必须维护好现有的规则框架，行业和企业监管自治是保障市场运行的有力后盾。

（3）社会福利的参考指数。

判断一个社会的福利性高低很重要的一个因素就是这个社会的自治程度。自治程度高的社会福利待遇都比较良好，监管环境比较宽松；自治程度低的社会福利待遇都比较落后，监管环境比较严格。在电子商务领域更能体现这个特征。诚信度高的商事社会，会形成鳏寡孤独都有所养的福利制度；诚信度低的商事社会，路不拾遗的情况鲜少发生。人们理想的社会是福利幸福遍地开，所以我们最为需要的是培养自治精神和自我管理的能力，放在商业领域也一样适用。

（四）完善我国的电子商务监管措施

1. 加强网络信息的监管

电子商务以信息为载体，对电子商务的监管在一定程度也可以理解为是对信息的监管，对信息的监控的效果直接影响到消费者合法权益保护的实现。在电子商务监管的过程，首先应该将信息归类，分清楚监管的重点与非重点；其次，对于和消费者联系紧密的信息，如电子商务经营者合法地位信息、商品描述信息、支付方式、运输方式等都要主要信息都应要求电子商务经营者明确展示；再次，对消费者购买倾向有决定性作用的信息，监管应注重信息的真实性和防止信息夸大误导消费。现实中，商家往往在这些方面打擦边球，游走在合法与非法的边缘，监管就是要杜绝此类行为的发生。

2. 加强跨地域、跨部门的电子商务监管协作

协同监管在电子商务活动中的作用是不言而喻的。在电子商务跨地域性、跨行业性的特征下，协同监管是必须且必要的。这不仅表现在不同监管部门之间的合作上，也体现在不同地区监管部门的协作上。加强电子商务跨地域、跨部门甚至是跨国界的协作，有利于形成监管合力，便于监管措施的执行。

3. 推进电子商务信用体系建设

信用是商事活动存在的基础，以虚拟性为特征的电子商务活动更是依赖信用体系的建立才得以形成稳定的秩序。对电子商务监管应加强电子商务活动中的信用监控，建立长效的信用监管机制，逐步形成电子商务信用体系。在电子商务领域，信用代表着经营者的形象，决定着消费者的购买方向，信用已经成为市场资源的一种重要形式。对信用的监管，意味着对电子商务市场秩序监控，它从以下两个方面分别对待：首先，政府形成信用记录。政府形成的信用记录应该具有客观性、终极性和公开性。客观性指政府记录的信用信息应该清晰地反映经营者真实信用情况；终极性指政府记录的经营者违法信息不能随意更改；公开性指政府记录的经营者的信用信息应该主动公开或者依法申请公开，能够为相关权利人所查询。其次，第三方平台形成的信用记录。第三方平台是网络交易活动的见证者，它可能是直接参与交易的经营方，也可能是提供交易场所的交易平台，还可能是只提供支付服务的支付平台。信用信息也是市场资源的一种，对于第三方平台形成的信用记录，政府不能强制其公开，应该给予其一定的自由选择权，由其自主决定是否公开或者与其他市场主体共享。第三方平台掌握着交易的一手资料，对电子商务经营者有着一定程度

的直接管控权，电子商务经营者在市场效果的作用下对第三方平台也有很大程度的依赖，这对于政府信息监管起到了非常重要的补充作用。

4. 赋予电子商务自治主体适度的监管权

目前，在电子商务领域起隐性监管作用的自治主体以第三方平台为代表。第三方平台具有地位优势，它一方面可以集中审查自己网站内的经营者信息，另一方面也可以对网站内经营的商品进行即时监控。政府赋予其一定程度的自治权，是满足市场自我调节要求的体现。第三方平台与经营者和消费者之间是平等的民事契约关系，平台具有解决一些范围内问题的能力，政府没有必要过多干涉，同时也可以缩减政府开支减少不必要的资源浪费，对于第三方平台而言，还可以激发其设计出更多的新型监管手段。但政府也不能完全退出监管的舞台，平台也是电子商务中经济形式的一种，不可能完全做到和政府同样的客观中立。趋利性会导致平台监管缺陷的产生，从而可能会损害经营者和消费者的利益。政府应对赋权的主体监管效果不定期检验，避免自治主体滥用权力的行为发生。

合作、开放性、共赢、分享等理念在未来绝对不会成为一纸空谈，它会逐渐以清晰的形式体现在电子商务领域之中。互联网经济时代会确立很多新的规则、打破很多旧的观念这是毋庸置疑的，对电子商务的监管犹如斯芬克斯的提问，它是一个契机，也是一个挑战，答案就在如何选择上。人们不能改变过去，但可以选择一个未来。

☞ 案例讨论

2011 年 10 月 10 日，淘宝网推出《2012 年招商续签及规则调整公告》，将淘宝商城技术服务年费从原来的 6 000 元提高至 3 万元到 6 万元，商铺违约保证金从 1 万元涨至 5 万元至 15 万元不等。该规则一经公布引起了进驻淘宝的众多中小卖家的不满，他们通过微博、YY 语音平台、阿里旺旺、QQ 群等多种方式集结了 7 000 多人，以特殊的方式向淘宝维权。10 月 11 日晚上，淘宝商城品牌等大卖家遭到频繁的购买、退货申请、差评等非正常的交易方式袭击，导致这些卖家不得不将商品下架，经济损失惨重。10 月 12 日，参与围攻活动的人数增加至 4 万，又有 17 家商城店铺不得不停止经营，同时，线下抗议也展开，部分卖家到淘宝总部抗议提价政策。10 月 13 日，参与人数增加到 5 万人，"维权行为"达到高潮，围攻行为持续。10 月 15 日，商务部介入，10 月 17 日，淘宝将规则执行日期延后，预收的保证金也将减半，事件得以暂时缓和。

问题

1. 第三方平台是否具有任意修改交易规则的权力？

2. 对于平台内部的管理权是否应加以限制？

☞ **思考题**

1. 简述电子商务监管的概念和特征。
2. 简述电子商务监管的基本原则。
3. 简述当前我国电子商务监管存在的问题。
4. 如何理解我国的非政府治理体系？
5. 完善我国电子商务监管的制度条件有哪些？
6. 简述我国电子商务监管措施的完善。

第九章　电子商务平台的义务和责任

电子商务离不开网络服务提供者，离不开电子商务平台，它们在整个网络商务活动中起到通信基础设施以及商务环境和秩序建设者的作用。伴随着电子商务的快速发展，平台上出现越来越多的违法和侵权行为，给权利人的利益带来巨大损失。作为为平台用户(包括经营者和消费者)提供服务的私主体，电子商务平台应该扮演怎样的角色，应该承担怎样的义务和责任，是电子商务纵深发展面临的重要法律问题。

第一节　电子商务平台概述

一、电子商务平台的含义

目前，电子商务平台没有统一的称谓和定义。电子商务平台又被称为"网络交易平台提供者""第三方交易平台经营者""网络零售第三方平台经营者"，是指在电子商务活动中为交易双方或多方提供网页空间、虚拟经营场所、商品或服务推荐、交易规则、交易撮合、信息发布等服务，供交易双方或者多方独立开展交易活动的信息网络系统。电子商务平台经营者，是指从事网络交易平台运营并为交易双方或多方提供服务的企业法人。所谓的平台责任，实际上是指电子商务平台经营者的责任。作为网络交易服务的提供者，电子商务平台承载着巨大的经营者、消费者和网络交易信息。电子商务平台作为网络交易的中枢，在网络交易活动中起着举足轻重的作用。

二、电子商务平台的类型

按照电子商务交易模式划分，电子商务平台可以分为 B2B 电子商务平台、B2C 电子商务平台、C2C 电子商务平台、O2O 电子商务平台以及 C2B 电子商务平台等。中国主要的 B2B 电子商务平台有阿里巴巴、买麦网等；常见的 B2C 电子商务平台有京东商城、当当网、一号店等；常见的 C2C 电子商务平台有淘宝店铺、拍拍网、闲鱼等；常见的 O2O 电子商务平台主要指的是一些团购网站；C2B 电子商务平台目前在我国处于尝试阶段，天猫购物节预售模式就属于这一类。

按照电子商务平台的功能划分，电子商务平台可以分为电子商务信息发布平台、电子商务支付平台、电子商务交易平台和电子商务广告发布平台。电子商务信息发布平台主要是为用户提供各类信息的分类发布，但不发生交易行为，常见的电子商务信息发布平台有赶集网、58同城、房天下等。电子商务支付平台是指一些由本身不从事电子商务，但和各大银行签约、具备一定实力和信誉保障的第三方独立机构提供的交易平台，目前我国的第三方支付平台已有支付宝、快钱、微信支付等。电子商务交易平台是为企业和个人提供网上交易洽谈的平台，可以直接在网上实现交易和在线支付，前面介绍的典型的 B2B 平台、B2C 平台和 C2C 平台大部分都属于电子商务交易平台。电子商务广告发布平台是为站内经营者的商品或服务提供推荐、广告发布等服务的平台，如百度通过竞价排名的方法对经营者的商品或服务提供推广服务，此时百度是电子商务广告发布平台。

按行业范围不同，第三方电子商务平台可以分为综合电子商务平台和行业电子商务平台。综合电子商务平台是包括各类商品在内的综合性商品交易平台，阿里巴巴、天猫、京东商城、亚马逊、1号店等是典型的综合电子商务平台。行业电子商务平台是指供某个特定行业进行信息交流和交易的电子商务平台，中国化工网、中国建材网、全球五金网、中国纺织网等是典型的行业电子商务平台。

按地域范围不同，可以分为全国电子商务平台和区域电子商务平台。全国性电子商务平台是面向全国，为全国各地电子商务服务的平台，如阿里巴巴、当当网、京东商城等。区域电子商务平台是指某一特定区域的电子商务平台，如杭州的窝里快购、江苏常州的淘常州、吉林长春的购够乐等。

三、电子商务平台的法律地位

此处的电子商务平台主要是指第三方电子商务平台。对于在自有平台上与消费者进行网络交易的平台经营者，只需根据买卖合同的理论对平台经营者的法律地位进行界定即可。关于电子商务平台的法律地位，主要有以下几种代表性的观点：

(一)"代理人"说

平台经营者与代理人还是有很大区别的。根据《民法通则》之规定，代理是指代理人以被代理人(又称本人)的名义，在代理权限内与第三人(又称相对人)实施法律行为，其法律后果直接由被代理人承受的民事法律制度。而在交易环境中，平台只负责向消费者与经营者提供平台撮合及配套服务，其中根本不涉及代为处理相关交易事务。除非平台经营者与消费者或者站内经营者个别性地达成了相关协议，获得代理权，否则平台无从产代理人的法律地位。因此，试图通过代理关系解释平台的法律地位难以自圆其说。

(二)"服务提供者"说

"服务合同，一般指全部或者部分以劳务为债务内容的合同，亦称提供劳务的合同。同时，服务合同并不以有偿为要件，无偿服务也可以构成服务合同。"①因此，从概念上看，将平台纳入服务合同当中予以考虑，认为其为服务提供者，应当没有太大问题。但是，如果考虑到虚拟财产的话，事情可能会变得稍微复杂。即作为平台，其一方面会给消费者与站内经营者提供交易撮合便利与配套服务，但另一方面，其确实也将其虚拟空间供用户或有偿或无偿地予以使用。因此，平台经营者实际上既提供了相关服务，又将自己的虚拟财产转移给了用户使用，从而与一般的服务合同有别。

(三)"合伙人"说

持此观点者认为，在平台上进行的交易，一方是消费者，一方是作为合伙人的平台经营者与站内经营者。一旦出现了产品质量问题等，消费者可以直接向平台经营者或站内经营者主张权利，或者一并主张权利。但是，合伙合同，是指"当事人约定共同出资、共同经营事业的协议"。而就平台而言，除却极为特殊的情况，其根本不可能与站内经营者具有共同出资建立交易平台以及共同进行网上销售的共同意思表示。而且，从网络交易实际运作流程来看，平台本身并不参与买卖双方的商品交易，其地位独立于交易双方，处于被动地位。

(四)"柜台出租人"说

租赁合同是出租人将租赁物交付承租人使用、收益而承租人支付租金的合同。如果将网络视为虚拟空间的话，我们很容易将平台的法律地位理解为柜台出租人，即平台经营者将平台上的部分虚拟空间出租给站内经营者，由站内经营者交付一定的"虚拟空间租金(使用费)"给平台经营者。而且，"网站为买卖双方提供的交易平台其实就类似商场，商场出租它的空间供商家销售商品"。不过，当前存在着大量平台经营者并不就虚拟空间的出租而收费，这就为将平台法律关系解释为租赁关系提供了难题。再有，传统的柜台出租，出租人一般不介入商品交易，而平台经营者则需要在平台维护、广告审核、信息传递、安全认证、在线交易等方面提供多样全面的服务。另外，从平台与站内经营者之间的协议来看，亦鲜见有规定虚拟空间租赁的条款。而且，如果将该关系理解为租赁关系，可能对消费者极为有利，但却让虚拟空间的所有人平台经营者基于《消费者权益保护法》第38条规定而承担与现实空间的出租方相同的义务：展销会结束或者柜台租赁期满后，消费者也可以向展销会的举办者、柜台的出租者要求赔偿。而在虚拟网络环境中，这种规定未免显得过于苛刻，即使平台经营者具有严格审核站内经营者的身份与产品质量等诸项义务，但如果将该条款付诸交易平台之司法实践，也可能会极大地制约交易平台这种电子商务模式的发展。

① 周江洪. 服务合同研究[M]. 北京：法律出版社，2010：3.

(五)"居间人"说

居间合同是居间人向委托人报告订立合同的机会或者提供订立合同的媒介服务、委托人支付报酬的合同。居间说具有很强的说服力，这与平台经营者所经营的服务业务具有天然的相合之处。但是，第三方交易平台环境下的这种"居间行为"与传统的居间行为多有不同。不少平台不需要获得报酬，平台仅仅是为消费者与站内经营者提供网络交易平台服务，消费者与站内经营者通过平台自动化的数据处理方式完成交易，平台经营者除此之外无须像传统的居间人那样在买卖双方之间进行主动积极的斡旋与撮合以促成交易的达成，交易最终是否成功，取决于网络交易买卖双方的意愿。在报告订约机会与提供订约媒介时，平台不同于传统的居间人的忠实义务，平台经营者只需依托网络平台通过技术手段合理谨慎地审核相关事实，一般就可以免责。此外，"平台服务提供具有委托关系的固定性，即一经注册将长期保持合同关系，而非一次性或随机性的服务"。

这些学说主张都试图用已有的法律关系理论来界定交易平台法律地位，但基于平台"混业经营"的特征，其法律地位具有层次性，无法从整体上对交易平台的法律地位进行单一界定，应根据平台从事的特定业务对其进行定位，具体而言：(1)平台为站内经营主体提供商品信息发布等服务，此时平台为互联网信息服务提供者；(2)平台为电子商务交易提供场所，此时平台为交易场所提供者；(3)平台为站内经营者提供商品推荐、广告发布等服务，此时平台为广告发布者；(4)平台基于提供交易服务的需要收集、存储和使用站内经营者和卖家的个人信息，此时平台为个人信息收集者；(5)平台为交易各方提供支付服务，包括退款服务，此时平台为电子商务支付服务提供者。

第二节　电子商务平台侵权责任的认定

一、电子商务平台侵权责任的归责原则

从《侵权责任法》体系来看，归责原则是确定行为人是否侵权、是否承担责任的标准和依据。归责原则的确定对判定侵权成立起着决定性作用，它决定了侵权的构成要件、决定举证责任及违约赔偿的范围。采用何种归责原则，体现了各国对法律的价值判断，各国在归责原则方面都有不同的规定。我国《侵权责任法》采用二元归责体系，即归责原则以过错责任原则为主，无过错责任为例外。过错责任原则是调整一般侵权行为的一般原则，而无过错责任是适用于法律特别规定情形的特殊归责原则。

无过错责任原则，又称为"严格责任原则"，即违法行为造成损害后果，不论行为人是否存在过错，都应承担民事责任。无过错责任不以行为人主观是否存在过

错为构成要件，其特征包含以下几点：第一，法律对无过错责任的适用对象、适用情形都作出了具体规定；第二，判断责任的标准是损害事实，有损害则有责任，无损害则无责任；第三，无过错责任原则的构成要件由侵权行为、损害结果以及侵权行为和损害后果之间的因果关系这三项要件构成。关于无过错责任原则，我国《民法通则》第 106 条第 3 款规定："没有过错，但法律规定应当承担民事责任的，应承担民事责任。"此外，《侵权责任法》第 7 条规定："行为人损害他人民事权益，不论行为人有无过错，法律规定应当承担侵权责任的，依照其规定。"适用无过错责任原则的对象、具体情形等，法律都会在条文中明确规定，如果没有规定的，则适用过错责任原则。无过错责任，权利人只要证明行为人的行为客观上侵害了自己的权益，行为人就要承担民事责任。

我国《侵权责任法》第 36 第 1 款规定："网络用户、网络服务提供者利用网络侵害他人民事权益的，应当承担侵权责任。"该条规定了电子商务平台的直接侵权责任，但并没有明确网络服务提供者承担民事责任是否主观上要存在过错。《侵权责任法》第 6 条规定："行为人因过错侵害他人民事权益，应当承担侵权责任。根据法律规定推定行为人有过错，行为人不能证明自己没有过错的，应当承担侵权责任。"如果是过错责任，权利人必须证明行为人主观上有过失，才产生行为人承担责任的问题。

《侵权责任法》第 36 条第 1 款的规定到底是过错责任还是无过错责任呢？我国学者主流观点认为，是过错责任。认为条款表述为"利用"是有用意的，以此表明电子商务平台在对侵权行为内容、目的、危害结果等都有明确认识的情况下实施的侵权行为，其主观状态表现为故意。网络服务商侵权属于一般侵权，在网络用户实施侵权行为时，电子商务平台并不是一律承担责任，只是在电子商务平台有过错的情况下才承担相应的责任。理由是，在《民法通则》及相关的法律规定中，网络服务商的侵权行为没有列举在无过错责任的适用情形中，因此，其侵权责任也不适用无过错责任原则。

也有少数学者持反对意见，认为《侵权责任法》第 36 条第 1 款应该理解为网络服务商的无过错责任。因为，通常利用网络的行为都是主动的行为，网络服务提供商主观上当然知道自己在利用网络上传或传输文档，但也不能因此断定网络服务商一定在传输侵犯著作权的文档时存在过错。面对海量的文档，无论是网络用户还是网络服务商，尽管尽了文件传递中的小心谨慎义务，也难免出现侵权文档的情形。所以，利用一词不能排除行为人不知是侵权信息的情况，不能理解为网络服务商必定有过错。

二、电子商务平台侵权责任的构成要件

一般情况下，网络侵权责任主要属于一般侵权责任，其构成要件应当符合一般

侵权责任的要求，具体包括侵权行为、损害后果、因果关系和过错。因此，在讨论电子商务平台的侵权责任时，通过分析侵权责任的构成要件确定承担的法律责任。

（一）侵权行为

侵权行为作为侵权责任的构成要件之一，是指行为人实施的给受害人的民事权益带来损害的行为。侵权行为的方式可以是作为方式，也可以是不作为方式。作为方式较为常见，它是以积极的作为方式致人损害的行为；不作为方式较为特殊，它是以消极的不作为方式致人损害，前提是行为人负有特定的作为义务并有能力实施这一特定的作为义务而未实施。

电子商务平台以作为方式实施侵权是指电子商务平台利用网络侵害他人的民事权益的行为。在虚拟环境下，侵害的民事权益包括人格权、知识产权以及其他财产权等。电子商务平台以作为方式实施侵权行为的主要情形如：破坏技术保护措施、利用技术手段攻击他人网络、窃取个人信息、盗窃银行账户资金、侵害网络虚拟财产、侵犯他人知识产权等。

电子商务平台以不作为的方式侵权，包括：（1）平台知道他人借助其提供的网络交易平台实施侵权行为而没有及时采取必要措施以防止损害结果扩大；（2）在接到被侵权人的通知后怠于履行协助义务；（3）平台无法应消费者的要求，向其提供与其交易的商品销售者或者服务提供者真实的名称、地址和有效的联系方式；（4）平台明知或者应知销售者或者服务者利用其平台侵害消费者合法权益，未采取必要措施的。电子商务平台没有履行法律赋予其的作为义务，电子商务平台的这种消极不作为义务与网络用户的积极侵权行为相结合致使权利人利益受损，因此，电子商务平台应承担不作为的侵权责任。

（二）损害后果

损害后果，又称损害事实，是指受害人的民事权益因他人的侵权行为而遭受的不利后果。损害后果是侵权责任中必不可少的构成要件之一，因为无损害后果的发生，则不构成侵权，侵权人亦不承担责任，也就是"无损害、无责任"。

电子商务平台的作为加害行为以及不作为加害行为均会在某种程度上造成权利人在人格权、知识产权或者其他财产权等方面的损失。在直接单独实施侵权行为时，电子商务平台应承担完全侵权责任；如果与其他行为人一起构成共同侵权时，电子商务平台应对被侵权人所遭受的损失根据因果力大小承担相应的责任。在间接侵权情形下，电子商务平台接到被侵权人的通知后未采取措施而导致损害后果的扩大，以及知道网络平台上的侵权行为却放任损害结果的扩大，电子商务平台违反了作为义务，其应与实际侵权人一起承担相应范围内的连带责任。

（三）因果关系

因果关系主要是指侵权人的侵权行为和权利人遭受的损害后果之间的引起与被引起的关系。电子商务平台承担侵权责任应满足的条件是，其所实施的侵权行为和网络用户的利益受损之间存在因果关系。

在实践中，大多数情况不是由于网络用户实施了侵犯他人权利的行为，而电子商务平台的不作为导致了损害的发生或者扩大。电子商务平台和网络用户之间没有共同的故意，但是由于各自的侵权行为与损害后果有因果关系，因此，在这种情况下，电子商务平台承担的责任就应当按照其不作为所造成的损失或者损失扩大的程度进行判断，在没有造成被侵权人损失的情况下，电子商务平台不应当承担责任。

(四)过错

过错具体表现为故意和过失两种形式。故意是指行为人明知自己的行为会造成危害社会的结果而希望或者放任这种结果发生的主观状态。过失是指行为人应当预见到自己的行为会发生危害社会的结果，因为疏忽大意没有预见到或者虽然预见到、但是轻信能够避免的主观状态。

如何判断行为人是否有过错，我们可以从过错的主观判断标准和客观判断标准出发进行分析。主观说认为，通过行为人的心理状况确定其有无过错，可以从行为人是否能够预见或认识到行为的结果考察其是否存在过错；客观说认为，过错并非一种内心的可非难的状态，无法从行为人的主观思想判断其是否存在过错，而是应该通过客观行为标准衡量行为人的行为作出判断。主观说与客观说相比，主观说具有一定的局限性，因为主观认知的差异，每个人对行为后果的认知和预见能力各不相同，即使是同一个人，他在不同的时空的认知和预见能力也可能不相同，且准确判断行为人的主观认知和预见能力不具有可操作性。因此，客观说较之主观说更合理。

对于判断其过错的客观标准应当是：电子商务平台是否履行了注意义务，如果电子商务平台已经尽到了它所应当尽到的注意义务，那就不存在过错；反之，它就存在过错。在实践中，判断电子商务平台是否侵犯了权利人的权利，是否应当承担责任时，可以根据上述电子商务平台侵权责任的四个构成要件进行判断，如果符合侵权的构成要件则构成侵权，应当承担相应的责任。

第三节　电子商务平台的义务

一、作为网络内容服务提供者的义务

依照《全国人民代表大会常务委员会关于维护互联网安全的决定》《互联网信息服务管理办法》以及计算机信息系统安全保护条例和刑法等法律法规的规定，平台应履行以下义务：依照《互联网信息服务管理办法》的规定，平台应取得增值电信服务许可证，从事医疗保健、药品和医疗器械等特殊互联网信息服务，平台应依照法律、行政法规以及国家有关规定获得特殊许可。此外，平台应有与从事经营活动

相适应的资金、专业人员、场地以及健全的网络与信息安全保障措施等。

依照规定的时限保存交易记录以及用户发布的信息，当事人的身份信息保存直至服务合同终止或者履行完毕之日起不少于两年，交易信息保存至合同履行完毕之日起不少于两年。此外，平台应积极协助政府监督管理部门和司法机关查处网络商品交易及其相关违法行为，提供涉嫌违法者的登录信息、交易数据等相关资料。平台不得制作、复制、发布、传播违法信息，发现其网站传输的信息明显违法时，应当立即停止传输，保存有关记录，并向国家有关机关报告。接到主管部门删除或停止传输违法信息的通知后，及时采取消除等处置措施停止传输，保存有关记录。

违反上述义务，依照《治安管理处罚法》《互联网信息服务管理办法》以及《计算机信息网络国际联网安全保护管理办法》等有关法律、行政法规的规定，对平台处以责令改正、没收违法所得、罚款、停业整顿直至吊销营业许可证、关闭网站等行政处罚，构成犯罪的，依法承担刑事责任。

二、作为广告发布者的义务

根据国家工商总局发布的《互联网广告管理暂行办法》的规定，平台作为广告发布者具有以下义务：

(1)法律、法规规定禁止生产、销售的商品或者提供的服务，以及禁止发布广告的商品或者服务，平台不得发布广告。平台不得发布处方药和烟草的广告。医疗、药品、特殊医学用途配方食品、医疗器械、农药、兽药、保健食品广告等法律、行政法规规定须经广告审查机关进行审查的特殊商品或者服务的广告，未经审查，平台不得发布。

(2)平台发布的互联网广告应当具有可识别性，显著标明"广告"字样，使消费者能够辨明其为广告。付费搜索广告应当与自然搜索结果明显区分。

(3)平台按照国家有关规定建立健全广告业务的承接登记、审核、档案管理制度，依据法律、行政法规查验有关证明文件，核对广告内容。

(4)未经当事人同意或者请求，不得向用户发送广告，不得在用户发送的电子邮件中附加广告或者广告链接，在站内发布、发送广告不得影响用户正常使用网络，以弹出等形式发布的广告，应当显著标明关闭标志，确保一键关闭。

(5)不得以欺骗方式诱使用户点击广告内容。平台对其明知或者应知利用其信息服务发布违法广告的，应当予以制止。

该《暂行办法》规定，互联网广告活动中不得有下列行为：①提供或者利用应用程序、硬件等对他人正当经营的广告采取拦截、过滤、覆盖、快进等限制措施；②利用网络通路、网络设备、应用程序等破坏正常广告数据传输，篡改或者遮挡他人正当经营的广告，擅自加载广告；③利用虚假的统计数据、传播效果或者互联网媒介价值，诱导错误报价，谋取不正当利益或者损害他人利益。

违法发布广告,除依广告法和相关法律、法规承担行政责任和刑事责任外,使购买商品或者接受服务的消费者的合法权益受到损害的,平台不能提供广告主的真实名称、地址和有效联系方式的,消费者可以要求平台先行赔偿;关系消费者生命健康的商品或者服务的虚假广告,造成消费者损害的,平台与广告经营者、广告代言人、广告主承担连带责任;其他类型商品或者服务的虚假广告,造成消费者损害的,平台明知或者应知广告虚假仍发布的,与广告主承担连带责任。

三、作为交易场所提供者的义务

平台作为交易场所的提供者,应维护交易系统的正常运行、按照用户的指示发布信息,保护站内经营者的商业秘密以及提供其所承诺的其他服务的义务。

平台不得以格式条款、通知、声明、公告等方式,作出排除或者限制相对人权利、减轻或者免除自身责任、加重相对人责任等不公平、不合理的规定,不得利用格式条款并借助技术手段强制交易。平台应遵守《反不正当竞争法》《网络交易管理办法》等法律法规和规章,不得虚假宣传、侵犯商业秘密、损害竞争对手的商业信誉,不得利用网络技术手段或者载体等方式,擅自使用、仿冒知名网站的域名、名称、标识,造成与他人知名网站相混淆;不得擅自使用、伪造政府部门或者社会团体电子标识。网络交易平台经营者应建立消费纠纷和解和消费维权自律制度。消费者在平台内购买商品或者接受服务,发生消费纠纷或者其合法权益受到损害时,消费者要求网络交易平台经营者调解的,网络交易平台经营者应调解。消费者通过投诉、诉讼、仲裁或其他方式解决争议的,网络交易平台经营者应予以协助。

对交易场所进行管理:(1)平台对申请在其交易场所从事交易的用户,应审查该用户的资质(营业执照,许可证)、自然人的身份信息、联系地址和联系方式等。对于法人、其他经济组织或者个体工商户,应在其从事经营活动的主页面醒目位置公开营业执照登载的信息或者其营业执照的电子链接标识;对于自然人,应在其从事经营活动的主页面醒目位置加载证明个人身份信息真实合法的标识,同时标明经营地址、电话邮箱等有效联系方式。从而在用户实施侵权行为时,向权利人披露侵权人的身份信息,使权利人能够准确锁定侵权人,方便权利人维权。(2)对平台内禁止流通的物品和禁止提供的服务等信息,平台有义务通过关键词搜索等技术措施进行主动查找和处理。(3)平台制定或修改的交易规则实施之前,应当在网站主页醒目位置公开征求意见,并应采取合理措施确保交易规则的利益相关方及时、充分知晓并征求站内经营者和用户的意见。在合同有效期内变更管理规则的,平台应当允许相关当事人自由退出,并赔偿站内经营者和用户所遭受的损失。平台拟终止提供网络交易平台服务的,应至少提前三个月在其网站主页面醒目位置予以公示并通知相关经营者和消费者,采取必要措施保障相关经营者和消费者的合法权益。(4)网络交易平台经营者应建立信息检查和不良信息处理制度,对于发现有违反法律法规和规章的行为，应向有关部门报告，并及时采取措施制止，必要时可以停止对其提供网络交易平台服务。同时，网络交易平台经营者还应积极配合监管部门依法查处相关违法违规行为。网络交易平台经营者应采取技术手段屏蔽侵犯知识产权和制售假冒伪劣等违法商品信息，及时排查隐患，处理违法违规行为，发现苗头性、倾向性、危害性严重的问题及时上报。(5)平台内经营者实施商标侵权等侵权行为的，被侵权人要求网络交易平台经营者采取删除、屏蔽、断开链接等必要措施，网络交易平台经营者接到通知后应及时采取必要措施。网络交易平台经营者明知或者应知平台内经营者利用其平台侵害消费者和其他经营者合法权益，应采取必要措施。

四、作为支付服务提供者的义务

平台提供支付服务时，根据《非金融机构支付服务管理办法》规定，其应依法取得《支付业务许可证》，并接受中国人民银行的监督管理。保障支付系统安全，因自身原因造成电子支付指令无法按约定时间传递、传递不完整或者被篡改，并造成客户财产损失的，应按约定予以赔偿。由于保管、使用不当，导致客户资料被泄露或篡改，平台应采取有效措施防止因此造成的损失，并通知和协助客户补救。他人假冒客户身份，盗取客户资金的，平台应积极配合客户查找原因，尽量减少客户损失。客户发现自身未按规定操作，或由于自身其他原因造成电子支付指令未执行、未适当执行、延迟执行的，应在协议约定的时间内，按照约定程序的方式通知平台，平台接到通知后应积极调查并告知客户调查结果。平台发现因客户造成电子支付指令未执行、未适当执行、延迟执行的，应主动通知客户改正或配合客户采取补救措施。因不可抗力造成电子支付指令未执行、未适当执行、延迟执行的，平台应采取积极措施防止损失扩大。

第四节　我国电子商务平台责任的立法

一、我国电子商务平台责任立法概述

我国相关立法主要是《侵权责任法》第36条和《消费者权益保护法》第44条。此外，《信息网络传播权保护条例》和《最高人民法院关于审理涉及计算机网络著作权纠纷案件适用法律若干问题的解释》《电信条例》《互联网信息服务管理办法》《广告法》《食品安全法》等也有相关规定。

《电信条例》第62条规定："在公共信息服务中，电信业务经营者发现电信网络中传输的信息明显属于本条例第五十七条('九不准')所列内容的，应当立即停止传输，保存有关记录，并向国家有关机关报告。"《互联网信息服务管理办法》第

15条规定："互联网信息服务提供者发现其网站传输的信息明显属于'九不准'所列内容之一的，应当立即停止传输，保存有关记录，并向国家有关机关报告。"《食品安全法》第73条第2款："网络食品交易第三方平台提供者发现入网食品经营者有违反本法规定的行为的，应当及时制止并立即报告网络食品交易第三方平台提供者所在地县级人民政府食品药品监督管理部门；发现严重违法行为的，应当立即停止提供网络交易平台服务。"2007年《关于加强网络文化建设和管理的意见》(中办发[2007]16号文件)明确提出"谁经营谁负责、谁办网谁负责"。

二、通知规则

1998年，美国《数字千年版权法案》(DMCA)中首次确立"避风港"原则，也被称为"通知—取下"规则。根据该规则，网络服务提供商如果只是提供空间服务，不发表网页内容，则在被侵权人向其发出符合规定的通知后，负有删除该网页内容的义务。如果网络服务提供者履行了删除义务，对侵权内容及时处理，就应视为尽到了合理的注意义务，因此被免除责任。那么，如果侵权内容既不在网络服务提供商的服务器上存储，又没有被告知哪些内容应删除，则网络服务提供商不承担侵权责任。

在DMCA的影响之下，我国《侵权责任法》第36条第2款规定："网络用户利用网络交易平台实施侵权行为的，被侵权人有权通知网络服务提供者采取删除、屏蔽、断开链接等必要措施。网络服务提供者接到通知后未及时采取必要措施的，对损害的扩大部分与该网络用户承担连带责任。"此条被学界称作"通知—删除"规则，也称为"通知规则"。"通知规则"规定电子商务平台应该在接到被侵权人的通知后进行审查，认为构成侵权的，应采取删除等措施，阻止其他网络用户访问侵权信息，避免造成更大的危害后果。如果对被侵权人的通知置之不理，不积极审查通知内容是否构成侵权，对于这种不作为方式，一旦认定网络用户侵权，那么，电子商务平台则要承担连带责任。"通知规则"对于保障权利人的利益，起到了积极的作用。

(一)间接侵害他人权益

《侵权责任法》第36条第2款是对网络服务商承担间接侵权责任的规定。所谓间接侵权责任，是指行为人的违法行为没有直接作用于受到侵害的权益，其作用仅仅是为他人侵害合法权益提供条件。即使电子商务平台没有直接实施侵权行为，只要接到被侵权人的通知，电子商务平台就有义务协助被侵权人对网络用户的侵权行为采取一定的措施，如果没有及时采取措施，就要承担相应的责任。

(二)通知

根据《侵权责任法》第36条第2款，被侵权人行使权利的方式是通知，但并未对通知的内容和方式做出具体规定。

1. 通知的内容

一般认为，被侵权人向电子商务平台发出的通知至少应该包括以下内容：

(1)被侵权人的身份证明。比如，被侵权人的姓名或者名称、联系方式和地址等信息，以及能够证明被侵权人信息的证件等材料。

(2)侵权事实和网络地址。有学者认为，网络系统中每天出现的侵权信息数以千万计，如果要求被侵权人逐一查明数以千万计的网络地址，会导致极不合理的维权成本以及资源的浪费，因此可以借鉴美国 DMCA 规定，被侵权人只需提供"被侵权的作品"和"要求删除或断开的侵权内容"，侵权通知中不需要包括具体的网络地址，只需要提供足以使电子商务平台寻找到侵权内容的具体线索。

(3)满足侵权构成要件的证明材料。侵权的事由、构成侵权的理由、网络用户侵犯了被侵权人的何种权利，以及作为享有该种权利的权利人的资质证明等。

(4)要求采取的措施。比如，被侵权人要求电子商务平台对侵权内容采取删除、屏蔽还是断开链接的措施。

(5)被侵权人应当提供财产担保。难以认定通知中的侵权事实是否属实、侵权行为是否成立时，电子商务平台应通知人的要求采取必要措施后可能陷入对真实权利人侵权的风险，由此，法律可以赋予电子商务平台要求被侵权人提供担保的权利，以便约束被侵权人承担因错误通知而导致的赔偿责任。但是，电子商务平台不应设置过高担保，从而增加被侵权人的维权成本，它可以考虑在采取必要措施可能造成的损害的基础上，要求提供相应金额的财产担保。如果被侵权人发出的通知不能满足上述条件，则可以认为，被侵权人没有发出有效通知，电子商务平台可以不采取相应措施。

我国的《信息网络传播权保护条例》不仅规定了通知删除规则，还对通知的内容进行了规定，根据该条例第 14 条："通知书应当包含以下内容：（一）权利人的姓名(名称)、联系方式和地址；（二）要求删除或者断开链接的侵权作品、表演、录音录像制品的名称和网络地址；（三）构成侵权的初步证明材料。"对于通知的要求过高，会导致被侵权人的证明成本过高，对被侵权人的保护不利；如果设置的条件过低，又会导致电子商务平台的核实成本过高，对电子商务的发展不利。因此，从双方利益平衡的角度出发，应该合理设置被侵权人的通知内容。

2. 通知的形式

《侵权责任法》第 36 条未明确规定通知的形式，从条文的文义上看，通知的形式应不限于书面形式，口头通知也应当是有效的通知。

有学者认为，通知的形式应仅限于书面形式，原因如下：首先，书面通知有利于规范被侵权人的举证责任，促使被侵权人积极准确地行使权利，与此同时，也有利于防止基于恶意的不实通知。其次，借鉴《信息网络传播权保护条例》第 14 条规定通知书应当是书面形式。最后，口头通知不利于证据的保存。在举证证明上，也不利于被侵权人足以证明自己已经以合理的形式将侵权事实通知了电子商务平台。所以，应尽可能采用书面通知，不宜采取口头通知方式。书面通知具体包括纸面的通知、电子邮件的通知以及传真的通知等。对于是否已经尽到通知的义务而产生争议的情况下，被侵权人应收集相关证据，证明其已经通过合理的方式履行通知的行为。

(三) 侵权行为的判定

《侵权责任法》第 36 条第 2 款规定，网络服务提供商在接到被侵权人的侵权行为通知后应当及时采取必要措施。但是，电子商务平台履行这一法定义务的条件是什么？如何判定侵权行为？是由法院进行判定，还是由电子商务平台进行判定？这些都不太清楚。

有学者提出，从字面上理解，"被侵权人"在通知前就是确定的，即网络用户利用网络实施侵权行为的侵权责任是已经确定的。既然是已经确定的，就应该是经过法院判决确认的侵权事实和侵权责任等，网络服务提供者根据法院的判决书而采取必要措施。如果没有法院的判决书，网络服务提供者就没有采取必要措施的义务。

另有学者认为，电子商务平台以法院的判决书为依据来决定是否采取必要措施不太合理。因为，从被侵权人向电子商务平台发出通知到法院作出最终生效判决可能需要很长的时间，在判决作出前的这段时间，如果只能放任网络用户侵权行为继续存在，放任危害结果的继续扩大，对被侵权人的权利保护非常不利。而且，《侵权责任法》第 36 条第 1 款明确规定是在接到被侵权人的通知而不是法院的判决书后，电子商务平台就要采取措施。因此，电子商务平台要对该网络用户的行为是否构成侵权进行判断，判断之后，做出采取或者不采取必要措施的决定。如果电子商务平台判断网络用户构成侵权且及时采取删除等措施，而事实上此时网络用户的行为也构成侵权时，就可以免除电子商务平台的责任。反之，如果电子商务平台认为网络用户的行为不构成侵权，可以不采取必要措施，但是，如果网络用户的行为一旦构成侵权，电子商务平台因未采取必要措施造成侵权损失的，就应该承担连带责任。

(四) 反通知

如上所述，电子商务平台采取必要措施时的条件是被侵权人的通知，电子商务平台需要对此进行初步判断。但电子商务平台的判定不是侵权行为是否成立的最终认定标准。侵权行为最终是否构成，仍然取决于法院确认侵权内容的最终判决书。

"删除"并不是电子商务平台的强制义务，其可以在接到通知后选择"删除"进入避风港的保护，也可以选择不相信通知而采取不"删除"，是否"删除"的选择权在于电子商务平台。为了避免因为采取删除等措施而承担责任的风险，电子商务平台在无法判断通知内容的真实性，网络用户是否构成侵权时，它可以向网络用户公布自己所接到的通知，要求网络用户提供反向证明材料，证明其有权发布该信息并且未侵犯相关权利人的利益，之后，电子商务平台可以对被侵权人和网络用户提供的证明材料进行比较、审查和判断，在此基础上，更准确无误地做出是否采取相应措施的决定。当被侵权人要求电子商务平台采取必要措施，而电子商务平台拒绝采取必要措施时，被侵权人可以直接起诉至法院，由法院作出判决，法院的裁判文书对电子商务平台有强制执行力；当网络用户认为电子商务平台采取的措施损害其合法权利时，网络用户也可以直接起诉至法院，要求电子商务平台恢复信息以及赔偿损失。因此，网络用户可通过反通知规则来遏制滥用"通知规则"的行为。如果被采取必要措施的网络用户认为其行为没有侵犯他人合法权益，则可以采取"反通知规则"，即在网络用户证明其不存在侵权行为的情况下，要求电子商务平台恢复信息，并且要求"被侵权人"承担赔偿责任。

三、红旗规则

所谓红旗规则，是指如果网络用户实施侵权行为的事实十分明显，像一面鲜红的旗帜在网络服务提供商的面前公开飘扬，以至于一个处于相同情况下的理性人都能够意识到侵权行为的存在，即使网络服务提供商没有收到被侵权人的通知，以及装作没有发现侵权事实，网络服务提供商仍然会因为没有及时发现并制止侵权行为而承担相应的责任。美国《数字千年版权法案》中规定了"红旗标准"。《侵权责任法》第36条第3款之规定以及《消费者权益保护法》第44条第2款之规定，通常被称作"红旗"规则，《侵权责任法》第36条第3款属于一般规定，《消费者权益保护法》第44条第2款属于特别规定。

(一) 侵权责任的性质

1. 连带责任

我国《侵权责任法》第36条第3款规定："网络服务提供者知道网络用户利用其网络服务侵害他人民事权益，未采取必要措施的，与该网络用户承担连带责任。"根据该款规定，即使没有收到受损的通知，只要电子商务平台通过日常监控等方式知道平台上存在侵权行为，电子商务平台也应当采取必要措施防止损害后果的扩大，否则，电子商务平台将被认定为未尽到注意义务，应与侵权行为人承担连带责任。

有学者认为，《侵权责任法》第36条规定侵权人与电子商务平台的连带责任，乃是为了向被侵权人提供充分救济，该条规定在立法思想和理论基础上都有所突破，体现了一定的创新。

也有学者认为，该条过于追求实用，忽视了法律的基本原理和逻辑。将电子商务平台不采取必要措施的行为认定为帮助侵权，并要求其与用户承担连带责任不太合理。首先，因为帮助行为通常为积极的作为，对于消极的不作为，只有在不作为者具有作为义务并与直接实施侵权行为的人具有共同故意的情形下，才属于帮助行为。消极不作为只有存在共同故意时，即帮助人故意地提供条件或便利，且主观上有追求侵害他人权益行为发生的目的，才构成帮助侵权。事实上，电子商务平台通常不具有侵权的故意，未删除侵权信息这种消极的不作为行为，往往是因平台无法主动查找到该侵权信息，并非故意为之，平台也未实施帮助行为。其次，平台与直接侵权人之间不存在共同的故意，亦无意思联络，网络服务提供者的侵权行为与网络用户的侵权行为无关，网络用户构成侵权是因为其实施了侵害民事权益的行为，而网络服务提供者构成侵权是因为其未履行"采取必要措施"的法定义务。故两者的侵权责任应是相互独立的两种责任，平台与直接侵权人之间实无连带的必要。电子商务间接侵权并非是帮助侵权，而是未履行"采取必要措施"的法定义务的一种消极不作为侵权，电子商务平台的间接侵权责任是一种独立责任。

2. 附条件的不真正连带责任

我国《消费者权益保护法》第 44 条第 1 款规定："消费者通过网络交易平台购买商品或者接受服务，其合法权益受到损害的，可以向销售者或者服务者要求赔偿。网络服务者不能提供销售者或者服务者的真实名称、地址、有效联系方式的，消费者也可以向网络交易平台提供者要求赔偿；网络交易平台提供者做出更有利于消费者的承诺的，应当履行承诺。网络交易平台提供者赔偿后，有权向销售者或者服务者追偿。"

根据该条规定，如果消费者通过网络交易平台购买商品或接受服务时受到损害，原本应当由销售者对商品造成消费者的损害承担赔偿责任，但是由于网络交易平台提供者不能提供销售者的真实名称、地址和有效联系方式，致使消费者无法找到销售者的时候，网络交易平台提供者就要承担连带责任，网络交易平台在承担赔偿责任之后可以向销售者追偿；或者网络服务者作出先行赔付承诺的，消费者可以直接请求网络服务者承担连带责任。此种责任被称为附条件的不真正连带责任。

有学者认为，对于消费者通过电子商务平台购买商品的行为要求平台承担附条件的不真正连带责任是合理的。但是，将该条适用消费者通过电子商务平台接受服务受到损害的救济则不合适。因为消费者通过电子商务平台购买商品和接受服务，在法律关系上并不相同。

在网络交易平台上购买商品，主要的交易行为都是在网上进行的，即线上交易，当消费者决定购买销售者提供的商品后，将货款付给网络交易平台提供者，将货款储存在支付宝之类的网络账户，销售者将购买的商品通过物流公司寄交给消费者，消费者收到商品后，网络交易平台提供者才将暂存的货款支付给销售者，终结这个交易行为。在这种线上交易中，电商即提供商品的销售者与消费者并不见面，交易行为分别通过网络交易平台提供的信息流、资金流和物流的协作完成。如果电子商务平台提供者是为消费者提供服务的话，则通常是消费者下单，服务者需要直接与消费者见面并提供服务，然后通过线上支付系统支付价金，结束服务交易。服务合同的主要履行方式是提供相应的劳务，消费者受领的服务也是服务者的服务行为。服务者与消费者不见面，就不能完成服务行为的履行与受领，例如，专车服务或者优步提供的交通服务，如果没有服务者当面对消费者进行机动车交通服务，不可能成立网络服务行为。对于消费者购买商品和接受服务适用同一种规则救济消费者损害，从逻辑上说不适当，因为造成损害的行为不同，救济规则应当有所不同。此外，消费者通过网络交易平台购买商品或者接受服务受到损害，与通过传统交易平台即展销会或者租赁柜台购买商品或者接受服务受到损害也有区别。传统交易平台的利用是有偿的，即付租金租赁柜台或者出资参加展销会；而利用网络交易平台进行交易，绝大多数或者基本上是无偿提供，销售者和服务者无须支付租金，就可以在网络交易平台上进行交易。

因此，应区别行为的性质作出不同的规定。对于消费者通过网络交易平台接受服务的责任应当另行确定责任承担规则，应当确定更为准确、更能够使消费者、服务者以及网络交易平台提供者三者之间利益平衡的法律规则，更好地保护好消费者的权益，保护好网络交易平台提供者以及服务者的合法权益，促进网络交易发展，推动社会经济繁荣。

（二）知道

根据《侵权责任法》第 36 条第 3 款，电子商务平台知道网络用户利用其平台实施侵权行为时，未采取必要措施避免损害的发生或者扩大，则应对被侵权人的损害承担连带责任；根据《消费者权益保护法》第 44 条第 2 款，平台明知或者应知销售者或者服务者利用其平台侵害消费者合法权益，未采取必要措施的，依法与该销售者或者服务者承担连带责任。前者使用的词语是"知道"，后者使用的词语是"明知"或"应知"。

从字面语义来看，"明知"应当是能够证明行为人明确知道，故意而为。"应知"赋予电子商务平台严格责任，要求平台经营者对平台中的行为负有应该知道的义务，要求其承担事先审查的义务，加重平台的负担，更好地保护消费者的合法权益。"知道"是指行为人客观上已经知道，主观上并不积极追求侵权后果的发生，基本属于放任的主观心理状态。

在法律对"知道""明知"或"应知"没有明确规定的情况下，"红旗标准"从一个理性第三人的角度对是否构成侵权的判断，具有一定的合理性。然而，"红旗标准"只是从主观角度进行的判断，仍具有一定的局限性。目前，法律对判断电子商务平台"是否知道、明知或应知"网络用户利用其平台实施侵权行为的标准没有做出明确规定。在司法实践中，法官对判断电子商务平台是否"知道"拥有一定的自由裁量权，法官根据电子商务平台的地位、提供平台的类型、侵害的对象、损害结果等各方面因素对案件进行综合判断，这就可能对同一案件在不同的时间有不一样的判断结论，导致在法律适用上存在不一致的情况。因此，将"红旗"规则标准客观化，在具体案件的裁判过程中，可以起到一定的参考作用。无论是"知道"还是"明知"、"应知"，都只是内在的心理状态，如果将"注意义务"与主观心理状态联系在一起，从客观方面进行衡量，则更有利于案件的公正裁决。

(三) 注意义务

一般认为，电子商务平台的注意义务主要包含以下几个方面：

1. 形式上的资格审查义务

网络交易平台提供商应对在其交易平台上的用户尽到资格上的形式审查义务，以十分谨慎的态度确保平台销售方的真实性和合法性。在其控制范围内，其可以通过身份证认证等方式对用户注册信息的真实性进行形式审查，身份证认证可以在一定程度上抑制一部分人的投机心理，同时，在权利人发现用户实施侵权行为时，平台能够及时确定侵权人，提供侵权人的身份资料，确保平台销售方的真实性、合法性，保障买方的利益。电子商务平台无法像工商、质检、专利局等专业机构那样进行专业性审查，只能从形式上审查是否合法有效。比如，在身份证认证中，淘宝网主要采取网上在线传送电子版身份证明，核实该身份证确实存在，非伪造、变造，但是该身份证是否是通过不正当途径获得，则不作审查。

此外，在网络交易平台销售方的经营过程中，可能相关资质已经取消或者授权期已届满，平台销售方失去销售相关商品的权利和资格，如果继续销售将对合法权利构成侵权。因此，网络交易平台提供商还应尽合理谨慎的义务定期查验平台销售方的经营凭证、授权期限、资质证明等，同时，在法律允许的情况下，对相关经营资质进行公布，以便网络用户了解销售方的具体情况。

2. 告知及警示义务

网络交易平台提供商与用户之间是一种服务合同关系，网络交易平台提供商有义务向其用户告知其享有的权利和应尽的义务。网络交易平台提供商根据《中华人民共和国合同法》及其他相关法律中关于格式条款的规定制定交易规则，该交易规则不得损害网络用户的合法权益。网络交易平台提供商有义务将交易规则的内容告知网络用户，如使用方法、注意事项、免责事项等。网络交易平台提供商可以在其网站主页面上显示其网络交易平台的交易规则，并从技术上保证交易用户无论何时都能够完整地毫无障碍地查阅交易规则。网络交易平台提供商修改其交易规则后，必须以合理的、通俗易懂的方式让网络用户知晓变更内容。

由于网络交易平台提供商对注册用户的身份审查仅是形式上的审查，因此，有的网络用户可能通过不正当途径获得身份证明进行登记注册。基于这种可能性，网络交易平台提供商应当将警示内容刊载在网页显著位置，以对网络用户进行提示，告知网络交易中可能存在瑕疵、欺诈等风险，使网络用户对网络交易的风险性有所知晓和了解。在充分了解网络交易中不确定因素的前提下，网络用户做出是否选择在网上进行交易的判断。如果网络交易平台提供商没有尽到告知和警示义务，甚至进行虚假宣传或者隐瞒网络交易中的风险，网络交易平台提供商应承担相应责任。

3. 协助义务

在一般情况下，网络交易平台提供商拥有用户的注册信息，并且网络交易记录会储存于网络交易平台提供商的服务器中。因此，被侵权人一旦发现有网络用户在网站上侵犯其权利时，网络交易平台提供商应积极协助被侵权人或司法机关，提供网络用户的注册资料、网络用户上传的侵权内容以及网络交易记录等证明材料，不得故意隐瞒网络用户信息，以便被侵权人进行追偿。网络交易平台提供商如不积极协助，将承担相应的法律责任。网络交易平台提供商保存在其平台上发生的网络交易的相关信息、记录以及资料，从交易完成之日起的保存时间不得少于 3 年，因此，赋予网络交易平台提供商履行协助调查义务是可以实行的。

《最高人民法院关于审理涉及计算机网络著作权纠纷案件适用法律若干问题的解释》第 5 条规定："提供内容服务的网络服务提供者，对著作权人要求其提供侵权行为人在其网络的注册资料以追究行为人的侵权责任，无正当理由拒绝提供的，人民法院应当根据民法通则第一百零六条的规定，追究其相应的侵权责任。"根据该条规定，网络服务提供者就有义务提供侵权行为人的注册资料，以协助调查。网络交易平台提供商的积极协助行为不但有利于查清侵权事实，而且也有利于促使网站规范对其用户及服务的管理，规范网络服务业规则。但是，网络交易平台提供商的协助义务仅限于将掌握的侵权者的信息和交易记录如实提供给被侵权人或者司法机关，而不负有积极调查责任，不能强加给网络交易平台提供商更多的责任和义务。

4. 信息监管义务

网络交易平台提供商虽然不对网络平台上的所有信息承担事前审查义务，但是，当从一个理性第三人的角度都能发现网络平台上的侵权行为时，网络交易平台提供商应承担网络平台上的事后信息监管义务。这种信息监管义务体现在网络交易平台提供商通过网络技术自身发现侵权行为以及"举报审查方案"方面。前者是指在被侵权人未通知网络交易平台提供商的情况下，网络交易平台提供商凭借网络技术手段发现明显的侵权信息，并且及时采取删除、断开链接等措施，履行其信息监管义务。由于网络交易平台提供商法律判断能力有限，其信息监管义务只能限制在一定范围内，比如，在合理的时间内删除包含侮辱或者诽谤等明显违法的可能给权利人造成危害后果的字句、段落和信息，审查的主要对象只是字词本身而非具体内容，并且判断标准是一般公众的识别能力，而不是专业人士或专家的鉴别能力。

"举报审查方案"是网络交易平台提供商履行信息监管义务的操作模式之一，即在商品信息、公开论坛和用户反馈等网络平台栏目中，对于第三人举报(不包含被侵权人)网络中存在明显侵权信息时，网络交易平台提供商应当将该信息进行审核，如果确认其侵权，应及时采取相关措施，避免损害后果的扩大。有学者认为，向网络交易平台提供商通知的主体仅限于被侵权人，理由是，既然被侵权人都知道网站中存在侵权行为却置之不理，怠于行使自己的权利，没有理由让第三人进行通知，同时也会增加网络交易平台提供商的审查工作。

5. 保密义务

网络用户在使用网络交易平台时，其在注册、身份认证和网络交易过程中，网络交易的信息就存储于网络交易平台提供商的服务器中，与此同时，网络交易平台提供商产生了保护网络交易各方信息隐私的义务。第一，网络交易平台提供商必须采取合理有效的措施妥善保管交易当事人的资料，避免遗失或被他人以非法手段获得。在传统的纸质贸易中，交易双方一般通过邮寄信件或者发送商业报文的方式保守商业机密。网络购物是建立在一个较为开放的网络环境上，防止泄密是电子商务安全保障的重要内容，其内容是预防非法的信息存取和防止信息在传输过程中被非法窃取。第二，除了网络交易方的授权、司法机关要求协助以及法律、行政法规的规定外，网络交易平台提供商不得使用、修改、销毁、转让或销售网络用户信息、交易记录等资料。对于网络交易当事人未公开的信息交流、交易记录，除了该信息涉及侵害第三人利益及公共利益外，网络交易平台提供商不得基于其他原因采取不正当方法公开、利用其信息。第三，网络交易平台提供商如要搜集和使用网络交易当事人信息，必须履行如实告知义务，应明确告知其隐私权保护政策、数据搜集的内容和用途，获得网络交易当事人同意后，应当以正当的方法进行搜集和使用。

以上几项义务对于网络交易平台提供商而言，无论是在经济成本上还是在技术手段上都具有实施的可能性，这种义务既没有过分加重网络交易平台提供商的负担，又能较好维护网络交易者的权益，减少交易风险，最大限度地兼顾网络交易平台提供商与网络交易者之间的利益，对于互联网的良好发展起到了积极的作用。

☞ **案例讨论**

原告汪某诉称，其于 2011 年 8 月 26 日向国家知识产权局申请名称为"食物处理器专用底座"的实用新型专利，并于 2012 年 5 月 30 日获得授权。该专利投入市场后，由于具有实用性强等优点，很快受到广大用户的肯定和欢迎，产品畅销世界。被告贸号公司未经原告许可，公然生产、销售侵犯原告涉案专利权的产品，被告天猫公司为贸号公司提供了销售平台。原告曾多次向天猫公司发送被控侵权产品的侵权律师函，但天猫公司网站上该产品的侵权链接屡禁不止，故天猫公司的行为已经构成帮助侵权。据此，原告请求本院判令：(1)被告贸号公司立即停止生产、销售、许诺销售侵犯原告涉案专利权的产品并销毁库存侵权产品、模具和设备，被告天猫公司立即将产品下架并删除涉案侵权网页及链接；(2)两被告连带赔偿原告经济损失及因调查、制止侵权行为所支出的合理费用共计人民币(以下币种相同)

50 万元。诉讼中，原告明确其主张的合理费用包括公证费 3 000 元、律师费 20 000 元、差旅费 10 000 元、其他调查费用 10 000 元。

被告贸号公司辩称：（1）涉案专利权利要求不具有实用性或创造性，不应受到法律保护；（2）被控侵权产品来源于案外人台州市黄岩双雄塑胶有限公司（以下简称"双雄公司"），具有合法来源；（3）其共采购被控侵权产品货值 1.2 万余元，涉诉后其已将该产品下架。

被告天猫公司辩称：（1）其作为网络交易平台的提供商，并非网络交易的相对方，原告起诉其主体不适格；（2）其作为网络服务提供商已经履行了法定义务，主观上不具有过错，且其在收到诉状后确认产品已经下架。

法院经审理查明，2011 年 8 月 26 日，原告向国家知识产权局申请名称为"食物处理器专用底座"的实用新型专利，并于 2012 年 5 月 30 日获得授权。

2014 年 10 月 29 日，经公证，广州确达信息咨询服务有限公司的委托代理人在 www. tmall. com 网站上由被告贸号公司经营的"贸号生活旗舰店"内购得品名为"厨房多功能切菜器绞菜机家用手动绞肉机碎菜器饺子馅机料理机小型"的商品两台，支付价款 176 元。该店铺的商品信息显示，上述被控侵权产品累计评价 35，月成交记录 81 件，库存 299 件。

上述经公证购买的被控侵权产品外包装盒上贴有"蔬菜绞碎处理器、品牌：贸号生活 MOHOZONE、货号：MB00184、公司：上海贸号贸易有限公司、地址：上海市普陀区中环大厦 19F、贸号生活服务热线：400-028-9750"等字样的标签，产品实物上亦贴有"贸号生活 MOHOZONE"字样的标签。产品还随附标有"贸号生活 MOHOZONE"字样的售后服务卡、MB00184 蔬菜绞碎处理器使用说明书、宣传图片以及标有"天猫贸号生活"字样的发货清单等。被控侵权产品由容器、座体以及锁紧组件组成。锁紧组件包括座体上开设的卡孔、容器底部设置的卡槽和转动设置在座体底部的卡盘，卡盘上设有与卡槽相配合的卡板。底座中心设有中心轴孔，卡盘中心设有通孔。座体和卡盘之间设有定位转轴，其中，定位转轴一端设有的弹性卡爪与底座的中心轴孔相配合，另一端设有的定位凸台与卡盘中心的通孔相配合。此外，在底座一侧设有手柄孔，卡盘上设有手柄，手柄上有可拆连接的手柄套，手柄穿过手柄孔延伸至座体外侧。

庭审中，双方当事人确认被控侵权产品与原告主张的专利权利要求所记载的技术特征相比对，两者除定位凸台、弹性卡爪的设置位置不同外，其余技术特征均相同。对于前述不同之处，原告主张两者构成等同。被告贸号公司同意原告的上述比对意见，天猫公司则认为就该技术特征两者既不相同也不等同。另查明，被告贸号公司于 2013 年 1 月 21 日成立，注册资本 50 万元，经营范围包括工艺礼品、日用百货、厨房用品销售等。被告天猫公司于 2011 年 3 月 28 日成立，经营范围包括第二类增值电信业务中的信息服务业务（限互联网信息服务业务）等。www.tmall.com

网站由天猫公司经营，在该网站上发布的《淘宝服务协议》对网站提供的服务内容、其与会员的权利、义务作了约定，协议要求会员实施的所有行为均遵守国家法律、法规等规范性文件及淘宝平台各项规则的规定和要求，不发布涉嫌侵犯他人知识产权或其他合法权益的商品或服务信息等。

问题

1. 被告天猫公司是否尽到了注意义务？
2. 被告天猫公司是否应当承担间接侵权责任？

☞ **思考题**

1. 简述电子商务平台的概念和类型。
2. 简述电子商务平台的法律地位。
3. 简述电子商务平台的义务。
4. 简述电子商务平台的法律责任。
5. 简述我国的通知规则和"红旗规则"的内容并加以评述。

第十章　电子商务的纠纷解决制度

当前我国电子商务发展迅猛。首先是上网人数的增加，中国互联网络信息中心（CNNIC）在 2016 年发布了第 37 次《中国互联网络发展状况统计报告》，该《报告》显示，截至 2015 年 12 月，中国网民规模达 6.88 亿，互联网普及率达到 50.3%，半数中国人已接入互联网。其次是国内电子商务网站急速增加，发展地域迅速从沿海到内地、从大城市向中心城市蔓延，税务系统、金融系统、证券业、药材业、建筑业等行业也开始推动网上业务的发展。最后是网上交易数量的激增，艾瑞咨询发布的 2014 年中国网络购物市场数据显示，中国网络购物市场交易规模达到 2.8 万亿，增长 48.7%，仍然维持在较高的增长水平。

在电子商务迅猛发展的同时，一系列的电子商务纠纷也随之产生，再加上当前我国网络安全、消费者的保护、法律环境以及电子商务平台的运作都存在大量问题，电子商务纠纷的产生呈井喷式。据中国消费者协会统计，2015 年全国消协组织受理远程购物投诉 20 083 件，其中电商购物投诉占 95.41%，达 19 162 件，同比上升 3.13%。面对电子商务纠纷的激增，选择和建立高效便捷、公平公正的电子商务纠纷解决机制已成为我国电子商务进一步发展的关键。

第一节　电子商务纠纷解决概述

当前可供选择的解决电子商务纠纷的方式主要有协商、诉讼、调解、仲裁、投诉、第三方平台在线处理以及在线争端解决机制（ODR）。在线争端解决机制以其公平、快捷、低成本以及高度保密性成为当前普遍推崇的电子商务纠纷解决方式。

一、电子商务纠纷的概念

电子商务纠纷，是指当事人通过互联网进行在线交易的过程中产生的纠纷。电子商务纠纷从性质上来看是一种民事纠纷，其交易主体具有平等地位；双方的交易虽然在网上进行，但交易的内容与传统的民事交易并无不同；电子商务纠纷一般以合同纠纷、侵权纠纷等民事纠纷的形式出现，同一般的民事纠纷并无差异。因此，电子商务纠纷解决机制也应当是一种民事纠纷解决机制。同时，由于电子商务纠纷是一种网上纠纷或线上纠纷，其交易主体是互不相识的网民，交易中信息的传递、合同的订立，甚至合同的履行都在网上进行，纠纷发生后证据的收集以及消费者纠纷的处理也一般在网上进行，电子商务的这一特殊之处也是电子商务纠纷解决机制必须充分考虑的重要因素。

二、电子商务纠纷的特点

电子商务纠纷虽然本质上属于民事纠纷的范畴，其解决也可以比照民事纠纷的解决机制进行，但由于电子商务纠纷的产生、发展、结束一般都在网上进行，它便具有了自己本身的一些特点，这些特点对当前电子商务纠纷的解决提出了许多新要求，决定了电子商务纠纷的解决不能照搬照抄民事纠纷。电子商务纠纷主要有以下几个特点：

(一)空间上跨区域

互联网是一个全球性的网络，全球任何地方的任何人只要有一台电脑，能够顺利接通网络，就可以与其他地方的任何人进行信息的交流和贸易的往来。因而电子商务纠纷具有空间上的跨区域的特点，其常常会出现在相隔较远甚至是跨国的主体之间，涉及世界任何国家和地区，发生在不同的法律效力空间范围和司法管辖范围。空间上的跨区域性使纠纷的解决不可避免地涉及管辖权的确定、实体法选择、管辖争议裁决的效力和执行等问题，促使电子商务纠纷的解决必须协调好各国司法管辖权和法律适用问题，同时也决定了其对纠纷解决机制效率和便利性的高要求。

(二)小额纠纷为主

当前电子商务纠纷主要以小额纠纷为主。从我国电子商务的总体类型上来看，B2C 电子商务以及 C2C 电子商务的交易数量是目前我国各类型电子商务中最大的两类，这两类电子商务所产生的纠纷数量也是电子商务纠纷数量中最大的，而这两类电子商务纠纷通常都是小额纠纷。此外，根据 CNNIC 对 2013 年我国网络购物市场的统计，网络购物年人均费用为 3 240 元，网购市场最热门的销售品类是服装鞋帽，其购买人群占 75.6%，其次是日用百货和电脑、通讯数码产品及配件，所占比例分别为 45.1% 和 43.3%，而像汽车、冰箱、电视机等大件物品，消费者往往会出于交易安全的考虑，通过传统购物渠道购买。电子商务购物中消费者以购买数额较低的物品为主的这一特征决定了电子商务纠纷涉及的数额也不会太高。

(三)地位上不对等

尽管从民事法律关系角度讲，交易双方地位是平等的。但在实际生活中，为满足个人生活需要而以购买、使用商品或接受服务等方式进行消费的消费者，通常是以个体的形式出现的，个体的消费者讨价还价的地位明显低于生产商和服务商，所以在消费法律关系中，双方当事人的地位在实质上是不平等的。在网络交易环境下这种不平等性显得尤为严重，并集中体现在双方信息的不对称性。现实生活中购买商品一般是交易双方面对面"一手交钱，一手交货"的形式，消费者可以对货物的外形、质量、数量等基本情况、经营者的地址和经营情况作直观的了解，一旦发生纠纷，可以直接到经营者的经营店面要求处理协调。但是在网络环境下，销售者一般只是通过图片对商品进行展示，配以文字对其性质进行说明，并告知消费者付款渠道，消费者只能通过销售者发出的图片或者相关的文字介绍对产品进行大致的了解，对经营者的信息了解更是有限，一旦发生买卖纠纷，责任主体很难确认，维权能力和效果更是有限。

(四) 纠纷的虚拟性

包括交易主体的虚化和证据的电子化。在电子商务环境下，交易双方通过虚拟的身份仅靠聊天、图片等数字化的信息达成交易，买卖双方对彼此的了解甚少，在完全数字化的状况下，一旦发生纠纷，交易主体的虚化与证据的电子化将会导致相关事实的证明存在较大困难：一是双方当事人身份的查明；二是对买卖双方订立的合同，包括标的、质量、数量、违约责任、解决争议的方法及售后服务等约定的证明；三是货款支付凭证等重要证明的获取，因为销售商通常不随产品开具收款凭证给消费者。

三、电子商务纠纷解决的基本原则

"争议解决的机构和争议当事人应遵循保护交易、促进电子商务发展、维护消费者合法权益、维护公平有序的市场秩序的原则，公正、高效地解决当事人之间的纠纷。"①电子商务主体之间信息的不对称以及电子商务纠纷的虚拟性，决定了电子商务交易中消费者一方的弱势地位，因此在寻求电子商务纠纷解决方式的过程中，应当充分保护消费者的合法权益，这是保证社会公平的要求，也是促进电子商务继续保持良好发展势头的必然要求。电子商务纠纷的跨国特点以及其交易标的的数额较小的特点，促使电子商务纠纷的解决除了要求公正之外，更要注重纠纷解决的效率问题。在线争端解决机制（ODR）等电子商务纠纷解决的新模式其主要特点就是克服了传统民商事纠纷解决机制时间长、效率低和不方便的弊端，这也是在线纠纷机制适应电子商务发展要求，受到越来越多人推崇的重要原因。

第二节　电子商务纠纷解决的方式

电子商务纠纷属于民事纠纷，传统民事纠纷的解决方式，如协商、调解、仲裁、诉讼也同样适用于电子商务纠纷的解决。但由于电子商务纠纷具备了与传统民事纠纷不同的一些新特点，对纠纷解决的效率、成本、便利性和保密性等方面都提出了较高要求，协商、调解、仲裁和诉讼等传统方式常常不能满足电子商务纠纷解

---

① 　熊英，贺明星. 电子商务纠纷解决机制研究及立法建议[J]. 电子商务监管，2015(2).

决的要求。比如，当事人间的协商缺乏必要的沟通平台，需要当事人长途跋涉进行会面，纠纷的解决成本较高且不够便利；人民调解只负责解决近距离的当事人间发生的生活类纠纷，仲裁一般只解决大额的网络民事纠纷，不仅不能应对数量庞大的以小额纠纷为主的电子商务纠纷的解决需求，纠纷解决的速度、取得当事人的信赖等方面均与电子商务发展不符；电子商务纠纷的虚拟性和跨地域性也使得诉讼法中的管辖权确定原则和电子证据的认定面临挑战。面对传统解决方式的疲软，一方面，需要通过立法或者法律修改，使得传统解决机制与电子商务纠纷解决相衔接、协调。另一方面，需要积极探索新型的服务于电子商务纠纷的解决模式：通过第三方交易平台在线处理纠纷是当前各大交易平台解决纠纷的主要手段；通过在线争端解决机制（ODR）解决纠纷也是当前在国际上受到普遍欢迎的方式；除此之外，通过向行政部门、行业协会投诉解决纠纷，在我国当前纠纷解决机制中也占有一定地位，在保护消费者合法权益方面起到了良好作用。国内外有关实践表明，电子商务的纠纷解决机制应当是多元化的，针对不同类别的纠纷，不同的解决机制各有优势，有必要通过立法，构建适应电子商务特点的、多元化的纠纷解决机制。

下面主要介绍协商、线下调解与仲裁、向行政部门或行业协会投诉、诉讼这四种电子商务纠纷的解决方式。第三方交易平台在线纠纷处理与在线纠纷解决机制（ODR）将分别在本节的第四、五部分介绍。

一、线下解决

(一)协商

协商是指在没有第三方的参与下，完全由争议的双方当事人自行协商，相互谅解以达成协议，从而解决纠纷的一种方式。"协商是解决当事人之间纠纷最好的方式，它一方面能够解决当事人之间的纠纷，另一方面又能维持他们之间的友好合作关系。"[①]但通过协商解决电子商务纠纷也会存在缺乏协商平台，双方当事人会面成本高、不够便捷的弊端。

(二)线下调解与仲裁

"替代性争议解决方式（Alternative Dispute Resolution，简称 ADR）又称为选择性争议解决方式，是指除诉讼以外的其他各种解决争议的办法或技术的总称，主要包括传统的仲裁、法院附属仲裁、建议性仲裁、调解仲裁、调解、微型审判、简易陪审审判、中立专家认定事实等。"[②]其中最常用的两种方式是：仲裁与调解。

1. 线下调解

调解通常被理解为一种由第三人，即调解人或调解员介入，帮助当事人通过谈

---

① 秦成德. 电子商务法[M]. 北京：科学出版社，2007：527.
② 郭玉军，甘勇. 美国选择性争议解决方式（ADR）介评[J]. 中国法学，2000(5).

判达成决定的程序或方法。调解的特点主要有：调解是在中立的第三人的介入下进行的，这是与和解的主要区别；调解必须以当事人的自愿为前提，双方就争议相互妥协与让步；调解达成的协议不具有法律强制性。调解的优势在于在中立的第三人的协调下，使当事人能够尊重与考虑对方的利益需求与合理期待，相互协调，各取所需，实现互赢。但调解在针对电子商务纠纷的解决方面还存在不足。

我国当前诉讼外的调解制度主要包括行政调解和人民调解。人民调解制度针对的主要是普通民事纠纷，并非商业争端，因此，在涉及商业争端的电子商务纠纷时，人民调解制度显得爱莫能助；电子商务纠纷具有跨国性，而人民调解需要双方会面，也未利用现代技术通过互联网进行线上调解，不能满足电子商务纠纷解决的高效、便捷要求。为了适用电子商务纠纷解决的要求，可以尝试引入中立性、专业性的商事调解机构和行业调解机构作为电子商务纠纷调解的主要平台。近几年我国商事调解组织和行业调解发展迅速，2011 年经上海市商务委、上海市社团局批准成立的上海经贸商事调解中心，2012 年成立的国内首个电子商务调解中心——中国贸促会/中国国际商会电子分会电子商务调解中心等，为人民调解制度适应电子商务发展要求积累了一定的经验。此外，在未来完善调解制度时也要注意，调解组织调解纠纷必须以纠纷当事人自愿为前提，不能强迫。而且在调解过程中，当事人也可拒绝调解。不同的商事调解组织，其性质、规则有所不同，构建多元化的纠纷解决机制，应尊重当事人选择，接受相应机构的调解规则并受其约束，但是调解机构制定的调解规则不得违背国家法律法规。

行政调解具有权威、高效的特点。《商标法》第 60 条规定，对商标侵权纠纷可以请求工商部门处理并进行调解。工业和信息化部于 2011 年发布过一个《互联网信息服务市场秩序监督管理暂行办法(征求意见稿)》，这些都可以成为在电子商务法中规定政府机关介入调解的参考依据。但是，行政调解如果适用不当，也会演化为行政干预，因此政府机关介入调解依然应遵循自愿的原则。此外，只有对社会有严重影响的事件，政府机构才能主动介入调解。

2. 线下仲裁

仲裁是根据当事人的合意，把基于一定的法律关系而发生或将来可能发生的纠纷的处理委托给法院以外的第三方进行裁决的纠纷解决制度或方法。仲裁必须有当事人签订的仲裁协议，仲裁协议必须指明由某个具体的仲裁机构仲裁，否则不具有法律效力。仲裁裁决具有终局性与可执行性，一方不履行仲裁裁决的，另一方可以申请法院强制执行。

与一般民商事仲裁相比，电子商务仲裁在我国发展尚不成熟。首先，仲裁适用的领域有限，只适用于平等主体的公民、法人和其他组织之间发生的合同纠纷和其他财产权益纠纷，一般只解决大额的网络民事纠纷；其次，仲裁缺乏连带性，仲裁的基础源于当事人的合意，仲裁不得将第三人纳入裁判程序，这使得仲裁在某些时候显得僵化；最后，虽然可以减少诉讼费等费用支出，但是当事人的会面成本仍然很高，导致纠纷解决成本大于收益。为了适应电子商务发展的要求，当前存在一些法定的仲裁机构在网上进行仲裁，这种仲裁形式区别于在线争端解决机制（ODR）中的在线仲裁，它实质上是传统仲裁在网络环境中的一种运用。

(三) 向行政部门或行业协会投诉

投诉也是解决纠纷的常见方式。当事人之间发生电子商务纠纷，可以向有关行政部门、行业协会等机构投诉。一方是消费者的，消费者可以向消费者协会投诉。根据全国消协组织受理投诉情况统计，2016 年上半年全国消协组织共受理消费者投诉 258 555 件，解决 203 198 件，投诉解决率 78.6%，为消费者挽回经济损失 16 244 万元。消费者协会在解决纠纷方面发挥着十分重要的作用。此外，工商局承担监督管理流通领域商品质量责任，组织开展有关服务领域消费维权工作，按分工查处假冒伪劣等违法行为，指导消费者咨询、申诉、举报受理、处理和网络体系建设等工作，保护经营者、消费者合法权益。在发生电子商务纠纷时，消费者也可向工商局投诉，该部门应当自收到投诉之日起七个工作日内启动调解或将处理情况告知当事人。2015 年，工商总局全系统共查办消费维权案件 11.2 万件，其中涉及商品质量 40 023 件、虚假宣传 7 474 件、广告违法 11 442 件、合同违法 6 974 件、商标侵权 15 949 件、故意拖延无理拒绝 4 024 件、侵害消费者个人信息 175 件。

(四) 诉讼

诉讼对国家而言是一种职能，对于纠纷当事人而言是维护其权益的一种手段。诉讼包括刑事诉讼、民事诉讼、行政诉讼三种类型。这里电子商务纠纷的解决方式主要涉及的是民事诉讼。民事诉讼就其本质而言，是国家强制解决民事纠纷的一种方式，是权利主体凭借国家力量维护其民事权益的司法程序。

近年来，我国电子商务市场规模不断扩大，据中国电子商务研究中心（100EC·CN）监测数据显示，截至 2013 年 12 月，中国网络零售市场交易规模达 18 851 亿元，较 2012 年增长 42.8%，其交易规模占到社会消费品零售总额的 8.04%。电子商务快速发展的同时也面临网络消费欺诈、投诉与纠纷不断增长等问题。但由于通过诉讼解决电子商务纠纷存在效率低；取证难、诉讼成本高，法官专业技术缺失；互联网管理法律缺失；管辖权本身存在争议以及判决的执行困难；耗时；保密性低以及伤害商业合作关系等因素，通过诉讼方式解决电子商务纠纷面临挑战。

二、第三方交易平台在线纠纷处理

面对海量的电子商务业务，我国专门的在线解决争议机构还没有真正发展起来，网络零售电子商务纠纷更常见的解决方式是通过第三方交易平台在线处理争议。以淘宝网为代表的电子商务网交易平台提供商以一系列内部纠纷解决规则为基础，在获得参与网购交易的主体双方事先同意的基础上，由网络交易平台提供商担任纠纷解决者和裁决者，逐渐演化形成了具有中国特色的在线纠纷解决机制。当前淘宝和易趣在规则、流程、责任判定及处罚等方面也都形成了一套完整的处理机制。

（一）淘宝平台在线纠纷处理

淘宝平台将有关争议解决的服务作为提供给用户的各种服务之一规定在了《淘宝服务协议》（以下简称《协议》）中。在消费者注册时，必须点击"同意"按钮，在同意该协议的前提下才能成为淘宝会员。《协议》规定："您在淘宝平台上交易过程中与其他会员发生交易纠纷时，一旦您或其他会员任一方或双方共同提交淘宝要求调处，则淘宝有权根据单方判断作出调处决定，您了解并同意接受淘宝的判断和调处决定。"确定了平台经营者解决纠纷的权限。《协议》明确规定："本协议内容包括协议正文及所有淘宝已经发布的或将来可能发布的各类规则。所有规则为本协议不可分割的组成部分，与协议正文具有同等法律效力。除另行明确声明外，任何淘宝及其关联公司提供的服务（以下称为淘宝平台服务）均受本协议约束。"如此一来，《协议》将淘宝发布的所有规则并入进来，与争议服务有关的规则包括《淘宝规则》《天猫规则》《淘宝争议处理规范》等成为对当事人有约束力的合同条款，进而确定了当事人需要共同遵循的争议解决规则。

淘宝一般交易纠纷解决的流程为：（1）投诉方发起投诉。买卖任何一方可向平台发起投诉，平台有相应的投诉页面，投诉方按照要求提交相应信息。（2）买卖双方自主协商。经过协商沟通，如能达成一致，卖家（买家）联系买家（卖家）撤销维权，双方按照协商一致的结果执行即可，纠纷解决。（3）如果不能达成一致，则申请客服介入，客服在七个工作日内介入，通知双方三日内举证，客服作为中立的第三方进行核实与调解，并在举证完成后的四个工作日作出处理意见。（4）平台工作人员证据核实。平台工作人员对投诉双方提供的证据进行核实。（5）平台责任判定。投诉双方达成一致，解决纠纷。如果卖家不遵守，会遭到扣分处罚，扣分累积到一定数量可能会导致被逐出交易平台。如果买家不履行处理结果，卖家还可以向在线平台提供商提出申诉。如买卖双方仍无法就相关争议达成一致意见的，买卖双方应采用诉讼或仲裁等方式解决争议。

（二）易趣平台在线纠纷处理

2012年我国发布的《第三方电子商务交易平台服务规范》，要求平台经营者应提供规范化的网上交易服务，建立和完善用户注册制度、平台交易规则争议解决机制等十项规章制度，易趣已经建立了各项规章制度，但有的规则还不完善，如如何定责及对违规者处罚，易趣并没有公开。易趣的交易纠纷投诉范围包括：成交不卖、没有收到物品或收到的物品与描述不符、购买的物品在运输途中丢失或损坏、出价不买、买家恶意出价、已发货但未收到货款。易趣对于成交不卖的交易纠纷处理流程为4个步骤:(1)买家提交成交不卖提醒;(2)易趣系统自动通知卖家;(3)买卖双方进行在线沟通;(4)买家根据协调结果自行结束纠纷或者选择请求客服介入。易趣对不遵守易趣规则的用户实施的处罚包括"删除物品、警告、限制权限、冻结、没收相关费用、取消特定资格、取消既得利益"。

第三方交易平台在处理网络零售电子商务纠纷中发挥的巨大作用是不争的事实。但是,淘宝网作为争议裁决主体的正当性、《淘宝争议处理规范》自身的合法性,以及淘宝网在《淘宝争议处理规范》第3条中规定"不对依据本规范做出的争议处理结果承担任何责任"的免责条款、《淘宝争议处理规范》中具体规则的合法性与合理性都受到了一定的质疑。针对这些问题,国家工商行政管理总局课题组在《电子商务法》立法中提出以下建议:"对于存在利益关系的纠纷,交易平台经营者也不具有单方作出认定并作出相应处罚的权力和正当性。因此,需要限制其单方处理争议的范围,即无权处理当事人与交易平台及其关联企业之间的争议。同时对第三方交易平台制定争议规则或交易规则,应予以必要的限制,即不得违反法律法规的强制性规定。"

三、在线争端解决机制

随着电子商务,特别是跨境电子商务的发展,网络中形形色色的争议极速增长。地域的遥远、语言和文化的差异、法律适用的艰难、管辖权确定的复杂性以及判决承认和执行等问题成为传统诉讼在解决日益增长的网络争议解决过程中所面临的主要障碍,同时电子商务争议的解决对效率、成本、便利性和保密性方面也提出了更高要求。于是人们开始将目光转向了诉讼以外的替代性争议解决方式(Alternative Dispute Resolution,简称ADR),并且为了更好地与电子商务对接,将网络资源引入到了争议解决方法上来,形成了在线争议解决方式(Online Dispute Resolution,简称ODR),ODR兼具了ADR和网络信息技术的特征,ODR的优势也主要是网络资源带来的,网络资源具有下列三种新的因素:利用全球任何地方的人力资源、电脑处理程序以及实现信息交流传播的电子速率传输,这就使得ODR可以在任何国家、聘用任何国籍的仲裁员或者调解员、通过任何语言解决争议,具有快速、费用低廉、便利等网络空间争议解决所需要的各种重要价值因素。美国仲裁协会主席兼CEO William K. Slate II 指出,ODR对仲裁领域来说就如同ATM卡之于银行和金融业,技术上的突破使人们无论什么时候在世界的什么地方都可以获得服务。在网络虚拟世界,ODR对于解决电子商务纠纷是非常必要的。

(一)在线争端解决机制的界定

随着电子商务的发展,为了更加有效、公平、快捷、低成本地解决纠纷,ADR被引入了网络空间,从而产生了在线的ADR纠纷解决方式——ODR。全球电子商务论坛对ODR作了定义:ODR是指所有由法院以外的中立机构所主持的纠纷处理方式，用于解决专业的商品销售者或服务提供者与消费者间经由电子交易的方式所衍生的消费争议。联合国国际贸易法委员会（UNCITRAL）则从网络信息技术与ADR结合的角度来对ODR进行定义：ODR是指纠纷在法院外、依靠网络信息技术来完成主要纠纷解决程序的纠纷解决机制。该定义通过考量在线技术或者线下技术在解决纠纷中的作用大小来区分ADR和ODR。如果纠纷解决的主要程序是依靠在线技术来完成的，我们就称为ODR，如果该纠纷解决的主要程序是依靠线下技术来完成的，我们就称为ADR。

（二）在线争端解决机制的特征

一般认为，在线争端解决机制具有以下特征：

第一，在线特征。争议解决程序的发动以及整个过程都是以在线方式进行的。传统的ADR强调当事人面对面的沟通，而ODR却通过互联网跨越了地域的界限，使当事人可以异地同时或异地异时地进行虚拟的面对面协商，节省了费用和时间。

第二，以业界自律为基础的运行机制。目前大量的企业通过网站徽章、信任标记、商业行为规范等业界自律机制，自愿将自己与消费者之间的争议交ODR服务者处理，并承诺执行ODR的处理结果，以建立企业与消费者之间的信任关系，发展自己的电子商务。ODR正是企图通过业界的自律和私人的机制，跨越国家司法权在全球电子商务环境下解决纠纷的重重障碍，提供另一条有利于网络纠纷快速、便宜、公正地解决的可选择途径。

第三，对中立第三方的新要求。ODR对中立第三方提出了更高的要求，主要是如何建立信任感，以及与当事人之间的沟通问题。传统的ADR往往发生在过去曾有过经济联系的交易双方之间，当事人不愿破坏过去的良好关系，这对于第三方是个重要信息。而在线交易的双方多是一次交易，他们对对方可以说一无所知，第三方也无从了解更多的与争议有关的背景情况，再加上缺乏当面的沟通，第三方无法使用语音语调、肢体语言及面部表情这些技巧来帮助调解，在探知对方的真实意思方面显然要困难得多。

第四，适用规则的灵活性。实践中，ODR逐步形成了自己的网络法则，制定规则的是单个的网络服务提供者，用户可以根据不同需要从中选择适用，并可自主决定进入或退出该ODR程序，决定是否接受该规则约束。具有高度透明度的ODR规则和章程，以及公平公正原则，成为在线争端解决的依据。这样一种制定规则与选择规则的集合具有很强的灵活性，使得争端解决不再拘泥于法院管辖权与法律选择的条条框框，充分体现出互联网的无国界特点。

第五，严格的保密性措施。保密性是ADR之所以能够成功的一个重要因素。互联网的特点之一是它的复制性强，无论是在网络终端之间进行数据传输，还是上载或下载信息，都必然会产生大量的复制，一个ODR系统如果无法解决这一安全问题，就无法存在下去。"非对称秘密系统"，又称公共密钥加密技术，该系统采用公钥和私钥两种不同密钥分别用于数据加密和解密，密钥与所要读取的信息分别通过不同的线路，单独传输给有权的接收方，这是现有的能保证数据机密性的最主要方法。

(三)在线争端解决机制处理争议的类型

从理论上讲，ODR 可以处理所有的民事纠纷，但根据其设立特点，实践中 ODR 只处理部分争端：会面成本高于纠纷解决收益的民事纠纷，例如网络购物产生的争端；利用网络技术来解决优势非常明显的民事纠纷，例如网络游戏、网络域名纠纷；诉讼请求仅有金钱类的民事纠纷；可以对当事人实行网络行业自律约束的民事纠纷；该当事人有特殊目的的民事纠纷，例如那些不喜欢暴露自己真实身份的当事人。ODR 最初产生的动机当然是解决因在线活动所产生的争议，但发展到今天，越来越多的 ODR 开始涉足线下纠纷，例如 Squrae Trade 是网络纠纷最大的 ODR 服务的提供者，而且它也是针对实体世界纠纷提供 ODR 服务的世界级的机构。实践中也存在一些机构，其完全脱离了解决在线争端的初衷，设计专门解决线下纠纷的争端解决机制，根据 Melissa Conley Tyler 和 Di Brethereon 2003 年 3 月的研究报告，当时全世界共有 76 个 ODR 网站，其中 23 个只提供线下民事纠纷解决服务，有 32 个网站针对线上及非线上争议提供解决争议的服务。

(四)在线争端解决机制的运行

ODR 主要包括在线和解、在线调解、在线仲裁和在线申诉等方式，仅利用网络技术实现文件管理功能，程序的其他部分仍用传统离线方式进行的不属于 ODR 范围。

1. 在线和解

在线和解是争议当事人通过网络平台，在没有第三方介入的情况下协商谈判解决其争议的和解方式。在没有第三人的参与下，利用电子邮件、电子布告栏、电子聊天室、语音设备、视频设备、网站系统软件等网络信息技术工具，在"屏对屏"的情形下进行解决纠纷的信息沟通、交流。在线和解包括辅助型在线和解和自动型在线和解，辅助型在线和解仅仅为双方的网上会面提供一个虚拟的空间，其并不负责帮助当事人达成协议，自动型在线和解则会帮助当事人达成和解协议。Squrae Trade. com 属于辅助型和解，例如在 eBay 进行购物的买家可以在 eBay 的网站上找到 Squrae Trade. com 的链接，然后向其申请在线协商服务，Squrae Trade. com 在受理其申请后，便会通知对方当事人参加协商程序，等到双方皆同意以在线协商方式解决其纠纷，Squrae Trade. com 便会排定时间，提供虚拟空间，给予密码并通知双方当事人进入虚拟空间，利用在线技术工具进行在线协商，双方当事人可以利用该网站精心设计的网页及软件，达到纠纷解决的充分沟通，最后达成和解协议而终结整个程序。Squrae Trade. com 设计的协商机制为双方的网上会面提供了一个虚拟的空间，其并不负责帮助当事人达成协议，其属于辅助型在线和解。

Blind-bidding 软件是自动型在线协商的典型代表。Blind-bidding 软件可以帮助当事人达成和解协议，在纠纷当事人协商的基础上，将要求当事人提出出价和索赔金钱的具体数额，如果双方提出的差额在 15% 以内，就可以由 ODR 软件自动达成纠纷解决协议。

中国在线争议解决中心（China ODR）是我国第一个专门的纠纷解决机构。其属于自动型在线和解机制，在争议涉及金钱赔偿事项时，如果当事人就是否应当赔偿已无异议，而仅就具体的赔偿金额有异议时，当事人可以选择使用 China ODR 在线和解方式。当申请人的要价低于被申请人的出价时，则依据申请人的要价解决争议；当申请人的要价高于或者等于被申请人的出价，且高出部分小于出价的 20%时，则依据要价与出价的平均价解决争议；当申请人的要价高于被申请人的出价，且高出部分大于出价的 20%时，争议未获得解决，双方需要做出第二次要价和出价，直到争议解决。在整个协商过程中当事人的要价与出价都是完全保密的，只有在出现符合争议解决条件的情况下，当事人双方才能看见对方的要价与出价。在线解决的期限为 15 日，如果双方在 15 日无法解决该争议的，则在线程序终止，双方可以选择重新进行在线协商，也可以通过 China ODR 在线仲裁或者在线调解等其他方式解决。

一般认为在线和解所达成的协议仅仅具有合同效力。

2. 在线调解

在线调解是指在第三人的协助下，当事人之间、当事人与第三人之间利用网络信息技术所打造的网络纠纷解决环境，在没有会面的情形下，利用网络信息技术进行解决纠纷的信息传输、交流、沟通，最后达成纠纷解决的协议并最终解决纠纷。在线调解既可以是在线协商失败后的一个后续程序，当事人也可以不经过在线协商而直接启动在线调解程序。在线调解的启动一般由一方当事人向 ODR 网站申请，而后由 ODR 网站征求被申请人是否愿意参加在线调解程序，若愿意则由当事人双方选择调解员或直接由 ODR 网站委派，再由调解员为纠纷双方居中协调，直到双方达成调解协议或调解不成功。Internet Neutral、Square Trade、Settlement Online、Smart Settle 等网站都提供在线调解服务。目前在线调解是使用频率最高的 ODR 方式。在线调解被多次使用的原因是：当事人之间缺少第三人的介入，有时很难达成在线协商协议，故在线协商不如在线调解运用得广泛。消费纠纷多为小额争议，消费者多半未与商家事先订立仲裁协议，商家为潜在被申诉方，多半不愿将争议交由仲裁员裁决，且仲裁非当事人自行协议之结果，不易被双方接受，故在线仲裁也不及在线调解运用得广泛。

在线调解所达成的协议一般具有合同效力，在荷兰，在线调解协议自动具有法律约束力。而在美国，当事人必须合意选择在线调解协议是否具有法律约束力，当事人没有选择的，其合意连合同效力也不具备。

3. 在线仲裁

在线仲裁是指充分地利用网络信息技术工具，将仲裁机构、仲裁员和当事人三者之间资讯的处理和交换以电子方式通过互联网来进行，在网上进行案件的在线庭审以及仲裁员之间的在线合议等其他程序性事项，最后作出在线仲裁裁决的一种仲裁形式。在线仲裁目前主要用于解决域名争端，运行最成功的是国际互联网名称和数码分配公司(ICANN)。目前世界上有四家 ADR 机构得到了 ICANN 的授权，受理国际通用顶级域名争端案件，采用统一域名争端解决政策(UDRP)及其细则解决国际通用顶级域名争端(gTLDs)。四家机构分别是日内瓦"世界知识产权组织(WIPO)仲裁与调解中心"、美国"国家仲裁论坛(National Arbitration Forum)"、美国"CPR(Center of Public Resource)争议解决中心"、中国"亚洲域名争议解决中心"。

ICANN 的所有《域名注册协议》都并入了 UDRP 的规定。根据 UDRP，申请解决争议相当简单。申请人首先向 ICANN 许可的一家 ADR 机构提出申请，被申请人在收到申请书后 20 天内要作出答辩，UDRP 采取的是一种快速程序，仲裁员必须在收到被申请人的答辩状之后 22 天内，以书面审理的方式作出裁决。从申请人提出申请开始计算，整个程序必须在 45 天内结束。如果仲裁庭裁决将域名转移给申请人，域名登记人员必须在收到裁决后的 10 个工作日内变更该域名登记。如果在这 10 个工作日内，登记机构收到了证明被申请人就该项争议提起诉讼的正式文件，就可暂不进行变更登记。

UDRP 具有非终局性。在程序进行中提起诉讼，可以中止该程序，在裁决作出后 10 个工作日内提起诉讼，可以中止域名的转移。这种非终局性使那些真正对该域名享有权利的申请人十分气馁。

4. 在线申诉

在线申诉被政府机关、消费者保护团体等非营利性机构所采用，这些非营利性机构常常会制定某种电子商务公平交易准则或者是消费者隐私保护政策，对于同意采用及遵守其所制定的公平交易准则及消费者隐私保护政策的在线商店或者公司，可以在其交易网页放置认可遵守公平交易的标志，以获得消费者的青睐。比较著名的是美国商业促进会(Central Better Business Bureau，CBBB)，其将申诉服务延伸至网络上所设置的 BBB online Program，发展在线申诉服务的网络商家可以在其网页内挂上及标示 BBB online 的认证标志，提升消费者的信任。BBB online 对于其会员网站，也就是网页上有 BBB online 的认证标志的网络商家，如果与消费者发生纠纷，消费者可以向 BBB online 这个网站填写电子化表格提出申诉，BBB online 在受理消费者的申诉后，就开始调查该交易网站是否遵守 BBB online 所制定的公平交易准则以及隐私保护政策。

(五)我国在线争端解决机制的发展及不足

就目前我国电子商务纠纷解决机制的实践来看，已有尝试和建设。中国国际经济贸易仲裁委员会和香港国际仲裁中心联合成立的亚洲域名争议解决中心等，提供针对网上域名争议的在线争议解决方式。由中国电子商务法律网、北京德法智诚咨询公司共同发起成立的中国在线争议解决中心（China ODR）也可提供在线和解或者在调解服务，但该中心成立几年来，业务一直冷清，截至 2009 年 5 月，该网站只调解了三起案件。2012 年 10 月 13 日成立了中国贸促会/中国国际商会电子分会电子商务调解中心，但不见该中心的独立网址和具体的操作规则。我国互联网并不发达，电子商务的市场、法治环境也并不健全，ODR 机制在我国还未完全建立，远不能满足现实对 ODR 这种解决方式的需求。此外，在我国无论是政府，还是经营者或消费者，对于各类纠纷的解决，仍然过于依赖正式制度，推崇司法救济，对其他替代性争议解决方式基本不予关注。在我国，电子商务的发展依然是以政府为主导的发展模式，经营者自身的自律机制还没有完全建立起来。而缺少了经营者的自律，ODR 机制的实施就缺乏基本的推动力。

从电子商务全球化的特征以及我国已经加入 WTO 的背景来看，我国企业要走向世界，面对全球统一市场和消费者，必然要走电子商务的道路，无论是新兴的网络公司，还是传统企业莫不如此。发展电子商务，我国就必须给全球消费者提供便宜、公正、方便的争议解决途径，保护消费者的利益。可以说，ODR 是我国发展电子商务必须面对的问题。

在我国，ADR 主要有两种形式，即调解和仲裁。从目前来看，最有可能与国际流行的 ODR 接轨的是与仲裁相结合的调解，即把网上仲裁和网上调解结合起来解决争议。但这在我国可能会遇到一个难以克服的法律障碍：我国《仲裁法》上只规定了机构仲裁，而没有规定临时仲裁。这不能不说是立法上的一个缺憾。对这个问题有两种解决途径：其一，在我国仲裁法律制度中确立临时仲裁制度，承认中立的、私人纠纷解决企业存在和发展，并允许他们通过业界自律手段来增强自己解决纠纷的能力，并由人民法院保障 ODR 处理结果能够得到执行，这种方法可以随着电子商务的发展而逐渐显示威力；其二，在我国可由仲裁机构开展 ODR 服务，即开展网上仲裁和调解。如中国国际经济贸易仲裁委员会成立了域名争议解决中心，目前已获得国内外域名管理机构的授权，作为域名争议解决机构，以网上仲裁的方式，负责解决中文域名争议、通用网址争议、国际通用顶级域名争议。这种方式可以避开现有法律障碍，因为当事人在仲裁协议中选择了常设仲裁机构，只是调解和仲裁在网上进行而已，但这显然不是一个最终的解决办法，因为这使得当事人的选择范围大大地缩小了，有众多技术完善的网络服务商提供的 ODR 服务不能被选择。

总之，在电子商务环境下，ODR 是一种便宜、高效、公正的纠纷解决机制，它对构筑一个使消费者充满信心的电子商务平台具有重要意义。我国在新经济发展日新月异之际，应积极采取对策，培育自己的在线争议解决机制。

第三节　电子商务纠纷的管辖权

电子商务纠纷一旦进入诉讼程序，管辖权问题就成为法院受理案件要解决的首要问题。管辖权是法院对案件进行实质审理的必不可少的前提条件，同时它还关系到案件的审理结果，关系到诉讼当事人的权利义务，具有十分重要的意义。从国际法的角度来讲，管辖权是国家的一项基本权利，是指国家通过立法、司法和行政手段对特定的人、物、事进行管理和处置的权利。管辖权是国家固有的、不可缺少的根本权利之一，是国家主权的直接体现。管辖权可以分为立法管辖权、司法管辖权与行政管辖权三种，我们这里只讨论司法管辖权，司法管辖权是指国家通过司法手段对特定的人、物、事进行管理和处置的权利。国家的司法管辖权主要体现在四个方面：属地管辖权，即国家对其领土范围内的一切不享有特权和豁免权的人、物、事都有权进行管辖；属人管辖，指国家对无论位于何地的具有本国国籍的人进行管辖的权利；保护性管辖权，指国家对在本国领土外犯有危害该国国家安全、领土完整、政治独立以及其他重大政治、经济利益等罪行的外国人进行管辖的权利；普遍性管辖权，指每一个主权国家对任何人在任何地域从事的严重危害国际社会普遍利益的国际罪行进行管辖的权利。此外，管辖权可以分为国内管辖权与国际管辖权。从国内法的角度来看，管辖权是指一国法院系统内部不同级别不同法院受理案件的权限，解决的是纠纷的当事人应该向哪一个法院提起诉讼、寻求诉讼救济的问题，一般由国内法中诉讼法加以规定。在国际民事诉讼中，管辖权是指依据国际条约和国内法的规定，对特定的涉外民商事案件，依据其连接点选择由哪一国根据何种原则、规则来确定国内法院有权或者无权审理某一具体的涉外民事案件。一国法院对某一具体的涉外民商事案件进行管辖是该国行使主权的一种具体方式，是该国享有的国际法意义上的管辖权的实现。

一、传统管辖权确立的依据

管辖权依据是指一个国家的法院有权审理民事案件的根据。根据传统的司法管辖理论和实践，主要表现为三种：

（一）以地域为依据

诉讼所涉及的法律关系的要素，无论是主体、客体还是内容，总是与某一国的管辖或者某一法院的地域具有空间上的关联，这种空间关联就构成该国或者法院行使管辖权的基础。因此，以地域为基础是指在确定法院管辖权的司法实践中，根据诉讼中的案件事实和双方当事人与法院在地域上的联系，把相关地域作为确定管辖权的依据。具体表现为如下形式：当事人住所，包括原告住所地、被告的住所地或原告、被告的注册地、经营地等；行为地，包括行为发生地和结果发生地；诉讼标的或者争议财产所在地。

(二)以当事人国籍为依据

即把当事人(原被告都可)的国籍作为确定法院管辖权的依据。国籍是一个人隶属于一个国家的一种法律资格,是个人与这个国家稳定的法律联系,是个人享有该国保护的法律依据。以当事人的国籍为联结因素,不管当事人现居住在境内还是境外,当事人国籍国法院都对其有管辖权。该原则符合国家主权原则,其目的在于保护本国公民的利益。

(三)以当事人意志为依据

在下列两种情况下,当事人的意志可以作为确定管辖权的基础:一是当事人达成协议,把他们之间的争议提交某一国法院审理,该国法院便可行使管辖权;二是被告自愿接受一国法院的管辖。在当代国际社会中,以当事人的意志决定管辖权的原则已经被许多国家承认。但随着国家对经济生活进行干预的力度和广度不断加强,各国法律对当事人意思自治所作的限制也出现了系统化、制度化的趋势:如当事人只能选择任意性质的法律规范;不能选择与合同没有任何实际联系的法律;选择必须要有合理的依据,不能违反公共政策等。

综上所述,当事人的住所、国籍、财产、行为、意志以及其他事实都可以成为某国法院对涉外民商事案件的管辖或者某个法院对某一民商事案件进行管辖的依据。

二、电子商务对现行管辖权规则的挑战

传统管辖权确定的依据都具有一个明确的特点,即可确定性与相对稳定性。随着互联网和电子商务的发展,网络空间的虚拟化、全球化、非中心化打破了主权疆域的界限,使以"地域"为基础的管辖权标准发生动摇;以行为为基础确定管辖地如侵权行为地、合同履行地等标准在电子商务环境下也增加了难度,履行地或侵权行为地常常有多个或具有扩散性;传统管辖权中的联系标准以及被告住所地标准都发生了分歧,或由于多样性而存在认定上的困难等,电子商务对传统管辖权规则带来了挑战。

(一)管辖权冲突的增加和国家司法主权的弱化

美国著名的霍尔默斯法官曾指出"管辖权的基础是现实空间的权利",这一评述表明管辖权与地理空间的权利和界限具有密切的关系,管辖权建立在各个民族国家主权独立的基础上,其本质上是国家主权在司法领域的体现。网络空间本身无边界可言,它是一个全球性系统,无法将它像物理空间那样分割成许多区域,它不具有与物理空间一一对应的关系,自然也不可能一一对应各国国家的司法管辖权,从这个意义上来说,互联网是一个具有多重管辖的领域,或者是"基本上不受任何管辖的领域"。

就网络空间中的活动者而言，他根本无视（或没有意识到）网络外地理边界的存在，一旦上网，他对自己所进入和访问的网址是明确的，但对该网址所对应的司法管辖区域则难以查明和预见。某一次具体的网上活动可能是多方的，活动者分处于不同国家和管辖区域之内，这种随机性和全球性几乎使任何一次网上活动都可能是跨国的，这种情况不仅影响司法管辖权的确定，而且会产生大量的管辖权冲突。判断网上活动发生的具体地点和确切范围是很难的，将其对应到某一特点的司法管辖领域之内就更难了。正是这些问题使互联网环境下的用户活动受到主权国家的管辖相对减弱，各个国家的司法管辖区域的划分逐渐模糊化，各国的司法主权也进一步弱化。

（二）传统管辖权依据的弱化与非确定性

在确定民事争议的管辖权方面，当事人住所地、国籍、财产、行为、意志等因素都能够作为确定管辖权的依据。但在网络中这些依据相对弱化，并具有多样性、不易确定性。

当事人的住所地难以确定。比如在网络中当事人可以在一个地点游历世界各国的网站，如何来确定其住所或者居所？如果用户使用的是便携式电脑，那么他就可以随时随地登录网站，那么如何来确定其住所呢？侵权行为地通常也不易确定。比如跨国网络诽谤，全球各地的网民都可以登录点击浏览，因此可能使诽谤结果发生地发生在世界的任何国家的任何地点，在此情况下，该如何确定侵权行为地呢？网民在虚拟游戏中从事包括虚拟诈骗、盗窃、强奸等行为，如何确定犯罪地？是虚拟世界还是玩家 PC 终端所在地还是服务器所在地？国籍也因为网络的虚拟性而变得扑朔迷离。因为在很多情况下，用户在上网时并不要求确认身份，即便有时需要填写个人信息，虚构假的个人信息的现象也相当普遍。意思自治是目前最适合网络环境的管辖权确立基础，但仍存在问题。首先，并不是所有当事人都能够就法律的选择达成一致。其次，即使当事人达成了一致，也可能因为违反强行法或者消费者保护等各种原因而导致该选择无效，更何况，大量侵权行为引起的纠纷并不能适用意思自治的原则。

（三）挑选法院的现象更加严重

挑选法院，一般认为是原告为了获得特殊利益，故意选择对其有利的法院进行诉讼，从而避免在对其不利法院进行诉讼的一种现象。挑选法院是因各国实体法、诉讼程序和法律选择原则的不同而不可避免的副产品。在国际平行诉讼中，这是原告获得最大利益的一种重要的策略手段。

挑选法院在物理空间时有发生，但在网络环境下，由于互联网的全球性和信息流动的不确定性，使得挑选法院变得空前容易和普遍。正如有的学者所指出的那样，选择诉讼地点可以说是任何一个涉及互联网案件所具有的特点。互联网覆盖全球 170 多个国家和地区，发生在这个网络空间的案件往往涉及不同的国家和地区，而各国法律规定不尽相同。如诽谤法，各国对其国民不受诽谤侵害的保护程度及在相关的诉讼中能获得的赔偿的差别是很大的。此外，有的国家允许高额精神赔偿，判处惩罚性罚金，但有的国家对此持否定性态度。这就导致在不同的地方起诉，判决的结果可能会有很大的差异。在这种情况下，原告通常会选择对自己有利而对被告不利的国家进行诉讼，以取得高额的赔偿。

三、电子商务纠纷管辖权的几种理论

（一）新主权理论

它又称"网络自治论"，主要观点为，对于网络争议，应该摆脱传统的地域管辖的观念，承认网络虚拟空间就是一个特殊的地域，并承认在网络世界与现实世界存在一个法律上十分重要的边界，若要进入网络的地域，必须通过屏幕或密码，一旦进入网络的虚拟世界，则应适应网络世界的网络法，而不再适用现实中各国不同的法律。新主权理论主张者还对网络自治作了构想：在网络空间中没有国家、没有法律、没有警察，每个网络用户只服从于他的服务商，而服务商之间以协议的方式来协调和统一各自的规则，就像协调纯粹的技术标准一样，也就是所谓的网络自治。"由此可见，新主权理论强调网络空间的独立性，为了防止国家权力的介入妨碍网络的自由发展，它们试图以网络的自律性管理来代替传统的法院管辖，以自我的判断和裁决代替国家的判断和救济。"①在新主权理论者看来，在网络空间中正在形成一个新的全球性的市民社会。这一社会有自己的组织形式、价值标准和规则，它完全脱离于政府而拥有自己的权力机构。网络以外的法院管辖当然也被否定，他们认为，网络空间应适用独立于实际空间的法律制度，对网络案件应建立一种独立的管辖体制。

新主权理论者提出的管辖权体制可行性备受质疑。首先，他们忽视了网络虚拟行为背后都是现实物理世界的肉身存在支撑形成的，永远不可能出现完全脱离物理掌控的网络虚拟空间自治真空。网民在网络中从事各种活动，但其本身却生活在现实空间里；"网络社会"的建立也不可能完全摆脱国家对网络的管理和控制；随着电子商务的发展，国家会更加频繁地制定法律，规范那些处于本管辖权域内的与网络有关的人、行为或者事件，并且行使司法管辖权来审理有关网络活动的案件。毫无疑问，国家并没有放弃对网络空间进行规范的主权权利。其次，新主权论者对行业道德和技术标准的效力认识不到位。新主权理论的倡导者过分强调了技术标准和行业道德的约束作用。与具有强制力的法律相比，技术标准和行业道德对当事人的约束作用要比法律的约束作用弱得多。尽管行业道德和技术标准在一定程度上可以影响法律，但它却永远不能代替法律，同样，自律管理也永远无法替代法律的公力

---

① 吕国民. 国际贸易中 EDI 法律问题研究［M］. 北京：法律出版社，2001：194.

救济。

(二)国际空间理论

国际空间理论(也可称为"管辖权相对理论")认为，现在的物理世界存在着三个国际空间：极地(南极和北极)、公海、外层空间，它们与网络空间相比最本质的区别在于后者的非物理性，即虚拟性特征。但它们之间也有着共性，如国际性和无主权性。因此，网络空间也应该是国际空间的一种，可以将其视为第四国际空间，因此，国际空间理论又可称为"第四国际空间理论"，其主张应在这一领域内建立不同于传统规则的新的管辖权规则。国际空间论以美国斯坦福大学的达雷尔·门特博士为代表，他认为，网络空间也应该接受默示的国际惯例，即类似支配其他三个国际空间的惯例，通过制定相应的特定制度的条约来解决司法管辖权的问题。各国在网络空间的管辖权取决于其对网络的控制范围和能力，每个国家对进入其控制领域的网络交易的商业活动有管辖权，其管辖权行使方式与现实世界的管辖权类同。网络空间内争端的当事人可以通过网络的联系在相关的法院出庭，法院的判决也可以通过网络的手段加以执行。

国际空间理论所主张的通过订立国际条约来解决网络空间的管辖权问题具有一定的可行性，网络案件的管辖冲突与法律适用往往比现实世界发生的案件更为复杂，世界各国应该抛弃民族、地域、法域的冲突和矛盾，积极加强国际协作，订立国际公约，通过国际惯例。但该理论在许多方面也受到了质疑，国际空间理论虽然赋予了每个国家自己决定其网络管辖权的权力，但同时又强调各国网络空间管辖权的大小由各国接触和控制网络的范围来决定，这背后体现的是以经济实力为后盾的"技术霸权"思维，是符合网络发达国家利益而伤害技术落后国家司法主权的行为。从网络的普及率来看，欧洲的 8.2 亿居民中有 5.3 亿互联网用户；美国拥有 3.15亿居民，2.55 亿网民；而在有 12 亿人口的印度只有 1.37 亿人使用互联网，发达国家的网络普及率远远大于发展中国家。从各国对网络的控制能力来看，美国掌握了域名和地址的分配权，控制着互联网运转的硬件设施和软件操作系统，控制着互联网的信息源，主导着互联网语言的存在。当前联网域名与地址管理机构(ICANN)对全世界进行国际统一管理，它负责全球互联网域名根服务器、域名体系以及 IP 地址等的管理工作。虽然 ICANN 自称是非营利性组织，但它却由美国商务部授权，并根据同美国商务部达成的谅解备忘录进行运作。这就意味着美国商务部有权随时否决 ICANN 的管理权，美国政府通过 ICANN 掌握了对域名和地址的封疆权，管理并控制着全球互联网空间。国家空间理论实际上是在为美国的网络霸权提供理论支撑，不符合全球网络发展的整体利益。

(三)最低联系理论

美国最高法院通过"国际鞋业公司"案确立了"最低联系理论"。最高法院在该案中对美国传统确定管辖权的规则作了重大修正，认为"正当程序"仅要求对不在法院地的被告行使对人管辖权时被告人与法院地有某种最低联系，只要诉讼不违反传统的"公平和实质正义规则"，就允许该州法院对被告强制履行其出庭应诉的义务。"国际鞋业公司"案是美国法院涉外民事案件管辖权晚近发展的一个重要里程碑。它把法院管辖从限于在法院地实际出现的被告扩展到虽不在法院地但与法院地有某种联系的被告。这实际上是为法院域外管辖创设了先例。按照"国际鞋业公司"案的判决，"最低联系"主要取决于两点：（1）被告是否在法院地从事系统的和连续性的商业活动；（2）原告的诉因是否源于这些商业活动。至于被告是否在法院地实际出现，则无关紧要。从此以后，"最低联系"成为美国法院行使州际和国际管辖权的根据。但这种最低联系，由法院自由裁量，灵活性较强，网上活动随时要面对跨地域的法律诉讼，最低联系的理论如何适用到网络空间，还必须考虑网络空间虚拟联系的特殊性。

"最低联系理论"认为，在虚拟的网络世界中，管辖也应以"联系"为前提，这无疑是正确的，特别是将网站区分"交互式"和"被动式"对解决网络空间虚幻的管辖权问题，找到了一个比较实际的途径，它比国际空间理论更进了一步。但是，由于网络空间的虚拟特点，在实践中准确判断这种"联系"也是很困难的。尽管后来使用了"按比例增减法"来判断，但由于网络空间的广泛性特点，通过这种方法来确定管辖权仍然有许多不完善之处。美国作为这一理论的创始国，其网络世界也异常活跃，但美国法院在这方面的判例本身就很不一致，从中也可看出确定网络空间"最低联系"的复杂性。美国法院在有的案件中，仅仅根据被告网站内容在原告所在地即能得到为由，特别是以点击网页的次数来计算联系，认定法院对被告可以行使管辖权，使"最低联系"理论走向了极端。由于网络空间的全球性特点，互联网页一经发布，在瞬间即传播到世界各地，网站经营者根本无法控制其传播的路径。如果谁能看到网站的内容，谁去点击网页，就视为与所在地的法院有联系，法院就可以行使管辖权，那么等于承认原告法院对于全球范围内的网站都可以行使管辖权。这其实是一个不公平的游戏规则，它对于维护网络空间的法律制度是十分有害的。因此，对这一理论还应当进一步加以规范，并加以适当的限制。

（四）服务器所在地理论

它又称"特定存在理论"，该理论认为，互联网上的每一个服务器和特定的物理位置相联系，当用户通过互联网传输信息时，事实上可以被看成是从一个服务器所在的物理位置到另一个服务器所在的物理位置。网络服务器，就是录制电子数据的地方，如果该网页发生侵权行为，服务器实际所处的位置，就是侵权行为地，该地法院有管辖权。根据这一理论，"位于"斯坦福大学服务器的一个网页必须服从美国加州法院管辖。但当上载者和服务器处在不同的地区时，除非上载行为对服务器所在的地区有影响，而且这种影响的"结果"是在服务器所在的范围之内，上载者所在地才能成为管辖权的依据。否则，在一般情况下仍应认定为服务器所在地是管辖所在地。

网络服务管辖实际上是侵权行为地管辖规则的适用，网络中的侵权行为，一般都是通过服务器传输到网络页中的，因此，对网络服务商的侵权诉讼，由服务器所在地法院管辖比较容易为其他国家所接受。但是，服务器在网络空间的地域属性，事实上有时也是很难确认的。因为上载者通常是将其网页的内容通过远程服务器"发送"，而下载者也是通过其本地的远程服务器"接收"的。"发送"和"接收"实际上都不在服务器的地域范围内进行。因此，如果认为服务器所在地就是侵权行地而行使管辖权，在现代的科学技术条件下，实际上也是不准确的。由于网络中的侵权行为实施可能涉及多个地区，如侵权上载者与服务器不在同一地区，那么何处为侵权行为地？一方面认为可根据在侵权行为中所起的作用来判断。由于判断纯属于法官意志的问题，因此，标准也难以掌握。另一方面，服务器的发展已经越来越科学，远程服务器的使用也已非常普遍，因此，对于网络侵权案件中的侵权行为地的确定，不能固守服务器这一死板的特点，而应当根据个案的实际情况灵活运用。

(五) 网址管辖理论

该理论认为，传统法院确定管辖权基础时必须考虑两个条件：一是该因素自身有时间和空间上的相对稳定性，至少是可以确定的；二是该因素与管辖区域之间存在着一定的关联度。要判断网址是否可以成为新的管辖基础，必须对它能否满足这两个条件进行考察。首先，网址存在于网络空间之中，它在网络空间中的位置是可以确定的，它的变更通过服务提供商来进行，需要一定的程序，所以在特定的时间段内，它是可以确定的。其次，网址与管辖区域有一定的联系。网址与物理空间的关联有两条途径：一是受制于网址所在的管辖区域，这是网址存在的静态事实就能决定的关联，并且是充分的关联；二是网址活动涉及其他网络参加者时，与其他参加者所在管辖区域产生联系。因此，网址管辖论认为，可以将网址作为一种新的管辖权依据。

该理论从传统管辖权依据认定的理论出发，具体地分析和考察了网址的特点，这一思路具备可行性，美国已经有依据网址作为管辖权依据的司法实践。但首先在美国的相关尝试中依据网址确定管辖权的理论弊端也逐渐显露，造成了司法实践的混乱，例如，美国洲际司法实践常常将网址区分为"被动型网址"和"互动型网址"，并依据"正当程序"条款和"最低限度接触"标准对前者不予管辖，而对后者给予管辖。但当前，如何认定一个网址是"被动型网址"还是"互动性网址"？如何认定管辖法院与网址达到了最低联系？这些都是存在争议的，反而导致了法律适用的不确定性。其次，虽然网址在网络中的位置是确定的，但其地位并不等同于现实空间的住所或者居所，上网者可通过伪造姓名、地址、电话等个人信息冲淡网址的确定性，使网址失去确定管辖的效用，上网者也可能通过技术手段隐藏真实的网址，从而使他人很难通过网址确定其真实的身份，为通过网址确定管辖权设置了障碍。因此，将网址作为管辖权的根据目前仍存在许多疑问。

四、我国电子商务纠纷管辖的立法及实践

有学者认为，互联网的使用只是使当事人双方发生、变更和消灭法律关系的手段有了更新，由传统方式变为了新的借助网络的方式，但互联网的使用并没有使民事法律关系发生根本性的变化，也不会使民事法律关系的认定有不同于传统案件的困难。① 因此，民事诉讼法与相关司法解释是可以解决网络侵权案件和电子商务合同管辖权的确定问题的。实践证明，面对大量跨空间、跨地域、跨国度虚拟法律冲突与矛盾，现有的立法在面临冲击的情况下是否需要引用新的理论和进行修改没有定论。 我国现有立法对于电子商务纠纷的管辖基本上沿用传统模式，通过司法解释来处理逐渐增多、日渐复杂的地域管辖问题，是我国当前处理管辖问题的主要途径，只是在解释侵权行为地、合同履行地等要素时考虑了网络因素。

首先，关于侵权纠纷的管辖。我国《民事诉讼法》以及相关司法解释对此作了规定。例如《民事诉讼法》规定，因侵权行为提起的诉讼，由侵权行为地或者被告住所地人民法院管辖。《关于适用〈中华人民共和国民事诉讼法〉的解释》（以下简称《民诉法解释》）则对侵权行为地作了进一步的解释，侵权行为地包括侵权行为实施地、侵权结果发生地。与此同时，该解释还结合信息网络侵权的特点，规定信息网络侵权行为实施地包括实施被诉侵权行为的计算机等信息设备所在地，侵权结果发生地包括被侵权人住所地。最高法院在 2000 年 11 月出台的《关于审理涉及计算机网络著作权纠纷案件适用法律若干问题的解释》第 1 条对著作权案件的管辖问题作了规定："网络著作权侵权纠纷案件由侵权行为地或者被告住所地人民法院管辖。侵权行为地包括实施被诉侵权行为的网络服务器、计算机终端等设备所在地。对难以确定侵权行为地和被告住所地的，原告发现侵权内容的计算机终端等设备所在地可以视为侵权行为地。"此外，2001 年 6 月最高人民法院《关于审理涉及计算机网络域名民事纠纷案件适用法律若干问题的解释》第 2 条也对涉及域名的管辖权问题作了规定："涉及域名的侵权纠纷案件，由侵权行为地或者被告住所地的中级人民法院管辖。对难以确定侵权行为地和被告住所地的，原告发现该域名的计算机终端等设备的所在地可以视为侵权行为地。"

其次，关于电子合同纠纷的管辖。我国主要适用协议管辖来确定电子合同纠纷的管辖法院。我国《民事诉讼法》第 34 条规定："合同或者其他财产权益纠纷的当事人可以书面协议选择被告住所地、合同履行地、合同签订地、原告住所地、标的物所在地等与争议有实际联系的地点的人民法院管辖，但不得违反本法对级别管辖和专属管辖的规定。"允许当事人协议约定管辖法院，确定了"约定优先于法定"的

---

① 于海防. 涉网络案件民事诉讼地域管辖问题的一般性研究[J]. 法律科学，2010(5).

纠纷管辖的基本原则。当然，在当事人未约定管辖法院或者约定的管辖法院无效时，可依据民事诉讼法的其他规定确定管辖法院。我国《民事诉讼法》第 23 条确立了电子合同纠纷在无协议管辖时通常的管辖法院：因合同纠纷提起的诉讼，由被告住所地或者合同履行地人民法院管辖。

第一，合同履行地的确定。合同履行地是合同规定履行义务和接受该义务的地点，主要是指合同标的物交接的地点。在电子商务合同的履行中，有的标的需要通过信息网络交付，有的可以进行现实的交付。标的需要通过信息网络交付的，如软件、多媒体作品、数字化文字作品等数字产品，这些无形信息产品一般通过网络传输、下载实现买卖标的物的"交付"。这种信息产品的标的物——数据电文——被分为若干个数据包，从一方当事人指定的系统传送到另一方当事人指定的系统，途中可能经过若干个位于不同管辖区的中转服务器，这种网上履行合同的履行地如何判断是互联网对管辖制度提出的重大挑战。我国《民诉法解释》规定："通过信息网络交付标的的，以买受人住所地为合同履行地，通过其他方式交付标的的，收货地为合同履行地，合同对履行地有约定的，从其约定。"根据该条规定，合同中约定履行地点，以约定的履行地点为合同履行地，合同中未约定的，在网上履行合同的，应以买受人住所地为合同履行地。标的进行现实交付的，合同对履行地点没有约定或者约定不明确的，收货地为合同履行地。确定收货地为履行地的理由是：第一，电子商务交易，多数是卖方负责邮寄送货，而不是买方提货，根据我国司法实践中确定的买卖合同履行地的规则，卖方送货的，应以收货地为履行地；第二，电子商务交易买方在合同签订时往往对货物发送的具体地址并不知情，且对货物并没有事先查验，只有收到货物后才对货物有所了解，因此收货地与合同的联系较其他地点更为密切。

第二，合同签订地的确定。传统的合同纠纷案件，可以协议选择的管辖法院包括被告住所地、合同履行地、合同签订地、原告住所地、标的物所在地人民法院。在传统的合同纠纷中合同签订地的确定方法是：凡书面合同写明了合同签订地点的，以合同写明的为准；未写明的，以双方在合同上共同签字盖章的地点为合同签订地；双方签字盖章不在同一地点的，以最后一方签字盖章的地点为合同签订地。但在网络交易中，如双方在电子合同中约定有合同签订地点的，则另当别论。但如果双方当事人在合同中并未约定合同签订地，签订地的确定将比较困难。首先，电子商务交易中双方当事人往往并不见面，所有的交易包括电子合同的签订都是在网络上完成的，双方可能知道对方的电子邮箱，但往往不会去了解对方在物理空间中的具体位置。其次，当事人要有一个电子邮箱，无论其在何地，都不影响其登录邮箱收取邮件。在电子商务交易中为了保证电子合同的效力，可以采取数字签名的方式，但该方式的实施也并没有具体地点的要求，当事人可以在任何地点进行数字签名，从而使与合同无关的任何地点都可能成为合同签订地，这就使合同签订地具有了不确定性。《电子签名法》第12条规定：发件人的主营业地为数据电文的发送地点，收件人的主营业地为数据电文的接收地点；没有主营业地的，其经常居住地为发送或接收地点。当事人对数据电文的发送地点、接收地点另有约定的，从其约定。我国《合同法》第34条规定：承诺生效的地点为合同成立的地点。采用数据电文形式订立合同的，收件人的主营业地为合同成立的地点；没有主营业地的，其经常居住地为合同成立的地点；当事人另有约定的，按其约定。从我国目前的法律规定来看，针对电子商务纠纷中难以判断合同签订地的情况，没有固守网络，而是根据方便法院审理、方便当事人进行诉讼、方便法院执行的立法精神，将与交易有密切联系的收件人的主营业地作为判断合同签订地的联结点。由此有关合同签订地的判断可采用如下方法：在电子商务交易中双方当事人相互之间签订电子合同，替代传统合同中的签字盖章，在电子合同中采用数字签名的方式，采用数字签名方式的双方当事人往往不能同时签名，那么必然有签字的先后顺序，那么最后签字的一方主营业地（没有主营业地的为经常居住地）为合同签订地。作为合同双方当事人而言，无论是主营业地还是经常居住地，往往是与合同纠纷有密切联系的地点。

第三，被告住所地的确定。"在互联网里，没有人知道计算机对面坐着的是人还是一条狗。"网络在物理世界之外构建了一个独立的虚拟世界，在这个世界中人们在很多情况下都不用真实姓名、真实地址等个人资料。这就使得在纠纷发生后，原告要确定被告住所地，从而确定被告所在地法院很难。对被告身份的确认并不是一个法律问题，更多的是技术问题。在进行互联网交易过程中，双方当事人虽然不知道对方真实的住所地，但是可以很直观地知道所交易的网站的IP地址，众所周知，互联网上的每一台主机都有一个在全球范围内唯一的IP地址，即使采取虚拟主机或服务器托管的方式也并不影响对IP地址所对应的当事人的确认。也就是说，IP地址网址具有相对稳定性，网址存在于网络空间中，其位置是确定的，它的变动要通过网络服务提供商（ISP）依照一定程序来进行。因此，我们可以通过网址来确定被告的身份。但网络服务器所在地并不能认为是被告所在地，某公司的网络服务器在上海，但其注册地或者主要办事机构所在地在其他地方的情况也比较普遍。在确定了被告的身份后，还需要依据住所地确认原则进一步认定。自然人适用户籍所在地或经常居住地，法人或其他组织以其注册地或者其主要办事机构所在地为住所地。

第四节　电子商务纠纷的法律适用

一般来说，对于法律适用可以从以下两个方面理解：（1）法律适用包括国际私法规范本身的适用，根据国际私法规范应适用的某国实体民商法、国际民商事条约、国际民商事惯例的适用；国际民商事条约、国际民商事惯例按特定根据的直接适用；国际民事程序法、程序性国际条约和程序性国际惯例的适用。(2)法律适用主体应包括国家主管机关、当事人和有关人。在国际私法上，法律适用是指在国际民商事交往中，根据国际私法规范确定国际民商事案件应适用何种法律的过程。因此，各国国际私法规范都只规定适用何国法，并未规定谁来适用。此外，通常国际私法上所说的法律适用，往往不包括国际私法规范本身的适用，而只是指适用国际私法规范确定准据法的过程。

一、电子商务对法律适用带来的挑战

(一)对传统连结点的挑战

连结点是冲突规范借以确定涉外民事法律关系应当适用什么法律的根据。它直接决定范围部分应适用何国实体法，离开了这一媒介，就无从选择法律。连结点的确定对维护当事人合法权益关系十分重大。传统的国际私法理论，连结点可分为客观连结点和主观连结点。客观连结点主要有国籍、住所、居所、物之所在地、缔约地、履行地、侵权行为地、法院所在地等；主观连结点则主要为：当事人意思自治原则和法院推定的最密切联系原则。由此可见，现行国际私法的冲突规范主要是通过在物理空间寻找涉外民事关系的连结点，从而寻找应当适用的准据法来解决国际法律冲突。

互联网技术的一个最显著特点就是其行为的场所是特殊的，网络空间的虚拟性、全球性、高度自治性和非中心化倾向等特点，使得网络空间的行为难以在物理空间场所化。传统的物之所在地这一连结点难以具体到一个明确的地域空间。例如，人们经常在网上下载软件，这些软件仅仅是一种数据化的程序，没有物质载体，如果要对该程序进行定性或确定物权归属，那么它的物之所在地在哪里呢？我们只能说它在网上，而很难明确具体的地域空间。传统的合同订立地、合同履行地也受到挑战，例如，互联网所提供的交易平台使国际贸易双方可以在世界的任何时间、任何地方签订合同，不必像现实生活中必须有实体的合同存在、必须在某一确定的地方签订，这导致传统的合同订立地、履行地等连结点很难在国际电子合同中起到作用。国籍和住所这种连结因素更不易用来指定互联网交易的准据法。当事人身份的不确定性和流动性决定了其可以特意在公共的网络场所来进行交易从而规避本身的真实身份。网络环境下，作为主观连结点，当事人意思自治原则也受到人们的许多质疑。当事人意思自治原则需要当事人在商务活动中就法律适用问题进行充分磋商，要求双方对所适用的法律都比较熟悉。然而，网络平台使当事人无法真实了解对方身份，更无法真实了解对方所在何国。因此，意思自治原则虽在互联网案件中的重要性日渐突出，但是互联网的特殊性使得意思自治原则在适用中亦有很多的问题。

总的来说，由于国际电子商务通过互联网跨越国界，在服务器和操作系统中进行的交易具有很大的流动性。这一事实使如何用国际私法上的连结点来确定用于网络空间的准据法成为法律适用的一大挑战。

（二）对准据法的挑战

国际私法的中心任务就是通过适用准据法解决有关法律冲突。但当前伴随着连结点的模糊所导致准据法的落空、各国电子商务立法的滞后以及各国对电子商务法律规定存在的巨大差异使得准据法的适用面临挑战。

一般说来，立法相对于现实生活具有滞后性。网络技术革新的高速发展，使电子商务法律法规的更新更显得相对缓慢。希望能以立法者的智慧来界定与规范技术的发展方向，最终必然会落空。首先从世界各国现状来看，电子商务无论是在体系上、组织上、法律上、管理上、技术上均还未完全成熟，而且，电子商务是无确定界限的商务活动，它不仅提供新的商机，也带来了新的不确定因素。目前，除美国、加拿大、澳大利亚、新加坡等国家外，大部分国家尚未来得及针对国际电子商务制定相应完备的法律对其进行调整，许多国家出于保护科技的需要，不愿过早地下结论，因此，各国制定的调整电子商务有关的实体法很少，电子商务实体法的缺乏必然导致冲突法上准据法的落空。所以，有时在处理某一国际电子商务纠纷时，尽管通过适用冲突规范，确定了应适用哪一国法为准据法，最后却因为该国根本就无相应的立法而使准据法落空。其次，传统的地理观念在网络环境下意义不存在，互联网的地域模糊性同样给电子商务准据法的适用带来了困惑。在某些情况下，传统法律当中依据行为地确定准据法的规则就无法适用，适用该冲突规范根本就找不到准据法。例如，国际贸易双方在互联网上订立合同，合同订立地虚拟地存在于网络中，如果冲突法规定适用合同订立地法，则实际上等于无准据法可依。最后，国际电子商务行为人在网上的商务行为往往是跨越国界的，然而，目前各国对电子商务法律规定存在很大的不同。按照一国法律合法有效的行为在其他国家可能就违反了法律的现象时有发生。因此，如何确定准据法已成为解决国际电子商务法律冲突的重要问题之一。

二、电子商务合同纠纷的法律适用

（一）意思自治原则是调整电子合同纠纷法律适用的首要原则

基于契约自由的观念，当事人在合同中对准据法进行选择是各国法律均承认的一项原则。这一原则对于在电子商务环境下解决法律适用问题仍然具有重要价值。在确立电子商务合同准据法的理论和立法实践中，很多国家将意思自治原则作为首要的适用原则。美国《统一计算机信息交易法》（UCITA）法案的 109 条，承认在线当事人的意思自治原则。《欧盟电子商务指令》并没有制定新的国际私法规则，罗马公约的法律选择条款依然适用。在英国，法院一般尊重当事人在电子协议中所选择的该协议适用的法律。采用意思自治原则，有利于当事人预知行为的后果，维护合同的确定性和稳定性，这对于存在于虚拟空间的电子商务合同来说尤为重要。另外，在各国电子商务立法尚待完善的情况下，允许当事人选择法律，有利于维护交易安全和当事人争议的尽快解决。

但各国对意思自治原则所提出的限制性条件有所不同。有的国家主张无限制的意思自治，传统的英国国际私法理论允许当事人选择任何一个国家的法律作为其合同关系的准据法；有的国家对法律选择的范围作出限制。如波兰 1926 年的国际私法规定，当事人合同准据法的选择只限于当事人国籍所属国住所地、合同缔结地、合同履行地、标的物所在地的法律；有的国家通过"合理联系"进行限制，美国《第二次冲突法重述》第 187 条第 2 款指出，当事人在选择某一法律时，必须有一种合理的依据，这种合理的依据主要表现为当事人或合同与所选的法律之间的内在联系，即合同在那里缔结或合同谈判在那里进行或合同在那里履行，或合同的标的位于该地或当事人的住所、居所国籍、营业地在该地，否则，选择被法院认为无效；有的国家对当事人进行主观意志上的限制，当事人的主观意志必须是善意和合法的；有的国家进行法律性质上的限制，其一，被选择的法律是实体法，而不是冲突法；其二，当事人不能规避应该适用的有关国家的强制法；其三，特殊合同领域，基于对弱势方权益保护而对当事人的意思自治进行限制或禁止，如消费者合同、雇佣合同等；其四，基于公共秩序和公序良俗上的限制。

"目前，国际上的趋势是放宽意思自治原则的使用，但是加强对消费者的保护。"①美国于 1999 年通过的《统一计算机信息交易法》规定当事人可以协议选择应适用的法律，该规定没有沿用《美国统一商法典》中规定的所选择的法律应与当事人的交易有合理联系的条件。该法的起草者认为，以往通过"合理联系"限制选择权在全球信息经济背景下是不适当的，因为在虚拟空间中，当事人的实际所在地往往是无关紧要的或不可知的，并且在当事人互不熟悉对方所在法域法律的情况下，他们希望选择一个中立第三方法域的意图是合情合理的，即使所选择的法域可能与交易无任何关系。当然，电子商务合同当事人的意思自治不可能是毫无限制的，《统一计算机信息交易法》规定了当事人的选择权受到以公共政策和基本政策为依据的更为严格的审查。比如对消费合同，所选择的法律不得改变有关消费者保护法所规定的不得以协议改变的规则，否则在其改变的范围内法律选择没有执行力。该法对意思自治原则的这种改进，既满足了电子商务发展的要求，同时又保护了消费者的合法权益，值得我们借鉴。总而言之，当前在电子商务合同法律适用中，应充分体现"当事人意思自治"，适当限制应作为补充，除为当事人选法自由的正当实现提供保障而作出强制规则、公共秩序及特殊法律的适当限制外，尽可能地减少该原则在电子商务合同适用中的其他限制，从而为适当而充分地调整跨国电子合同关

---

① 李双元，王海浪. 电子商务法若干问题研究[M]. 北京：北京大学出版社，2003：394.

系，确定合同的准据法提供准绳。

（二）最密切联系原则是确立电子合同准据法的重要补充原则

"最密切联系"是十分灵活的连结点，能够应对涉外法律关系的复杂性、多样性和偶发性，具有较大的灵活性和弹性，适合确定性因素较差的法律关系。国际电子商务使传统连结点具有了多变性和不确定性，而最密切联系原则主张对与国际电子商务合同有关的数个连结点进行综合分析、权衡，很好地解决了电子商务合同纠纷偶发性和意外性所带来的法律适用难题，适应了国际电子合同复杂多变的需要。因此，在缺乏当事人选择的情况下，选择与合同有最密切联系国家的法律为准据法被各国立法认可，而且被运用到各个领域，最密切联系原则在电子商务合同领域适用具较高的价值取向和积极意义，是确立电子合同准据法的重要补充原则。

美国《统一计算机信息交易法》第109条（b）规定，除两种情况外，其他都采用"最密切联系原则"。罗马《国际合同义务法律适用的公约》第4条规定，在当事人未作选择时，适用与之有最密切关系的国家的法律。针对电子商务，欧盟虽然不主张建立任何新的冲突法规则或管辖权规则，但认为依照原有规则适用的法律不应限制提供信息社会服务的自由。最密切联系原则根据案件的具体情况，综合考虑各种连接因素来确定准据法，汲取了合同法律适用的精华，以意思自治原则为首要原则，结合最密切联系原则为补充，所确立的法律适用模式，既符合了合同关系的本质属性，又增强了电子商务法律适用的针对性、合理性，符合国际经济生活的客观发展需要，因而在当代国际社会得到了广泛的认同。

三、电子商务侵权的法律适用

电子商务侵权是指侵权行为人利用网络侵害他人民事权益的行为。电子商务侵权根据侵权行为人的不同，大致可以分为两种：一种是网络用户从事的侵权行为。网络用户通过网络平台实施对他人民事权益的侵害。另一种是网络经营者实施的侵权行为，包括网络经营者在经营过程中侵犯他人民事权益的行为，如抄袭他人网页设计，抢注他人域名，还包括明知网络用户有通过网络实施侵犯他人民事权益的行为，或者经被侵权人提出确有证据的警告，但仍不采取移除侵权内容等措施以消除侵权后果的，与网络用户构成共同侵权责任。网络空间的虚拟性和全球性，使侵权行为人可以在全球的任何地点，针对任何人实施侵权，侵权行为可以在任何地方实施，而侵权结果也可以在任何地方发生。传统的侵权行为发生地和损害结果发生地具有了发散性和多样性，传统侵权冲突法适用规则，无论哪种适用到网络侵权案件中都存在一定的缺陷，难以适应国际电子商务的要求。因此，为了能够更好地适应网络侵权复杂的情况，各国学者在对传统的法律选择规则的批判和扬弃中，提出了许多合理的法律选择规则。

(一)适用侵权行为地法，扩大侵权行为地的解释

适用侵权行为地法是传统商务侵权行为法律适用的一般规则。侵权行为人和受害人应当预见到一旦进入某一国家，他就将自己置于该国所有的风险和利益之下，在受到侵害时，应受到该国法律的保护，在实施侵权行为时，也会受到该国法律的惩罚。同时适用侵权行为地法，体现了对国家主权的尊重，有利于保护侵权行为地的公共利益。但是在网络空间中，任何人可能通过网络在任何地方实施侵权行为，例如甲国 A 先生携带笔记本电脑在乙国登录一个位于丙国网站的服务器，在其BBS 上发布一个诽谤性的帖子，侵害了丁国 B 先生的名誉权，而其他任何一个国家的网民只要登录同一网站，就可看到这个帖子，B 先生的名誉权损害结果将在任何一个国家发生。本案中，加害行为实施地法(乙国法)与本案就没有什么实质的联系，如果仍然坚持加害行为地法难免有失偏颇，案件中损害结果发生地也过于广泛，侵权行为地很难确定。

许多学者和国家立法实践通过扩大侵权行为地的解释，来适用侵权行为地法。虽然网络空间是无形的，但网络中的各种事件和网络中的动力都是由位于某一特定地点的人引起的，网络空间的违规行为最终侵害到的也是现实世界的人们，任何网络行为的发生都必定存在于一定的时间和空间的地理位置上。因此，仍然可以找到松散的地理联系，特别是作为典型的网络空间地理连结点的互联网服务商所在地，这在侵权案件中确定适用法律是十分有用的。从技术中可以确定的网络内容服务提供者、接入服务提供者、主机服务提供者的所在地等都可以是网络纠纷适用侵权行为发生地或结果地的扩大。它们存在于网络空间中，在网络中的位置是可以确定的，并且在一定的时间内也具有相对的稳定性，目前不少人建议将它们作为新的连接因素。

(二)最密切联系原则的适用

1972 年里斯撰写的《第二次冲突法重述》使最密切联系原则在侵权领域正式确立，《第二次冲突法重述》第 145 条指出法院要首先考虑侵权损害发生地，但如果另一州与案件有着更为重要的关系，法院也应该考虑该州的法律。该条第 2 款进一步指出了分析最密切联系地需要考虑的因素，即损害发生地、行为实施地、当事人的住所、居所、国籍、公司所在地以及营业地、双方当事人关系集中地，要求法官通过认真权衡对于公平、效率、冲突的需求，充分考虑合适的法律原则等所有相关方面，才能得出适用的准据法。在电子商务侵权案件中，虽然信息通过网络可以传播到很多国家，侵权的行为和损害可能发生在很多国家，但是损害集中出现的地方以及被害人的住所地和主营业地与侵权法律关系更具逻辑联系。通过联系的密切程度选择合适的准据法，扩大了冲突法适用的选择性与灵活性，能够有效应对电子商务侵权过程中各种具有偶发性、意外性、发散性和不可预测性的侵权行为地的产生。

管辖权的确定不仅要让争议双方有可以提起诉讼的地方，而且该地方必须是实现正义所在，管辖权的确定必须体现其正义价值。最密切联系原则根据网络侵权的具体情况综合分析各种相联系的因素，以期找到与该案件有着最密切联系的，即本质的、固有的和稳定的联系的法律，这样的法律也必然是唯一确定的，能够实现法律调整过程中所追求的公平、公正和合理，满足交易安全的需要，因而也是最适当的法律。最密切联系原则由与案件具有最密切联系的辖区的法院管辖，是公正、合理的。因而最密切联系原则在解决网络侵权纠纷的管辖问题时，不仅体现了网络空间的特殊需求，更反映传统管辖规则的精神。

因此，电子商务侵权纠纷的解决可以采用最密切联系原则，在适用最密切联系原则时，应对该原则进行规范和限制，以增强其可操作性，缩小最密切联系原则的弹性因素的适用空间，使法律适用尽量规范化，将最密切联系的弹性因素通过具体的可操作的冲突规范得以体现。

第五节　电子商务纠纷证据的认定

一、电子证据的概念

电子证据是由现代网络技术引发的一种新的证据形式，因此在世界范围内对其含义的理解也是纷繁复杂。我国《电子签名法》第 2 条对数据电文的概念进行了规定："本法所称数据电文，是指以电子、光学、磁或者类似手段生成、发送、接收或者储存的信息。"这一规定与联合国《电子商务示范法》第 2 条(a)的规定基本一致，体现了对电子数据的开放性定义原则，符合电子商务发展的需求。因此，对电子证据概念的规定可以援引《电子签名法》中的规定加以确立。"即电子证据是指借助现代信息技术而形成的一切证据。具体而言，它囊括伴随着计算机技术、电信技术、网络技术及广电平台等信息技术在社会生活中的应用而出现的各种材料及派生物。"①

二、电子证据的特征

电子证据具有高科技性，电子证据的存在以计算机技术、存储技术、通信技术、网络技术等现代化的计算工具和信息处理工具为基础，并随着科技的发展不断更新、变化；电子商务具有隐蔽性，它以一系列电磁、光电信号形式存在于光盘、磁盘等介质上，如要阅读，必须借助适当的工具；电子证据具有复合性，随着网络技术的发展，电子证据已不限于单一的文字、图像或声音，它综合了文本、动画、

---

① 刘品新. 中国电子证据立法研究[M]. 北京：中国人民大学出版社，2005：187.

音频、视频等各种多媒体形式；电子证据具有易破坏性，错误操作、网络故障、机器故障以及供电故障常常会造成数据的丢失或者丧失完整性，存储的数据也容易在不留下任何痕迹、无法被发现的情况下被删除、修改、复制。除此之外，电子证据还具有收集迅速，易于保存，占用空间少，传送和运输方便，可以反复重现，作为证据易于使用、审查、核对，便于操作等特点。

三、电子商务对传统证据制度的挑战

(一)电子商务对书面证据的挑战

传统的书面形式主要是指纸面形式，具体包括手写、打字、印刷、电报以及传真等。传统的诉讼证据法律制度几乎都规定证据需满足书面形式的要求，以证明其所签订的合同的合法性和真实性。在网络空间，电子信息具有易消失和易改动的特点，电子数据存储在计算机系统中是无形的，比留存在纸面合同上更容易消失；电子数据是以磁性介质保存的，改动可以不留痕迹。电子商务是通过数据电文的发送、交换和传输等方式来实现的，并没有书面载体的存在。

(二)电子商务对原件证据的挑战

所谓原件，即原始文件或原始资料，是指信息内容首次以书写、印刷等形式固定于其上的纸质或其他有形的媒介物。原件的功能主要是确保当事人能够据此主张权利或提出抗辩，从而成为可能的最佳证据。在纸质环境下的商务活动中，交易的当事人往往只接受文件的"原件"以减少它们被改动的可能性，当事人更愿意相信原件所载的内容。根据证据法规则，当事人必须出示原件，除非不可能取得原件，方可接受复印件等二手证据。因此，原件在物权凭证和其他权利凭证以及票据单证等方面发挥了重要的作用。传统法律对书面形式并经签名的文件的证据效力和可执行性作了正面的规定，其效力之所以被法律普遍认可，主要是因为其本身为有形物，可以备用以被查阅，可以长期予以保存，如果对其加以修改、添加或删节都会留下痕迹，能够被识别。

在电子商务活动中，数据电文是通过计算机处理系统输入、生成、传输和储存的，输出的永远是副本，不可能有原件。① 如果坚持将这种要求应用于网络环境之下，则电子交易就会受到严重的阻碍。对于电子数据而言，传统意义上的原件是不存在的，电脑信息里只能有标准化的、构造化的数据，根本没有与纸本文件相同的原本性因素。合同、提单、保险单等以电子数据形式存在的证据在诉讼或仲裁中能否被作为证据采纳则成为传统证据制度面临的问题。②

① 联合国贸易法委员会.电子商务示范法颁布指南(第62段)[M]//上海市信息化办公室编译.国内外信息化政策法规选编.北京：中国法制出版社，2001：35.
② 白雪梅，孙占利.电子证据中的法律问题[J].计算机世界，1998(34)：15.

四、电子证据书面形式的认定

此部分内容已在本书第四章分析，在此不再赘述。

五、电子证据原件的认定

(一)有关原件问题的国际立法

1. 联合国《电子商务示范法》对原件问题的规定

联合国《电子商务示范法》第 8 条第 1 款规定："如法律要求信息须以原始形式展现或留存，倘若情况如下，则一项数据电文即满足了该项要求：(a)保证自信息首次以其最终形式生成，作为一项数据电文或充当其他用途之时起，该信息保持了完整性；和(b)如要求将信息展现，可将信息显示给观看信息的人。"①根据该条规定，数据电文的原件须满足两个条件：初次形成后保持完整性和可视读性。

对于何谓"初次形成后保持完整性"，《示范法》第 8 条第 3 款专门对此作了规定。根据相关规定，"完整性"是指有关信息应当是完整的、未经改变的，但附加有背书或在传递、储存和显示过程中所发生的正常变动除外。例如，数据电文在传递和显示中的格式变化、加密、认证等不应视为改动；计算机系统自动在电文的开头与结尾加注并不构成对原件的破坏。也就是说，只要一份数据电文的内容保持完整和未予改变，对该数据电文的必要添加并不影响它的"原件"性质。所谓"可视读性"是指该信息可以被演示，即在被要求提供原始信息时，可以演示该信息以供查看。与对书面形式的解决方法一样，示范法同样采用功能等同方法解决原件问题。不过，值得注意的是，示范法只是规定了抽象的原则，至于什么技术措施或技术安全标准可以达到这样的要求，《示范法》并没有具体的规定。

2.《国际合同使用电子通信公约》对原件问题的规定

关于电子记录的"原件"问题，在公约最初的几次讨论会议上都没有涉及，原因是有代表提出，公约主要应关注网络空间合同的订立问题，而不是制定证据规则。但是，由于第 20 条将公约的适用范围扩大至适用 1958 年《承认及执行外国仲裁裁决公约》(即《纽约公约》)中的仲裁协议，而根据《纽约公约》第 2 条和第 4 条，无论是执行仲裁裁决还是当事人诉诸仲裁，都要求依赖仲裁协议的当事人出具仲裁协议的正本或经适当认证的副本。如果不对此作出规定的话，则对于电子仲裁协议证据的效力的疑虑就会继续存在，从而对当事人通过电子手段订立仲裁协议有所影

---

① 参见上海市信息化办公室编译. 国内外信息化政策法规选编[M]. 北京：中国法制出版社，2001：5.

响，促使当事人重新使用纸质合同。① 而且，现实中许多电子交易纠纷都与文件是否是原件有关，关于电子交易中要求提供原件的问题也是公约试图消除的主要障碍之一，因此，贸法会工作组决定从第四十四届会议开始探讨纸质文件"正本"的电子等同物问题。虽然在有些法域之中，"书面形式""原件""签字"的概念可能相互重叠，但公约决定将它们视为三个不同的独立概念。②

工作组认为，由于原件在物权凭证和其他权利凭证以及票据单证方面的重要意义，因此，数据电文"原件"问题的重要性并不亚于"书面形式"要求。但如果把"原件"界定为首次固定于某种物理介质上的媒介物，是独一无二的文件，则又根本不可能谈及网络空间中任何数据电文的"原件"概念。因为，数据电文收件人收到的电文只能是该"原件"的副本。因此，考虑到"原件"在提供证据方面的重要性，《电子通信公约》在第9条第4款和第5款规定了"原件"规则。该第4款规定："凡法律要求一项通信或一项合同应当以原件形式提供或保留的，或规定了缺少原件的后果的，对于一项电子通信而言，在下列情况下，即满足了该项要求：(1)该电子通信所含信息的完整性自其初次以最终形式——电子通信或其他形式——生成之时起即有可靠保障；而且(2)要求提供电子通信所含信息的，该信息能够被显示给要求提供该信息的人。"除此之外，公约还在第5款中规定评价完整性的标准："完整性的标准应当是，(一)除附加任何签注以及正常通信、存储和显示过程中出现的任何改动之外，信息是否完整而且未被更改；而且(二)所要求的可靠性标准应当根据生成信息的目的和所有相关情况加以评估。"

虽然与示范法的思路相同，《电子通信公约》仍坚持以功能等同原则来解决传统法律的原件要求对电子商务发展所造成的障碍。但除此之外，公约还规定了电子通信与原件等同所应达到的可接受的最低标准。上述条款一方面强调了信息完整性对于其是否为原件的重要性，规定了评价其完整性时应当考虑的标准，即信息必须是系统记录的信息，应保证记录的信息没有缺失，数据有防止改动的办法。另一方面，它也将原件概念和认证方法联系起来，强调为了满足要求必须遵循的认证方法。不仅如此，第5款则还列出了评价完整性的标准，并将对最初的对电子通信所作的必要添加，如签注、证明、公证等同其他改动区分开来，即只要电子通信的内容保持完整和未被更改，对该电子通信的必要添加将不影响其"原件性质"。如果在一份电子通信"原件"后面添加一份电子证书来证明该电子通信的"原件性质"，或者由电脑系统在电子通信前后自动添加数据以便进行传递，这种添加将被视为等

---

①　参见电子商务工作组第四十四届会议. 电子商务工作组第四十四届会议工作报告[Z]. 文件编号 A/CN.9/571，第129-130段.

②　参见国际贸易法委员会第三十九届会议. 电子商务的法律方面：关于〈国际合同使用电子通信公约〉的解释性说明[Z]. 文件编号 A/CN.9/608/Add.2，第38-42段.

同于对纸张"原件"的一纸补充，或者等同于用来寄送纸张"原件"的信封和邮票。①

考虑到计算机信息的复制具有高保真性，在排除人为破坏和意外事件的情形下，数据电文的载体或媒介已经不再重要，或者没有必要考虑数据电文的载体是否为原始。即便是数据电文在存储和传输的过程中因使用的程序、格式不同会使再现形式发生一些变化，但其本身并不影响信息内容的完整性。因此，在数据电文的原件标准上，《电子通信公约》所关注的已经不再是媒介或载体的原始性，而是更加重视信息内容的"原始性"和完整性，而且，完整性强调的是信息内容的完整性，而非原记录的形式的绝对不可变动。②

(二) 有关原件问题的国内立法

在《电子商务示范法》的影响之下，许多国家的电子商务立法都遵循功能等同思路来解决传统法律中的原件问题。例如，美国《国际国内电子商务法》规定："凡能准确再现该合同或其他记录所载信息，以及可在法律、法规或其他规则规定的期限内，由有关人员以能够准确地复制以供日后参考运用的方式调取，包括传输、打印或其他方式，均符合法律关于'原件'的要求。"

我国香港特别行政区《电子交易条例》第 7 条第 1 款规定："凡任何法律规则规定某些资讯须以其原状出示或保留，如(a)自该等资讯的最终状态首次产生之时起，其完整性有可靠保证；(b)在须出示资讯的情况下，能够将该等资讯向属该资讯出示对象的人以可阅方式展示，则以电子记录形式出示或保留该等资讯即属符合该规定。"③

加拿大《统一电子商务法》第 11 条规定："如立法法域的法律要求某人以其原始形式展现或留存一份文件，倘若情况如下，则提供或留存一份电子文件即满足了该项要求：(a)有办法可靠地保证自需要展现或留存文件首次以其最终形式生成时起，无论是作为一份纸质文件还是电子文件，包含在该电子文件中的信息保持了完整性；(b)如果需要向某人提供该原始文件，所提供的电子文件可以由该人调取而且能够留存，以备日后查用。"此处，虽然遵循了示范法的思路，但也作了相应的改进，例如，《示范法》仅仅规定了信息应当能够"显示"，而(b)项却整合了《示范法》关于书面形式和留存的两种功能的规定，对数据电文的"原件"功能作了更为全面的要求，因此也更为完善。④

---

① 何其生编著. 统一合同法的新发展——《国际合同使用电子通信公约》评述[M]. 北京：北京大学出版社，2007：155.

② 参见高富平主编. 电子合同与电子签名法研究报告[M]. 北京：北京大学出版社，2005：239.

③ 香港《电子交易条例》第三部分，参见上海市信息化办公室编译. 国内外信息化政策法规选编——国外电子商务部分[M]. 北京：中国法制出版社，2001：313.

④ 李适时. 各国电子商务法[M]. 北京：中国法制出版社，2003：88.

(三)我国立法对原件的认定

电子证据因其高度隐蔽性、易修改性以及高度科技依赖性，决定了其真实性与完整性往往无法通过法官的直接感受和直观判断得以认定。对于电子证据真实性的认定，可以采用推定的方式。最高人民法院《关于民事诉讼证据的若干规定》第 75 条规定："有证据证明一方当事人持有证据无正当理由拒不提供，如果对方当事人主张该证据的内容不利于证据持有人，可以推定该主张成立。"

一般而言，具有完整性的证据才有证明力。完整性认定标准主要实行的是最佳证据规则或称为原始文件规则。相比传统证据，电子数据不存在传统意义上的原件，只要证明电子数据自其最初形成时其内容未经改动，即可确定其具有原始性。我国诉讼证据法没有电子证据原件问题的规定，我国《电子签名法》采用功能等同方法，推定电子证据满足"原件"的形式要求，该法第 5 条规定："符合下列条件的数据电文，是为满足法律、法规的原件形式要求：(一)能够有效地表现所载内容并可供随时调取查用；(二)能够可靠地保证自最终形成时起，内容保持完整、未被更改。"这一规定与国际上的电子证据原件认定规则基本一致，因此，应当在民事诉讼法中援引该条规定，确认电子证据原件的形式和效力。同时，为克服电子数据的缺陷，确保电子证据证明案件事实的真实性，有必要利用补强规则来强化电子证据的证明功能。电子数据补强规则确立的具体路径有：公证保全及电子认证、网络服务商作证、电子数据鉴定、专家证人等。

☞ 案例讨论

安吉中南公司、崔某某诉搜狐公司网络侵权纠纷案①

2012 年 4 月，原告安吉中南公司及其董事长崔某某向浙江省安吉县人民法院起诉称：2011 年 12 月 19 日，一名为"工报一枝花"的搜狐网民(其博客访问量已超过 29500 次)，在其博客上发表了一篇《安吉中南百草园造假登峰造极；董事长俗名"吹牛好"，真名崔某某》的文章，文中不实言论严重玷污公司及董事长名誉，且造成公司营业额直线下降，众多员工流失以及企业综合竞争力下降。为此，原告于 2012 年 3 月 5 日委托律师向被告搜狐公司致函，要求被告对"工报一枝花"的博客主除名，并删除相关文章。函发后，被告在较长时间内仍未消除影响，后来也仅隐藏文章部分内容，但文章标题仍在博客首页。第二天，博客主又发表了一篇《浙江省长夏宝龙关注中南百草园造假》的文章，再次对两原告名誉和人格进行玷污。原告认为，被告作为网络服务的提供者，在接到相关通知后，应对利用其提供的网络服务用户发表的言论进行审查，并采取必要措施，防止损害扩大。但被告却任由

---

① 辛坚，章丽美. 网络侵权可以被侵权人住所地为结果发生地[N]. 人民法院报，2013-01-31：007.

第三人变本加厉侵害原告权益，故诉请法院判令被告立即停止侵害，公开赔礼道歉，恢复两原告名誉，并赔偿各项经济损失。

安吉法院受案后，被告提出管辖权异议。向浙江省湖州市中级人民法院提起上诉。湖州中院审查后裁定：驳回上诉，维持原裁定。

问题

1. 被告提出管辖异议为何得不到法院支持？

2. 该案能否依据《最高人民法院关于审理名誉权案件若干问题的解释》来确定管辖法院？

3. 原告还可以向哪些法院提起诉讼？

☞ **思考题**

1. 简述电子商务纠纷的概念和特点。

2. 简论电子商务在线争端解决机制(ODR)的优点。

3. 论述淘宝平台在线纠纷的处理方式及弊端。

4. 简论电子商务对传统管辖权规则的挑战。

5. 比较分析新主权理论、国际空间理论、最低联系理论、服务器所在地理论、网址管辖理论在确定网络案件管辖权中的利弊。

参 考 文 献

一、著作类

[1]全国人大财政经济委员会电子商务法起草组. 中国电子商务立法研究报告[M]. 北京：中国财政经济出版社，2016.

[2]姚维振. 电子商务法[M]. 芜湖：安徽师范大学出版社，2014.

[3]郭鹏. 电子商务法[M]. 北京：北京大学出版社，2015.

[4]李俊平，曾芳芳. 电子商务纠纷案例与实务[M]. 北京：清华大学出版社，2015.

[5]李国旗. 电子商务法实务研究[M]. 杭州：浙江大学出版社，2015.

[6]李晓秋. 电子商务法案例评析[M]. 北京：对外经济贸易大学出版社，2015.

[7]王永钊，李丽军. 电子商务法律法规[M]. 上海：华东师范大学出版社，2015.

[8]王忠. 大数据时代个人数据隐私规制[M]. 北京：社会科学文献出版社，2014.

[9]张才琴，齐爱民，李仪. 大数据时代个人信息开发利用法律制度研究[M]. 北京：法律出版社，2015.

[10]洪友红. 电子商务法律服务指引[M]. 北京：法律出版社，2015.

[11]郑远民，李俊平. 电子商务法发展趋势研究[M]. 北京：知识产权出版社，2012.

[12]高富平. 中国电子商务立法研究[M]. 北京：法律出版社，2015.

[13]贺琼琼. 网络空间统一合同法与我国网络交易的立法及实践[M]. 北京：法律出版社，2013.

[14]聂进. 电子商务法[M]. 武汉：武汉大学出版社，2011.

[15]宋君远，顾东晓. 电子商务法原理与案例教程[M]. 北京：对外经济贸易大学出版社，2009.

[16]李双元. 国际法与比较法论丛[M]. 北京：中国方正出版社，2003：245.

[17]高富平. 电子商务法学[M]. 北京：北京大学出版社，2008.

[18]李双元，王海浪. 电子商务法[M]. 北京：北京大学出版社，2004.

[19]张楚. 电子商务法[M]. 北京：中国人民大学出版社，2015.

[20]郭懿美，蔡庆辉. 电子商务法[M]. 厦门：厦门大学出版社，2004.

[21]对外贸易经济合作部条约法律司. 国际电子商务法律汇编[M]. 北京：对外经济贸易大学出版社，2002.

[22]阚凯力，张楚. 外国电子商务法[M]. 北京：北京邮电大学出版社，2000.

[23]高富平. 中欧电子合同立法比较研究[M]. 北京：法律出版社，2009.

[24]吴伟光. 网络与电子商务法[M]. 北京：清华大学出版社，2012.

[25]刘万啸. 电子合同效力比较研究[M]. 北京：知识产权出版社，2010.

[26]林瑞珠. 知识经济下电子合同之发展与变革[M]. 北京：北京大学出版社，2005.

[27]简·考夫曼·温，本杰明·赖特. 电子商务法[M]. 北京：北京邮电大学出版社，2002.

[28]刘斌斌，蔡秉坤. 网络交易主要法律问题研究[M]. 北京：中国社会科学出版社，2013.

[29]石金平. 买卖合同案件裁判思路与操作[M]. 北京：中国法制出版社，2013.

[30]何其生. 统一合同法的新发展：《国际合同使用电子通信公约》评述[M]. 北京：北京大学出版社，2007.

[31]秦成德，王汝林. 电子商务法[M]. 北京：对外经济贸易大学出版社，2010.

[32]秦成德. 电子商务法学[M]. 北京：电子工业出版社，2010.

[33]李先波. 合同有效成立比较研究[M]. 长沙：湖南教育出版社，2000.

[34]杨路明. 电子商务法[M]. 北京：机械工业出版社，2007.

[35]杨坚争，高富平，方有明. 电子商务法教程[M]. 北京：高等教育出版社，2001.

[36]刘德良. 网络时代的民法学问题[M]. 北京：人民法院出版社，2004.

[37]魏士廪. 电子合同法理论与实务[M]. 北京：北京邮电大学出版社，2001.

[38]齐爱民，万暄，张素华. 电子合同的民法学原理[M]. 武汉：武汉大学出版社，2002.

[39]叶知年. 电子商务法论——电子合同研究[M]. 福州：福建教育出版社，2003.

[40]韩德培. 国际私法[M]. 北京：北京大学出版社，2000.

[41]何其生. 电子商务的国际私法问题[M]. 北京：法律出版社，2004.

[42]湖北省高院民四庭. 涉外民事诉讼管辖权问题研究[M]. 武汉：武汉大学

出版社，2005.

　　[43]肖建华. 民事诉讼法学[M]. 北京：法律出版社，2004.

　　[44]沈岿，付宇程，刘权. 电子商务监管导论[M]. 北京：法律出版社，2015.

　　[45]敬乂嘉. 合作治理——再造公共服务的逻辑[M]. 天津：天津人民出版社，2009.

　　[46]敬乂嘉. 网络时代的公共管理[M]. 上海：上海人民出版社，2011.

二、期刊类

　　[1]高富平. 从电子商务法到网络商务法——关于我国电子商务立法定位的思考[J]. 法学，2014(10).

　　[2]王融. 关于我国《电子商务法》立法定位的思考与建议[J]. 现代通信科技，2015(2).

　　[3]齐爱民，崔聪聪. 论电子商务法的地位与学科体系[J]. 学术论坛，2006(2).

　　[4]谢勇. 论电子商务立法的理念，框架和重点内容[J]. 法律适用，2015(6).

　　[5]齐爱民. 中华人民共和国电子商务法草案建议稿[J]. 法学杂志，2014(10).

　　[6]刘思萌. 论电子合同的订立与规范[J]. 哈尔滨师范大学社会科学学报，2012(4).

　　[7]刘颖. 论电子合同成立的时间与地点[J]. 武汉大学学报(哲学社会科学版)2002(6).

　　[8]刘存青. 由网络购物看电子合同的相关法律问题[J]. 法制与社会，2012(6).

　　[9]刘颖，何其生.《国际合同使用电子通信公约》对我国电子商务立法的启示[J]. 暨南大学学报(哲学社会科学版)，2009(4).

　　[10]李泽东. 试论我国电子合同的成立要件[J]. 法学研究，2012(4).

　　[11]郝文江. 电子商务中格式条款的法律效力研究[J]. 信息网络安全，2006(2).

　　[12]唐雯. 论电子错误的法律责任[J]. 科技与法律，2008(3).

　　[13]吴晓辉，孙占利. 电子订约中的输入错误研究[J]. 科技与法律，2007(4).

　　[14]肖青山. 论电子合同中的电子错误[J]. 文史博览，2006(10).

　　[15]刘颖. 虚拟空间的标准与现实空间的标准——论电子合同的成立时间与地点[J]. 民商法论丛，2003(30).

　　[16]汤文平，吕国民. "功能等同法"：联结电子商务与传统法律的桥梁[J].

经济论坛，2005(8).

[17]于海防，姜沣格. 论《电子签名法》上的数据电文效力规则[J]. 烟台大学学报(哲学社会科学版)，2006(2).

[18]李晓云. "电子代理人"略论[J]. 西华师范大学学报(哲学社会科学版)，2006(3).

[19]孙占利. 电子订约错误研究[J]. 民商法论丛(第38卷)[J]. 法律出版社，2007.

[20]郑亮亮. 电子合同的证据效力研究[J]. 经济与法，2012(4).

[21]杨思怡. 电子合同特殊性问题初探[J]. 渭南师范学院学报，2014(9).

[22]薛凌云，杨坚争. 国外电子签名立法现状与发展趋势[J]. 国际经济法，2004(6).

[23]欧阳明子. 论电子合同视野下的消费者权益保护[J]. 法治视野，2009(9).

[24]杨立新. 非传统销售方式购买商品的消费者反悔权及其适用[J]. 法学，2012(2).

[25]齐爱民，李仪. 论利益平衡视野下的个人信息权制度[J]. 法学评论，2011(3).

[26]张娟，李仪. 电子商务环境下个人信息保护危机及应对——以新制度经济学为视角[J]. 重庆邮电大学学报，2015(3).

[27]杨坚争.《电子商务法》之跨境电商立法前瞻[J]. 服务外包，2015(10).

[28]何培育. 电子商务环境下个人信息安全危机与法律保护对策探析[J]. 河北法学，2014(8).

[29]魏光禧. 电子商务中个人信息的利用与保护[J]. 电子商务，2015(2).

[30]王融. 欧美个人信息保护政策的分歧与妥协以及对我国的启示[J]. 现代电信科技，2014(10).

[31]齐爱民. 个人信息保护法研究[J]. 河北法学，2008(4).

[32]王颜. 电子商务中消费者的个人信息保护[J]. 中国电子商务，2012(1).

[33]吴小夫. 加强信息保护是电子商务可持续发展的保证——《APEC电子商务个人信息保护研究报告》解读[J]. 中国经贸，2013(15).

[34]齐爱民. 论个人信息的法律属性与构成要素[J]. 理论与探索，2009(10).

[35]杨立新，陶盈. 公民个人电子信息保护的法理基础[J]. 法律适用，2013(8).

[36]齐爱民. 数字文化商品确权与交易规则的构建[J]. 中国法学，2012(5).

[37]刘德良. 确认个人信息的财产属性，抑制垃圾信息泛滥[J]. 世界电信，2010(3).

[38]刘德良. 民法学上权利客体与权利对象的区分及其意义[J]. 暨南学报(哲学社会科学版)，2014(9).

[39]蓝蓝. 网络用户个人数据权利的性质探析[J]. 互联网法律通讯，2008(4).

[40]魏方. 个人数据隐私权"被商品化"的法律问题研究[J]. 科技与法律，2011(1).

[41]米铁男. 中国电子商务领域隐私数据保护研究[J]. 学术交流，2013(7).

[42]杨立新，韩煦. 网络交易平台提供者的法律地位与民事责任[J]. 江汉论坛，2014.

[43]李德健. 论第三方交易平台经营者的法律地位——基于对《第三方电子商务交易平台服务规范》的考察[J]. 山东大学法律评论.

[44]徐雅飒. 电子商务第三方支付的法律地位、效力与立法完善[J]. 商业时代，2014(15).

[45]付耀华. "无缝隙政府"理论视角下我国服务型政府的构建[J]. 云南行政学院学报，2011(3).

[46]朱宝丽. 合作监管的兴起与法律挑战[J]. 政法论丛，2015(4).

三、学位论文类

[1]张维芝. 电子合同订立中的法律问题研究[D]. 苏州大学硕士学位论文，2011.

[2]何雅丽. 电子合同订立的法律问题[D]. 北京邮电大学硕士学位论文，2013.

[3]赵楠楠. 电子合同中的消费者权益保护法律问题研究[D]. 重庆大学硕士学位论文，2008.

[4]王远. 电子合同错误的立法完善研究[D]. 郑州大学硕士学位论文，2011.

[5]谷莺. 电子商务合同中的消费者权益保护问题[D]. 复旦大学硕士学位论文，2010.

[6]张萍. 电子合同法律问题研究[D]. 安徽大学硕士学位论文，2007.

[7]陈华强. 电子商务合同缔结中法律问题分析[D]. 兰州大学硕士学位论文，2012.

[8]邱阳. 电子签章认证的相关法律问题研究[D]. 山东大学硕士学位论文，2013.

[9]黄洁蓉. 论我国电子合同的若干法律问题及其立法完善[D]. 中央民族大学硕士学位论文，2008.

[10]金全力. 电子商务欺诈行为的法律规制研究[D]. 西南政法大学硕士学位

论文, 2012.

[11]连煜雄.《联合国国际合同使用电子通信公约》电子通信错误制度研究[D]. 厦门大学硕士学位论文, 2009.

[12]倪凌军. 网上个人信息商业利用的法律困境与出路[D]. 宁波大学硕士学位论文, 2012.

[13]郝风瑞. 我国电子合同若干法律问题研究[D]. 上海交通大学硕士学位论文, 2009.

[14]阳佩. 未成年人网签电子合同若干法律问题研究[D]. 湖南师范大学硕士学位论文, 2014.

[15]王娜. 电子商务合同的违约救济制度研究[D]. 郑州大学硕士学位论文, 2012.

[16]汪菊. 我国电子商务中的消费者权益保护法律问题研究[D]. 贵州大学硕士学位论文, 2009.

[17]代嵩岚. 电子签名认证机构的民事责任的分配和认定[D]. 西南财经大学硕士学位论文, 2012.

[18]俞晓蕊. 电子合同主体的相关法律问题研究[D]. 中央民族大学硕士学位论文, 2012.

[19]栗志. 论 B2C 模式下电子合同订立中的法律问题[D]. 中国社会科学院研究生院硕士论文, 2012.

[20]周姚平. 电子商务合同立法研究[D]. 对外经济贸易大学硕士学位论文, 2006.

[21]黄俊. 电子合同法律问题研究[D]. 大连海事大学硕士学位论文, 2007.

[22]王立冬. 货物买卖合同风险负担规则研究[D]. 西南政法大学硕士学位论文, 2007.

[23]王鑫亮. 错误电子合同的撤销及民事责任[D]. 华南理工大学硕士学位论文, 2014.

[24]王雪. 网络购物消费者权益保护研究[D]. 天津大学硕士学位论文, 2011.

[25]刘超. 电子商务中的消费者权益保护[D]. 广东外语外贸大学硕士学位论文, 2013.

[26]李昕. 电子商务中消费者权益保护法律问题研究——以欧盟为视角[D]. 西南政法大学硕士学位论文, 2009.

[27]姜琳. 论网络交易中消费者权益的保护[D]. 山东大学硕士学位论文, 2009.

[28]刘慧颖. 在线交易环境下消费者权益保护法律问题研究[D]. 沈阳师范大学硕士学位论文, 2011.

[29]蒋颖. 在线交易消费者权益保护制度研究[D]. 中国政法大学硕士学位论文，2007.

[30]李红. 论网络交易平台提供商的民事法律责任[D]. 华东政法大学硕士论文，2011.

[31]刘新少. 公法视域内行政监管范围研究[D]. 中南大学博士学位论文，2012.

[32]公维友. 我国民主行政的社会建构研究——一个"治理共同体"的分析视角[D]. 山东大学博士学位论文，2014.

[33]徐瑶. 我国网络信息行政监管问题研究[D]. 中国人民解放军军事医学院硕士学位论文，2013.

[34]刘利人. 基于电子政务的市场监管部门间关系优化研究[D]. 中山大学博士学位论文，2009.

[35]李沫. 服务行政视野下的激励型监管法制化研究[D]. 中南大学博士学位论文，2010.